健美操和体育舞蹈的审美价值与健身价值研究

符雪姣　著

东北师范大学出版社
·长　春·

图书在版编目（CIP）数据

健美操和体育舞蹈的审美价值与健身价值研究/符雪姣著. —长春：东北师范大学出版社，2019.12
ISBN 978-7-5681-6622-5

Ⅰ.①健… Ⅱ.①符… Ⅲ.①健美操-教学研究 ②体育舞蹈-教学研究 Ⅳ.①G831.32

中国版本图书馆 CIP 数据核字（2019）第 281562 号

□责任编辑：王铭庚 □封面设计：优盛文化
□责任校对：王航行 □责任印制：张允豪

东北师范大学出版社出版发行
长春净月经济开发区金宝街 118 号（邮政编码：130117）
电话：0431—84568220
网址：http：//www.nenup.com
东北师范大学音像出版社制版
三河市华晨印务有限公司印装
三河市杨庄镇杨庄村
2019 年 12 月第 1 版 2021 年 3 月第 2 次印刷
幅面尺寸：170mm×240mm 印张：19.75 字数：348 千

定价：79.00 元

资助项目内容：湖南省体育学双一流学科资助项目；吉首大学体育休闲产业研究中心成果；湖南省体育学重点学科资助项目；吉首大学教改课题（2019JSUJGB06），湖南省教育厅科学研究优秀青年项目（18B310）

前 言

健康是生命的象征，是幸福的保证，是事业成功的基础，是人类永恒的话题。拥有健康的体魄、健美的身材，是每个人尤其是年轻人的美好愿望。健康的身体是知识、理想和财富的载体，有了健康的身体，知识才能为社会和个人带来财富，才能使人去享受生活，实现理想。有人这样形象地比喻：健康的身体就如同数学中的“1”，知识、财富等如同这个 1 后面的若干个“0”，如果没有这个“1”，后面的“0”再多也还是“0”。

21 世纪，人类进入新经济时代。综合国力竞争的实质是民族素质的竞争，是人才的竞争，是教育的竞争。在这样的背景下，加强素质教育，尤其是进行体育和健康教育显得更为重要。中共中央国务院《关于深化教育改革，全面推进素质教育的决定》中指出：“学校教育要树立健康第一的指导思想，切实加强体育工作，使学生掌握基本的运动技能，养成坚持锻炼身体的良好习惯。”在这一思想的指导下，笔者围绕“终身体育”“健康第一”这一主题，遵循体育课程建设的客观规律，掌握体育发展最新动态，并把体育文化、健康理念纳入作品之中，以增强大学生的体育与健康意识，发展他们的基本运动能力，培养其自愿参与体育锻炼的习惯。

近些年来，随着“以人为本”“健康第一”的观念越来越深入人心，群众体育和校园体育都呈现出了良好的发展势头，越来越多的人成为体育运动的参与者，包括健美操和体育舞蹈在内的多项运动项目的推广范围持续扩大，以此来满足当代人在身心健康方面的需求。健美操与体育舞蹈的推广和发展，彰显了当代人对自我完善、个性发展、身心愉悦三方面的共同追求，极大地丰富了人们的日常生活，此外在发展过程中全面反映了运动本身的多重价值，加深了人们对健美操和体育舞蹈塑形的理解。为了从根本上推进健美操和体育舞蹈的发展进程，推动健美操和体育舞蹈更好地服务于广大群众，保证当代人在参与健美操运动和体育舞蹈运动的过程中深入理解各种基础知识、高效掌握各种塑形方法，更有效地调动健美操爱好者和体育舞蹈爱好者参与运动的积极性和自觉性，为健美操运动和体育舞蹈运动向更高层次发展奠定稳固基础，笔者特意撰写了本书，希望通过丰富的理论知识和准确可行的健身方法向这两种体育运动的参与者提供准确、高效的指导，为健美操运动和体育舞蹈运动的推广和发展注入大量的催化剂。

目　录

第一篇　健美操篇

第二篇　体育舞蹈篇

第三篇　体育价值篇

第一篇　健美操篇

第一章　健美操概述

第一节　健美操的起源与发展趋向

一、健美操的起源及其现状

现代健美操运动起源于20世纪70年代末、80年代初，其英文原名“Aerobics”，意为有氧运动，但它的历史可追溯到两千多年前。早在2400年前，古希腊雕刻家米隆就塑造了一个显示男子健与美的典型——“掷铁饼者”。这是古希腊人崇尚人体美的历史见证……19世纪末、20世纪初，欧洲出现了诸多体操流派，它们的理论和实践各具特色，对后来健美操的发展有一定的作用和影响。据传，在我国尧舜时代，“阴康氏”为了治疗腿肿病，创造了“消肿舞”，而汉代流行的“公莫舞”则起源于脍炙人口的“鸿门宴”项庄舞剑的故事，此外还有宋代的“八段锦”、明代的“易筋经”等均为我国早期的健身操。在长沙马王堆出土的西汉时期的帛画——《导引图》上，记载着40多个栩栩如生的人物姿势图，既包括站立、跪、坐等基本姿势，又有屈伸、转体、弓步、跨跳等动作，它们与当今的一些健美操动作十分相似。此外，从印度的瑜伽功以及20世纪20年代流行于欧洲和我国的柔软体操中，都能看到传统健美操的影子。

健美操作为一项独立的运动项目，兴起的时间是20世纪80年代初。1981年，以美国明星简·方达个人的健身经验和体会为内容编辑出版的《简·方达健美术》一书和录像带引起轰动，它们同时被翻译成20多种文字，在世界范围内出售并一直畅销不衰，这对健美操在全世界的流行和发展起到了积极的、巨大的推动作用。简·方达从“节食”“药物”等减肥法的失败中吸取教训，走上了以体育锻炼，特别是用健美操来保持形体美的道路。她是现代健美操的创始人，也是80年代风靡世界的健美操的杰出代表，她的健身思想影响了人们的体育行为和健美操的发展方向。

如今，健美操不仅在欧洲等发达国家蓬勃发展，而且在一些发展中国家和地区得到不同程度的开展，各种健身中心、健美操俱乐部、健美操培训班如雨后春笋般到处涌现，很多人以健美操作为自己的主要健身方式，从而形成了世界范围的“健美操热”。

20世纪80年代初，健美操热传到了我国。中国健美操的发展受“简·方达”健身思想的影响较大，并随着时间的推移形成了各种流派。北京、上海、广州等地率先举办了各种健美操训练班，各高校的很多教师陆续参加了培训，并在全国范围内很快培养了一批健美操骨干。新闻媒体开始介绍有关健美操的情况以及国外不同类型的健美操，由此推动了健美操运动在我国的广泛开展。

二、健美操的发展趋向

随着我国改革开放的深入和现代科学技术的飞速发展，人们的思想观念已由过去的封闭型转变为开放型，在紧张而有节奏的工作之余，越来越多的人开始注重精神上更高层次的追求。健康体育、快乐体育、娱乐体育逐渐渗透到人们的生活当中，体现了现代人对自我完善、个性发展和身心舒畅的共同追求。健美操携带着生活的芬芳，以健康、美丽和全新的风采成为大众业余生活的内容之一，并逐步影响着人们的精神风貌。

（一）《全民健身计划纲要》给健美操的发展带来机遇

1995年6月，经国务院批准颁布和实施的《全民健身计划纲要》（以下简称《纲要》），是与国家社会主义现代化总体目标纲要相配套的一项重要战略措施。它从面向21世纪，提高全民族素质的战略高度出发，对今后若干年直到2010年我国全民健身的目标、任务和措施提出了明确的要求。《纲要》以全国人民为实施对象，以青少年和儿童为重点，以普遍增强人民体质为目标，为进一步加强学校体育工作提供了极好的机遇。

（二）学校素质教育为健美操运动开辟了广阔的发展空间

1999年6月13日，中共中央在《关于深化教育改革全面推行素质教育的决定》中指出：“健康体魄是青少年为祖国和人民服务的基本前提，是中华民族旺盛生命力的体现。”“学校教育不仅要抓好智育，更要重视德育，还要加强体育、美育、劳动技术教育和社会实践，使诸方面教育相互渗透、协调发展，促进学生的全面发展和健康成长。”

随着我国教育制度改革的不断深入，“美育”教育逐步在学校体育教育中占有一席之地，而健美操的引进和兴起为我国“美育”教育提供了一个重要手段。由于健美操的流行，各高校的体育教学大纲都不同程度地加大了健美操教学的比例，教学内容不断丰富，健美操选项课、选修课以及丰富多彩的课外活动场所，如健美操俱乐部、健美操活动中心等，改善和活跃了校园文化娱乐生活。同时，各种规模的比赛、表演也应运而生，在蓬勃发展的中国大学生篮球联赛（CUBA）上，健美操表演已成为除篮球比赛以外的第二个亮点。

（三）健美操创新与前景展望

现代健美操的生命力在于新颖绝妙的成套动作的创新与编排。通过对众多单个动作进行合理的布局、独特的连接、巧妙的变化，加上难新技艺的穿插、路线队形富有新意的变化、动作与音乐的完美结合等，健美操已成为一种具有高度艺术感染力的“美”的艺术展现在世人面前。

健美操创新的内容很多，包括难度、方向、空间、操化动作（上、下肢动作配合等）、成套动作线路（弧线、直线、曲线的搭配等）、音乐（特殊创意、特殊制作、特殊动效等）、队形变化、动作与动作之间的衔接、参与者之间的配合等。

知识经济时代，人们生产方式和生活方式的改变，促进了健美操运动的发展。可以肯定地说，健美操运动对繁荣体育文化市场有很大助益，并在诸多体育运动项目的市场竞争中有着良好的前景。

第二节 健美操的概念与分类

一、健美操的概念

健美操是在音乐伴奏下运用各种不同类型的操化动作，融体操、舞蹈、音乐为一体的身体练习，既是健身美体、陶冶情操的大众健身方式，又是竞技运动的一个项目。

健美操源远流长，它起源于生活及人们对人体健美的追求，是体操、舞蹈、音乐逐步发展和结合的产物。

20 世纪 80 年代以来，健美操以其强大的生命力风靡世界。美国是对现代健美操的发展具有较大影响的国家，代表人物——电影明星简·方达。她根据自己的健身体会和经验编写了《简·方达健美术》，此书自 1981 年出版后，引起了世界的轰动。她从“节食”“药物”等减肥法的失败中吸取了教训，走上以体育锻炼，特别是用健美操来保持身体健美的道路。她以自己的现身说法，对健美操在世界范围内的推广做出了贡献。

健美操不仅在美、英、法等国家迅速发展，在苏联和其他东欧国家也相当普及，苏联早已把健美操列入大、中、小学的体育教学大纲。在亚洲地区，日本、菲律宾、新加坡等国家和地区也建有许多健美操活动中心及健身俱乐部。

20 世纪 80 年代，健美操热传到了我国。当时北京、上海、广州等地纷纷举办了各种健美操训练班，培养出了一批骨干，接着各种新闻媒介介绍了国外各种类型的健美操，逐步地推动了健美操运动在我国的广泛开展。

1984 年北京体育学院（现北京体育大学）成立了健美操研究室，接着，上海体育学院成立了健美操教研室，率先开设了健美操课程。一些大专院校也根据国家教委对高校体育教学的要求，逐步开设了健美操普修或选修课。目前，健美操已成为我国各级各类体育课或课外活动中一项深受师生欢迎的教学内容和锻炼方式。

1985 年，美国正式举办了一年一度的健美操锦标赛，确定了比赛项目和规则，使健美操发展成为竞技性运动项目。继 1986 年 4 月在广州举行的我国首次“全国女子健美操邀请赛”后，1987 年 5 月在北京举办了我国首届正式的竞技健美操比赛——“长城杯”健美操邀请赛，以后每年举行一次，到 1994 年为止共举办了 8 次。

1991 年 10 月在北京举行了全国大学生健美操、艺术体操大奖赛。1993 年 2 月、1993 年 8 月和 1994 年 8 月分别在北京、南京、上海举行了第 2 至第 4 届全国大学生健美操、艺术体操锦标赛，并且使用了由中国大学生体育协会健美操、艺术体操协会编制，经国家教委审批，适合我国大学生健美操运动开展的 1993 年版的《大学生健美操比赛规则》。为了有组织、有计划地推动全国大学生健美操运动的发展，1992 年 2 月在北京成立了中国大学生体育协会健美操、艺术体操协会。1992 年 9 月中国健美操协会在北京正式成立，标志着我国健美操运动进入一个崭新的发展阶段。

二、健美操的分类

根据健美操的目的、任务，可以将其分为健身健美操和竞技健美操两大类。

（一）健身健美操

健身健美操以健身为目的，旨在全面活动身体、发展身体，其强度和难度相对较低，可为社会不同年龄层次的人所采用。健身健美操还可根据不同的需要，从不同的角度继续分类和命名，如按人体解剖结构可分为头颈肩部健美操、手臂部健美操、胸部健美操、髋部健美操、腰腹部健美操等。这些操对人体某些部位进行有针对性的锻炼。按目的任务可分为姿态形体健美操、医疗保健（康复）健美操等；按练习形式可分为徒手健美操、轻器械健美操、专门器械健美操——轻器械健美操包括实心球、体操棍、哑铃、铁环、沙锤、皮筋健美操等；按不同年龄层次可分为老年、中年、青年、少儿、幼儿、婴儿健美操；按性别可分为男子健美操和女子健美操；按人名、动作特色可分为简·方达健美操、瑜伽健美操、迪斯科健美操、武术健美操等。

（二）竞技健美操

竞技健美操以竞技为目的，有特定的比赛规则和评分方法，选手须完成一些特定的动作和满足特定的要求，对人的身体素质、技术技能和艺术表现能力有较高要求。

竞技健美操可分为男子单人健美操、女子单人健美操、混合双人健美操、三人健美操、混合六人健美操。

第三节 健美操的特点与锻炼价值

一、健美操的特点

健美操与其他体育锻炼方式相比较，有以下3个主要特点：

（一）健身美体实效性

健美操是根据人体解剖学、运动生理学、体育美学等多学科理论，为使人体健康健美地发展而编排的，因此，它的动作内容丰富。成套健美操一般都包括各个部位的运动，与基本体操相比，健美操对人体各关节灵活性的锻炼更加突出。例如，北京体育大学健美操研究室创编的第6套健美操，对全身关节的作用次数达上千次，而第6套广播体操则仅为543次。形式多样，美观大方，健美操不但选用了徒手体操中的基本动作进行艺术加工，而且吸收舞蹈、武术等艺术性强的动作加以改编操化，每个动作都有其针对性，每一套操都有一定的运动负荷，对人的身体影响较为全面，因此，参加这项运动锻炼可收到健身美体的实效。

（二）鲜明的节奏感和韵律感

健美操必须在音乐伴奏下进行练习，音乐是健美操的灵魂。与艺术体操相比，健美操更强调动作的力度。因此，它的音乐节奏趋于鲜明强劲，风格更趋热烈奔放。健美操音乐多取材于迪斯科、爵士、摇滚等现代音乐和具有上述音乐特点的民族乐曲，使健美操体现出一种鲜明的现代韵律感。此外，节奏鲜明清晰，易于练习者随乐起舞。这种富有节奏、韵律的身体练习，能激发练习者的情绪，使之不觉疲劳，产生一种轻松愉快的感觉，使其既得到美的享受，又提高了协调性、节奏感、韵律感和表现力。

（三）广泛的群众性

健美操是时代的产物，它给人们带来热情奔放的情感体验，符合现代人的追求健美、自娱自乐的需要，因此深受广大群众的喜爱。同时由于健美操（尤其是健身健美操）的运动负荷和难度可以由练习者自行选择，不同年龄、性别、体形、素质、个性、气质的练习者都可酌情择项参加锻炼，并通过训练增强体质，因而为男女老幼所接受。此外，健美操对场地、器材条件要求不高，练习起来简单、方便、安全，适合不同地区、不同条件的单位和部门开展，具有广泛的群众性。

二、健美操的锻炼价值

（一）增强体质功能

(1) 增强运动系统的功能。经常进行健美操锻炼可以提高关节的灵活性，使肌肉的力量加强、体积增大、弹性提高，使韧带、肌腱等结缔组织富有弹性。对青少年来说，由于做健美操对肌肉、骨骼、关节、韧带均有良好的刺激，持之以恒可促进骺软骨的生长，有助于青少年身体增高，使骨质更为致密、结实。

(2) 促进心血管系统机能的提高。长期参加健美操锻炼，可以使心肌纤维增粗、心肌收缩力增强、心输出量增加，提高大脑的思维能力。同时，通过循环系统向全身细胞提供氧和养料可改善新陈代谢，减少脂肪沉积，延缓血管硬化，有利于健康。

(3) 提高呼吸系统机能水平。人体在健美操运动时，肺通气量成倍增长，肺泡的张开率提高，从而增大了肺部的容积和吸氧量。经常参加健美操锻炼会使呼吸肌变得有力，安静时呼吸加深、次数减少，运动时吸氧量大，从而使肌体具有较强的有氧代谢能力。

(4) 改善消化系统的机能。由于健美操的髋部活动较多，不但腰腹肌和骨盆肌得到了锻炼，而且加强了胃肠蠕动，增强了消化机能，有助于营养的吸收和利用。

（二）塑造健美形体，培养端庄体态

健美操是动态的健美锻炼，动作频率较快，跳跃动作较多，讲究力度，运动负荷较大，因而消耗身体能量较大，利于消除体内多余脂肪，在减少多余脂肪的同时发展某些部位的肌肉，使人的形体得以按健美的标准塑造。此外，通过加强形体动作训练，能培养正确端庄的身体姿态，使锻炼者的体形和举止风度都发生良好的变化。

（三）发展整体身体素质，提高艺术修养

健美操是一项要求力度和幅度的身体训练，经常参加该项运动可以使肌肉的力量得到增强，肌腱、韧带、肌肉的弹性得以提高，从而发展人体的力量和柔韧素质。健身健美操持续时间较长（特别是有氧系列健身操长达1小时），竞技健美操强度大，因此要求练习者具有克服疲劳的意志力和较好的耐力素质。健美操的练习是在强劲的音乐伴奏下进行的，往往令人忘却疲劳，在不知不觉中提高身体的耐力水平。同时，健美操是由类型、方向、路线、幅度、力度、速度等不同的要素组成的，学习健美操可以提高人的动作记忆和再现能力，提高神经系统的灵活性、均衡性，从而发展人的协调能力。

此外，健美操是具有艺术性的项目，长期从事该项运动可以增强人的韵律感、节奏感，提高音乐素养，从而提高认识美、鉴赏美、表现美直至创造美的能力。

（四）焕发精神面貌，陶冶高雅情操

健美操是在音乐伴奏下进行的身体练习，音乐给健美操带来了生机，健美的动作充满青春活力。人们在欢乐的气氛中进行锻炼，心情愉快，不易疲劳，还可以排除精神紧张。在这种使人的心灵和情操得到净化和陶冶，身心得到全面协调和发展的健美的娱乐消遣活动中，人的精神面貌和气质修养都会有所改善和提高，特别是集体配合练习还有助于增进友谊，增强群体意识。

第二章　健美操基础知识及其应用

第一节　健美操的术语和图解

通过掌握健美操的术语和图解，可以较直观地了解健美操的动作组合或成套动作，同时，这种方法可以用于记录动作并方便收集资料。

一、健美操的术语

术语是指各门学科的专门用语。健美操的术语即为描述健美操动作的专门用语。健美操动作名称是由方向和移动术语＋基本步伐术语＋肢体关系术语＋上肢动作术语构成的。如：左腿跑跳步同时两臂胸前平屈。“左”为方向术语，“跑跳步”为基本步伐术语，“同时”为肢体关系术语，“两臂胸前平屈”为上肢动作术语。

(1) 方向术语（表 2 - 1）

表 2 - 1　方向术语

前	Front	右前	Right diagonal front
后	Back	右后	Right diagonal back
左	Left side	左前	Left diagonal front
右	Right side	右后	Left diagonal back
顺时针	Clockwise	逆时针	Anticlockwise

(2) 移动术语

移动（Travel）：身体向着相应的方向参考点运动的方式。

向前（Forward）：向着身体前面的参考方向运动。

向后（Backward）：向着身体后面的参考方向运动。

向侧（Lateral）：向着身体侧面的参考方向运动。

原地（On the spot）：无移动，或在 4 拍内回到原来的地方。

（三）肢体关系术语

同侧：同一侧的上肢和下肢动作的配合。

异侧：不同侧的上肢和下肢动作的配合。

同面：上肢动作和下肢动作的运动面一致。

异面：上肢动作和下肢动作的运动面不一致。

同时：上肢和下肢同一时间做动作。

依次：上肢或下肢相继做同样的动作。

双侧：两臂同时做同样的动作或下肢依次做相同的动作。

单侧：只有一只手臂做动作或只做一个方向的动作。

对称：两臂同时做相同的动作或下肢依次做不同方向但相同的动作。

不对称：两臂同时做不同的动作或下肢依次做不同的动作。

（四）动作方法术语

举：臂或腿抬起并固定在某一方位上的姿势。

屈：使关节角度缩小的动作。

伸：使关节角度扩大的动作。

摆动：臂或腿在某一平面内，自然地由某一部位匀速运动到另一部位的动作。

第二节　健美操创编原则与方法

创编成套理想的健美操是一项较为复杂的创造性劳动，编者不仅要有丰富的体育运动知识，还应具有一定的音乐、舞蹈、美学等知识。首先要了解健美操的特点、目的、任务，其次要了解创编的原则、方法及程序，同时必须了解比赛规程、规则及裁判知识等。在创编成套动作之前，根据教学对象，要有一个总体构思，即确定成套动作的风格、结构和时间，选择适宜的音乐，然后设计单个动作和成节动作，并进行成套动作的组合，经过实验进行修改，使之趋于完善。

一、健美操创编原则

（一）明确的目的性

创编成套健美操，首先明确创编的目的、任务，是健身还是矫形，是减肥还是保健等。例如有的操目的在于培养正确的体态，有的操为了进行形体训练，有的操为了加强身体素质训练，有的操目的在于解决身体某部位的健美，有的操是为了防治如颈椎病、肩周炎、腰腿肩等某种疾病。因为具体的目的任务不同，创编的要求也随之不同。

（二）鲜明的针对性

根据不同年龄、性别、职业、能力、爱好、身体情况，以及发展或改善身体某部分的需要，编制各种形式的健美操，旨在达到练习者所要达到的目的，具有很强的针对性。创编任何一套健美操时都要进行认真的调查研究，针对不同对象的不同生理和心理的特点以及时间、场地、器材条件，提出的任务应与练习对象的要求相一致。

例如创编儿童健美操应具有游戏性质，给儿童带来愉快和欢乐，在设计和选择动作时，应选择一些自然活泼、轻松愉快、造型美观、易于模仿的动作，提高儿童情趣，既符合儿童的心理特点，又能达到锻炼的目的。特别要注意选择一些有利于儿童形成正确姿势，有利于发展背肌、腹肌、大腿肌等主要肌群力量，有利于促进儿童身体正常发育，增进健康，增强体质的动作。

创编青年健美操时，应多选择刚劲有力、健美大方、富有朝气、积极快速、振幅较大、结合舞蹈动作、现代特点突出、有明显锻炼价值的动作。创编男子健美操时应选择具有男子的阳刚之气，动作豪迈奔放，力度感强的健美造型动作及跳跃动作。创编女子健美操时所选择的动作，舞蹈因素要多，动作应体现柔美大方、柔中见刚的气质，还应注意选择表达女性柔美特征的波浪动作，这些动作既优美又有感染力，突出女性的曲线美的特征。另外，还要选择一些有利于增强腹肌力量的动作。

创编老年人健美操时，应选择简单易学、幅度稍小、速度稍慢且具有牵拉性质的摆动动作和弹动动作，目的在于使软化迟钝和缺乏活力的肌肉重新变得充满活力和具有弹性。要选择一些防治颈椎病、肩周炎、腰腿痛的动作。

创编竞技健美操，除符合一般健美操编排原则外，还必须符合健美操竞赛规则的要求（难度和难度数量、时间、场地等要求）。成套动作要在时间短、节奏快、动作多、变化多和强度大的情况下完成，因此，具有一定身体训练水平的人才易于接受。

由于对象和任务的不同，所选动作的形式、难易度、节奏、幅度及表现风格上都应有所区别。

（三）全面性

创编健美操时，选择的内容要注意对人体的全面锻炼，使人体各部位的关节、肌肉、韧带得到全面的发展，内脏器官机能得到改善。动作应包括头颈、上肢、下肢、躯干各部位的动作。头颈动作应有头颈的前后屈、左右侧屈、左右转动、绕及绕环等动作。上肢动作应有肩、肘、指各部位的屈、伸、举振、摆绕与绕环动作。下肢动作应有髋、膝、踝、趾各部位的屈、伸、举、摆、绕、转踢等动作。上体动作应有胸、腰各部位的前后屈、左右侧屈、左右转动、绕与绕环等动作。另外，还可以选择走、跑、跳、转体、波浪、造型等各种不同类型的动作。其目的是使身体得到均衡的全面性锻炼。

（四）合理安排动作顺序

成套健美操的编排结构可分为三部分。第一部分为准备动作。一般是先从远离心脏的部位开始，如踏步、进行脊柱的伸展加呼吸或头颈活动，再进入主体部位的活动。要求动作柔和、速度缓慢，为完成整套动作做好身体和精神上的准备。

第二部分为基本动作。一般先从头颈或上肢动作开始，再进行肩、胸、腰、髋和下肢和多关节部位的全身运动与跳跃运动。

第三部分为结束动作。一般应选择一些幅度不大、速度缓慢、轻松自如的放松四肢和躯干的练习，使身体和脉搏尽快地恢复到正常状态。每套动作由若干大节构成，每一大节侧重发展某一部位，可从各个不同的角度去影响某一部位，使某个部位得到充分、全面的锻炼。如编排转体运动时，可采用站立、半蹲及变换多种上肢动作做转体动作。又如肩部运动，可提肩、前后摆肩、肩部前后绕及绕环，再配合不同下肢动作，把肩部活动的每种做法组成一小节，由若干小节构成一大节。每套动作的节数和每节动作的重复次数，应根据练习者的特点和任务的需要而定，通常由10～12大节构成。

（五）合理安排运动负荷

编排成套健美操时，必须遵循人体运动的生理规律，即运动负荷由小到大，心率变化由低到高，波浪形地逐步上升，然后逐渐恢复到平静状态。编排动作由易到难，速度由慢到快，强度由弱到强逐步增加运动负荷，达到和保持一定运动负荷后，再逐渐减小。

（六）动作与音乐的统一性

音乐是健美操的灵魂，一套健美操没有理想的音乐予以配合，是不会受到练习者欢迎的，因为健美操的特点和风格是通过与音乐的协调配合而表现出来的。因此，音乐的旋律和风格与动作的性质、节奏风格和练习者的情绪必须融为一体，否则就失掉了健美操的艺术性。

音乐节奏的快慢和强弱，音调的优美和谐，关系着动作节奏的快慢，动作的力度、幅度的大小，动作的高低起伏及运动负荷的大小等等。动作和音乐旋律协调一致，就会激发练习者的情绪，能够给练习者带来愉快和美的享受，可以延缓疲劳的出现，达到健身和陶冶情操的目的。

音乐选配一般有三种方法：

第一种是可先选乐曲，按照音乐的节奏、特点、风格和音乐的段落来设计动作。

第二种是先编好动作，再请专家谱写乐曲。作曲家可以根据成套动作的节奏、风格、高低起伏配制乐曲，达到较理想的效果。

第三种是先编好动作，后选乐曲，根据已编好的成套动作选择相适应的乐曲相配。一般采用的办法是先编好动作，再找现代乐曲配合。这样不可避免地会出现动作与音乐旋律不协调的状况。因此，对编好的成套动作要不断进行修改，尽量使动作与乐曲和谐一致。

选用已有的音乐，一般需要剪接，剪接时尽量保持乐曲的完整性，切忌不分段落地任意切割。

（七）动作设计的创造性

健美操动作内容极其丰富多彩，动作素材来源于生活，从社会实践中获得的动作，通过精心的加工能创造出多种多样的、新颖的、优美的、符合时代特点的动作。健美操动作要不断地创新，才能保持其旺盛的生命力，动作的设计要力求新颖、独特。

设计动作时要根据健美操的特点，将体操及舞蹈动作结合起来再创造，所设计的动作必须突出“操”的特点。现代健美操的每节动作多是以组合的形式出现，同时突出某个主要部位的活动。例如做肩部提、绕和绕环转动动作，同时配合下肢的屈伸和髋部扭动动作。另外，可以将一些动作素材通过改变开始姿势和动作方向幅度、速度、节奏、路线等方法以及结合具体对象，创造出结构合理、实效性较强的新颖优美的动作。成套动作中动作与动作之间的衔接上也要有创造性，要巧妙，给人以流畅、新颖的感觉。

二、编排方法与步骤

健美操应按一定的程序进行编排，首先要明确编操的目的、任务，然后进行调查研究，了解对象的特点、水平及身体状况，拟定编操方案，最后编排和设计动作。

（一）确定目的和任务

明确编什么样的操，具体的目的、任务及要求。

（二）明确对象

明确对象的性别、年龄、特点、水平、身体状况等，即解决为谁编操的问题。

（三）确定风格、设计动作

所谓风格就是说要有特色，有鲜明的个性特点。如“迪斯科健美操”全套操是以迪斯科的基本动作为基调编成的健美操。又如“柔姿健美操”是采用一些手臂及身体波浪组合而成的健美操，要体现出柔中带刚的动作力度，既柔美又挺拔，富有女性的曲线美。确定了整套操的风格后，注意所选择的每一节动作风格要统一，切忌一套动作中出现各节动作风格各异、不协调等问题。

（四）选择音乐

不管是先选乐曲，还是后选乐曲，或是创编，都要求音乐的节奏、旋律和风格与动作协调一致。

（五）组织编排成套动作的顺序和运动负荷

根据动作由易到难，运动负荷由小到大逐步上升，再逐渐减小的规律，要合理组织编排动作顺序。一般开始安排一节准备动作，然后依次为伸展运动或头部运动、肩部运动、胸部运动、体转运动、腹背运动、下肢运动、全身运动、跳跃运动、放松运动。这是一般编排顺序的规律，但也不是一成不变的。成套动作编好后要测定全套操的运动量，编制运动量曲线图，进行运动量分析，对不合理部分要进行修改。

（六）记写成套动作

编操之后，须把每节操的图解和文字说明记写下来，记写的内容和顺序如下：1. 写出每节动作的名称和动作的重复次数，如第一节伸展运动（两个八拍）。

2. 绘制动作简图。简图包括预备姿势、每拍动作的主要姿态、动作路线和结束姿势。

3. 记写每节操的要求和做法，写出每拍动作的说明，力求简明扼要，术语正确。首先写明预备姿势，其次写明每拍动作的做法和结束姿势。记写动作时，一般是先下肢后上肢、先左边后右边，并明确指出动作的方向、路线和做法等。

4. 记写做操的注意事项。

（七）实验和修改

可以选择具有代表性的对象进行实验，收集动作、音乐、运动负荷等方面的意见进行修改。

第三节　健美操与美感训练

一、健美操与身体语言

健美操的魅力在于其给人以美的享受，作为一种视觉艺术，健美操具有很高的欣赏价值。健美操凭借身体语言，能引起人们对美的强烈共鸣和丰富的联想。身体语言由表情、姿势和动作组成。科林伍德指出："身体各部分的每一个动作和每一个固定姿态都具有发音器官的动作在口头语言中所具有的同样意义。"每一套健美操动作都由各种基本步伐以及不同的上肢动作组合而成，并配以完美的身体姿态和自然的表情流露。健美操的美感即是以人体为工具，通过完美的形体、生动的人体动作而形成的动、静造型的连续画面，并以此来表达丰富的思想情感。

健美操作为一种身体语言，在与人们进行美的沟通的同时，具有以下特点：

1. 文化性

健美操的文化性属于风格范畴。如以斗牛士为主题的一套健美操，可以通过昂首挺胸、一臂胸前平屈、一臂侧平举的身体姿态来表现；又如以过新年为主题的一套健美操，可以用人们敲锣打鼓、欢欣雀跃等动作来表现。

2. 艺术性

健美操主要凭借身体语言，在音乐的伴奏下，反映成套动作的内涵及内在的情感，从而引起人们对美的强烈共鸣和丰富的联想。健美操的艺术性正是基于身体语言和音乐的平台，使人们在欣赏中产生美的感觉和意识，达到美的享受。

3. 高难度性

特别是竞技健美操，一套动作最多可安排 12 个难度动作，其中包括四组难度动作，各组难度动作主要体现运动员的力量、跳跃、柔韧等素质。健美操是一门技术性、艺术性非常强的运动项目，高难度的动作美是提高健美操美感的必要条件之一。

二、健美操美感的载体

（一）身体核心部位——躯干动作

身体核心部位即为人体的腰、腹、胸、背，也就是人体的躯干。人体的躯干部分是展示表现力的主要区域。在静止的造型中，胸、腰、背、腹等身体主要部位，基本上是保持垂直状态的，以确保整个体态具有坚毅、挺拔的特点。如挺腹、挺胸和直背，表明满足、自信、无畏以及高贵和正直。

（二）头部势语

在古希腊，头被看成神圣的器官，奥尼安斯认为头应被看作生命本身的所在。一般情况下，中立静止的头势表示一种平和安静；头部的前伸，是一种积极的进攻型的头势；而头部的后仰，则是排斥的信号，是一种消极的体语；上扬的积极性头势是自尊自信、不甘屈服的表现；偏歪头部表示一种关注和娇态，多用于女子动作；侧拧在多数情况下表示回避、厌恶。

（三）五官——微身体语言

眼睛是五官的核心。一个瞬间闪现的眼神，往往负载着多种复杂且难以言传的信息，以至于古希腊诗人将眼睛喻为“缠满葡萄藤的窗口”，中国古语也有“一身精神，具乎两目；一身骨相，具乎面部”之说。而眼神的运用主要体现在注视时间、注视距离、注视方式、注视方向及视线角度的变化上。嘴的动作是眼睛外最引人注目的微身体语言，张嘴、咧嘴、闭嘴等都各有其意味。此外，眉毛的凝结与挑起、下颚的突出都表示种种复杂的信息。总之，五官各部位的整体的高昂、放射，一般是得意、兴奋、探寻、追求等积极体语；而整体的低垂、回缩则一般代表消极体语。

无论是躯干还是头和五官，都是人类身体的一部分，也是健美操美感的主要载体，在我们逐一将每一部分解构之后，必须使这身体还原为一个有机整体，还原为一个活生生的充满魅力的艺术有机体。

三、健美操表现力的培养

（一）从基本功入手

在训练基本功时，要使学生养成一种习惯，即在基本功训练中的一投足、一伸手就是美，就有思想，就有灵魂，要让学生认识到再简单、再单一的动作里也有美，也有艺术。要让学生想象在空间运动时头、眼、身体、腿、脚，甚至内心所能表现出的美感。如眼睛表情方式的训练，就包括眼肌和眼球的能力训练，眼球的摆、转以及笑眼、哭眼、恨眼、怒眼、惊讶、焦急等眼睛表演素质训练，另外还包括眼睛同音乐动作相结合的训练。要从基础动作入手，培养学生表现动作的基本意识，为成套动作的表现打下良好的基础。

（二）从规格上提高

健美操动作对形式美和规格有严格要求，训练时无论是在地上还是在空中，也不论是过渡还是落地，全都必须流畅和完美。如做屈体分腿跳成俯撑落地的动作，腾空高、落地稳，并且能控制躯干、膝踝姿态漂亮，就会给人以美的享受。可以说，没有规格就没有美感。然而，规格应在教学实践中不断发展。在教学训练中，既要注意能力的训练，又要注意姿势、美感、风格的统一协调，应编排出带有一定的训练意义的组合，并有意识地编排一些手和眼神相结合的组合。

（三）于细节中完善

在训练中，教师往往只注意那些大的技能技巧的完成，而忽视一些面部表情、眼神、手型、脚尖等细节动作。忽视了这一点，做出来的动作就是苍白无力、呆板的，就谈不上什么美感，所以，在平时训练组合时，要把每一个微小精细的动作都一丝不苟地做出来，把健美操的美感意识融入手指、脚尖以及身体的各个部位。这样的健美操动作伴随着音乐才会达到尽善尽美的境界，给人以美的享受。

（四）在生活中体验

教师在教学训练过程中，应引导学生在生活中体验身体语言。如各种躯干的姿态所代表的意义，头部不同的位置所意味的思想感情，都可以在生活中得到体验。同时，要引导学生多接触艺术、欣赏艺术、热爱艺术，培养他们的审美情趣，拓宽知识领域，使之对动作和音乐的主题有更深刻的领会。

第三章 健美操的基本动作

第一节 健美操基本动作的作用

一、健美操基本动作概念

健美操基本动作是健美操运动的基础，是最小单位的元素动作。千姿百态的健美操组合动作都是在基本动作的基础上变化和发展起来的。将健美操基本动作按一定的需要进行不同的组合和编排则会产生不同难度、不同强度、不同风格及不同视觉效果的动作。健美操基本动作并不复杂，只要我们掌握了元素动作及其变化规律，健美操的学习过程就变得简单多了。

二、健美操基本动作作用

1. 练好健美操基本动作，可以掌握正确的动作规格。通过健美操基本动作练习，使健美操练习者尽快建立正确的动作技术概念。

2. 练好健美操基本动作，是建立良好基本姿态的有效方法。只有正确的动作才会给人美的感觉，良好的基本姿态能反映练习者的良好的精神面貌及艺术造诣，是美的意识的直接反映。

3. 练好健美操基本动作，是进行动作韵律“开法儿”较好的手段。在进行基本动作练习时，一般多以局部单个动作反复练习开始，教会练习者如何发力、用力及控制，体会动作的节奏及内在感觉，使之掌握整个动作的韵律，达到真正的练习效果。

第二节 健美操基本动作训练

健美操的基本动作训练主要包括姿态训练、手臂动作训练、基本步伐训练。

一、身体姿态训练

身体姿态的训练是健美操锻炼的一个非常重要的方面，它决定着完成健美操动作的质量、人体在健美操运动中所表现出来的气质以及健美操的锻炼效果。健美操的基本姿态指完成动作时正确的形态和身体的标准位置，包括躯干、后背、骨盆的稳定性和腹肌的收缩，上体的关节位置，颈肩的姿态，以及颈椎相对于脊椎的位置，踝关节和膝关节的相对位置等，这些是体现健美操姿态特色的关键。身体姿态的训练一般包括两个部分：一是健美操基本动作的身体姿态训练，二是健美操操化动作与难度动作中身体姿态的控制。健身性健美操运动主要是健美操基本动作的变换训练，这里主要介绍健美操基本动作的身体姿态的训练。

健美操的身体姿态是根据现代人的人体与行为美的标准而建立的。首先，人体在整个运动中非特殊条件下，应保持自然挺拔，头部稍稍昂起，颈部挺直、挺胸收腹、腰背挺立、脊柱正直，头、颈、躯干和腿保持在一条垂直线上，四肢的位置根据具体的动作要求，应该在准确的位置上。最常见的动作有：站立——躯干保持上面所说的状态，两腿并拢伸直。蹲——躯干保持上面所说的状态，臀部收紧，保持整个身体垂直于地面并屈膝。基本动作的身体姿态训练方法通常有两种：一是动作控制法，二是舞蹈训练法。

（一）动作控制法

动作控制法是指身体处于某一动作位置时，保持该动作的正确的身体姿态，使该动作控制一段时间的方法。该方法的目的是让锻炼者找到控制该动作的肌肉感觉，起到强化动作的作用。

（二）舞蹈训练法

舞蹈训练法是通过拉丁舞、爵士舞、现代舞、民间舞等不同的舞蹈，练习体会不同的表现意识、气质与风格。通过徒手、把杆、双人姿态等大量舞蹈动作的训练，进一步改变身体形态的原始状态，逐步形成正确的站姿、坐姿、走姿，提高形体动作的灵活性。如经常采用芭蕾舞形体训练中的把杆练习来发展运动员的身体形态。

二、上肢动作训练

（一）手型及训练规范

手型的变化不仅可以使手臂的动作更加丰富多彩，生动活泼，表现出美感，而且有助于加强动作的力量性。健美操中手型有多种，它是从爵士舞、芭蕾舞、西班牙舞、迪斯科、武术等手型中吸收和发展起来的。常用的健美操手型有以下几种，其训练规范如下：

1. 掌（见图 3 - 1）

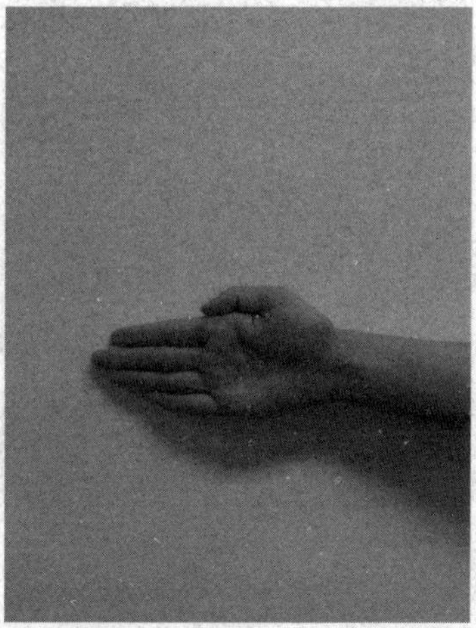

并掌

开掌

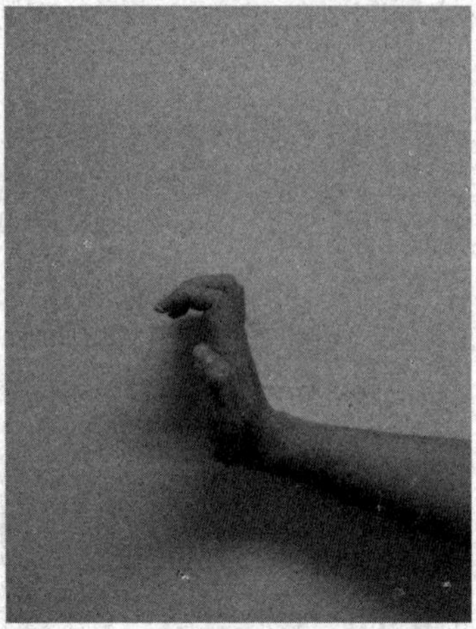

立掌

图 3-1 掌

（1）并掌：大拇指指关节弯曲内扣，其余四指并拢伸直。手腕伸直，使手臂成一条直线。腕关节与掌指关节适度紧张。

（2）开掌：五指用力分开，并伸直。

（3）立掌：手掌用力上屈，五指自然弯曲。

2. 拳（见图 3-2）

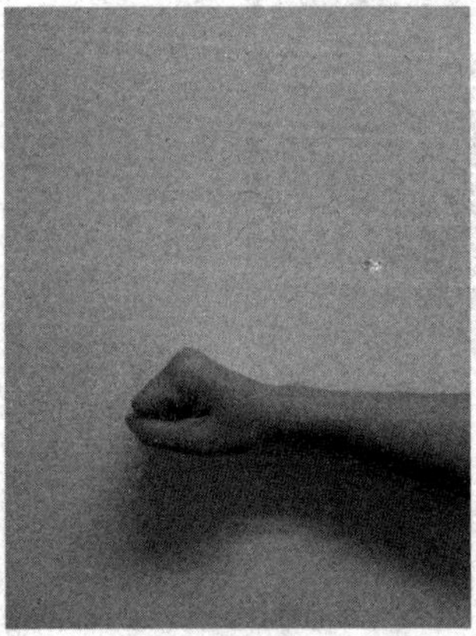

实心拳

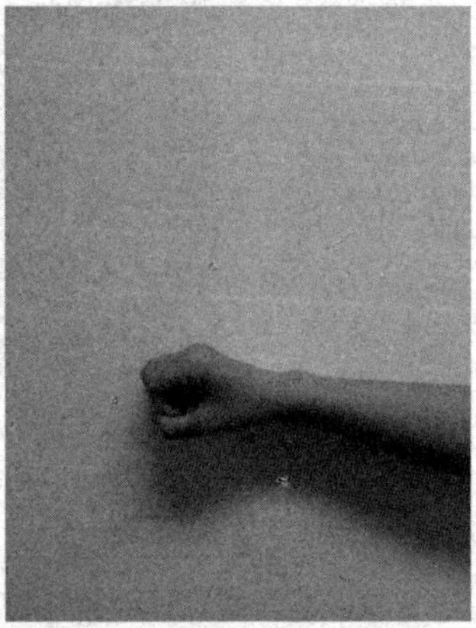

空心拳

图 3-2 拳

（1）实心拳：四指卷握，大拇指末关节压住食指、中指的第二关节。

（2）空心拳：四指卷曲，大拇指末关节压住食指、中指的末关节，拳成空心状。

3. 其他手型（见图 3-3）

（1）西班牙舞手型：五指分开，小指内旋，拇指稍内收。

（2）剑指：食指和中指并拢伸直，拇指、无名指和小指内收。

（3）V指：拇指与小指、无名指弯曲，食指与中指伸直并尽力分开。

（4）响指：无名指与小指屈握，拇指与中指、食指摩擦后，中指击打大鱼际处产生响声。

西班牙舞手型

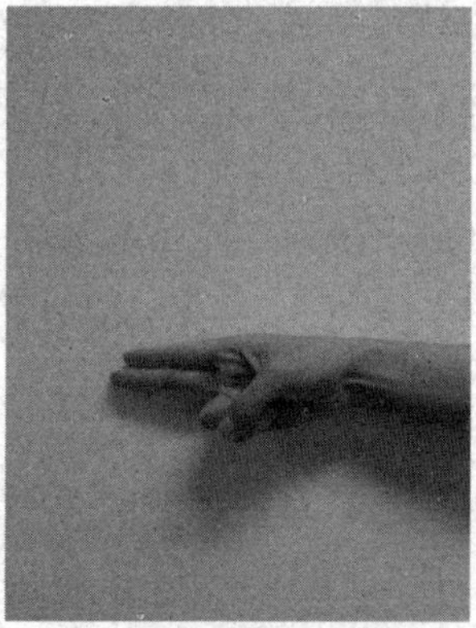
剑指

V指

响指（1）

响指（2）

图3-3 其他手型

（二）手臂动作及训练规范

手臂动作训练是健美操锻炼的重要组成部分，它与健美操的基本步法组合共同构成了丰富多彩的健美操动作内容。健身性健美操关于手臂动作的术语有不同的说法，如有些健身性健美操书中介绍的手臂动作是：自然摆动、臂屈伸、屈臂提拉、直臂提拉、冲拳、推等。这里介绍的术语主要以体操术语为基础。

1. 摆动

动作描述：屈肘前后摆动，两手握拳。

技术要点：屈肘角度不宜过小或过大，大约 60°。向前摆动手臂时，肘关节不超过躯干前面，向后摆动手臂时，手不超过躯干。

动作变化：可同时摆动也可依次摆动。

2. 举

动作描述：以肩关节为轴，臂伸直向某方向抬起。臂活动范围不超过 180°并停止在某一部位。

技术要点：动作到位、路线清晰、有力度感。

动作变化：前举、上举、前上举、前下举、侧举、下举、侧下举、侧上举。

3. 屈、伸

动作描述：上臂固定，以肘关节为轴，肘关节由弯曲到伸直或由伸直到弯曲的动作。屈臂时肱二头肌收缩，伸臂时肱三头肌收缩。

技术要点：关节有弹性地伸屈。

动作变化：胸前屈、胸前平屈、肩侧上屈、肩侧下屈，胸前上屈、腰侧屈、头后屈。

4. 绕、环绕

动作描述：两臂或单臂以肩为轴做弧线运动。上臂固定，前臂以肘关节为轴做弧线运动。

技术要点：路线清晰，起始和结束运动位置明确。

动作变化：两臂或单臂向内、外、前、后绕或环绕。

三、基本步伐训练

基本步伐是健美操动作中最基本的单位，是进行健美操练习的一个重要组成部分，通过基本步伐的练习，能培养练习者的协调性和节奏感。

健美操基本步伐根据人体运动时对地面的冲击力大小分为无冲击力步伐、低冲击力步伐、高冲击力步伐三大类。因此，基本步伐的训练又主要包括无冲击力步伐组合训练、低冲击力步伐组合训练、高冲击力步伐组合训练三大类。然而，在日常训练中，又常常进行各种步伐的组合训练。

（一）无冲击力步伐及其组合训练

1. 无冲击力步伐概念及其分类

无冲击力步伐动作是指两腿始终接触地面的动作。主要包括并腿和分腿两大类：

（1）并腿类（Feet together）：

动作描述：这类动作两脚始终接触地面，并且两脚始终并拢，脚尖朝前。

技术要点：膝关节要有弹性地屈伸，把握好弹动的技术。

1）膝弹动（Knee spring）。

动作描述：两腿并拢，膝关节有弹性地屈伸。

技术要点：膝关节由弯曲到还原，还原时关节应处于微屈状态。

2）踝弹动（Ankle spring）。

动作描述：两腿伸直或屈膝，踝关节有弹性地屈伸。

技术要点：脚尖或脚跟抬起时，保持身体的稳定性和踝关节的弹性。

（2）分腿类（Feet apart）：

动作描述：这类动作是指两腿分开，膝关节有弹性地屈伸。

技术要点：膝关节屈伸要有较好的弹性，重心移动要平稳自如。

1）半蹲（Squat）。

动作描述：两腿有控制地屈和伸。可分为并腿半蹲和分腿半蹲。

技术要点：分腿半蹲时，两腿左右分开稍大于肩，脚尖稍外开，膝关节角度不小于 90°，方向与脚尖方向一致，臀部向后 45°方向下蹲，上体保持直立。

动作变化：并腿半蹲、迈步半蹲、迈步转体半蹲。

图 3-4 半蹲

2）弓步（Lunge）。

动作描述：两脚前后分开，平行站立，下蹲。

技术要点：半蹲时，后腿膝关节向下，大腿垂直于地面；重心在两脚之间，前腿膝关节弯曲不能超过 90°，膝关节不能超过脚尖。

动作变化：原地前后弓步、原地左右弓步、转体弓步。

图 3-5　弓步

3）移动重心（Move balance）。

动作描述：由两腿开立为初始动作，两腿屈膝下蹲之后，身体向右侧移动重心，然后两腿伸直，右脚全脚掌着地，右腿脚尖点地。

技术要点：身体重心的移动要保持平稳。

动作变化：左右移重心、前后移重心。

4）提踵

动作描述：两腿脚跟抬起，落下脚跟稍屈膝。

技术要点：两腿夹紧，重心上提时，腹部收紧，落下时屈膝缓冲。

图 3-6　提踵

2. 无冲击力步伐组合训练

无冲击力步伐组合是由一些简单无冲击力步伐组编而成的，其中包括膝关节弹动、踝关节弹动、半蹲、弓步、迈步移重心等步伐。整个组合由 8 个 8 拍组成，分为左右两个方向完成动作，右边完成 4 个 8 拍之后，再完成左边 4 个 8 拍，动作左右对称，方向相反。这个组合简单易学，是在无冲击力步伐的基础上，加上手臂的多种形式变化以及身体不同方向的变化组合而成的，能够使上下肢得到基本的锻炼，提高关节的灵活性和上下肢的协调性，反复练习还能够达到基本的热身效果。这个组合适合刚刚参加健美操锻炼的人群，是进入基本步伐组合的一个基础练习。

第一个组合：4×8 拍

第 1 个 8 拍：

其动作说明如表 3 - 1

表 3 - 1　动作说明

动作说明	步伐	1～4	屈膝弹动两次
		5～8	屈膝踝关节弹动两次
	手臂	1～4	1 拍两手击掌；3 拍两臂肩上屈；2/4 拍两臂位于体侧
		5～8	5 拍两臂前举；7 拍两臂侧上举；6/8 拍两臂位于体侧
	手型	1～4	并掌
		5～8	5～6 拍为拳；7～8 拍为并掌
	面向		1 点

第 2 个 8 拍：

其动作说明如表 3 - 2

表 3 - 2　动作说明

动作说明	步伐	1～4	右腿向右侧迈出一步成弓步，左腿屈膝，右腿伸直成左弓步
		5～8	同 1～4 拍
	手臂	1～4	1～2 拍右臂侧举，左臂胸前屈；3～4 拍右臂肩上屈，左臂侧举
		5～8	5～6 拍右手叉腰，左臂向右伸展；7～8 拍两臂位于体侧
	手型	1～4	1～2 拍拳；3～4 拍并掌
		5～8	并掌
	面向		1 点

第 3 个 8 拍

其动作说明如表 3 - 3

表 3-3 动作说明

动作说明	步伐	1～4	半蹲
		5～8	半蹲
	手臂	1～4	1～2 拍两臂胸前平屈，前臂顺时针绕环；3～4 拍两臂胸前平屈，前臂上下重叠
		5～8	5 拍右臂侧上举，左臂侧下举；7 拍与 5 拍反向；6/8 拍两臂位于体侧
	手型	1～4	1～2 拍拳；3～4 拍并掌
		5～8	并掌
	面向		1 点

第 4 个 8 拍：

其动作说明如表 3-4

表 3-4 动作说明

动作说明	步伐	1～4	迈步移重心
		5～8	迈步移重心
	手臂	1～4	1～2 拍胸前侧向屈臂；3～4 拍同 1～2 拍
		5～8	5 拍右臂侧上举，左臂前举；6 拍两臂胸前交叉；7 拍同 5 拍，动作对称；8 拍同 6 拍
	手型	1～4	1～4 拍西班牙舞手型
		5～8	5/8 拍并掌；6～7 拍为拳
	面向		6～8 拍 3 点；其余 1 点

第 5 个 8 拍：

其动作说明如表 3-5

表 3 - 5　动作说明

动作说明	步伐	1～4	屈膝弹动两次
		5～8	屈膝踝关节弹动两次
	手臂	1～4	1 拍右臂胸前屈，左臂胸前平屈；2 拍两臂胸前平屈，前臂相叠；3 拍右臂侧上举，左手叉腰前侧向屈臂；4 拍两手握拳于腰间
		5～8	5 拍右臂侧下举，左臂屈肘下举；7 拍右臂侧上举，左臂屈肘胸前侧上举；6/8 拍两臂位于体侧
	手型	1～4	1～2 拍并掌；3～4 拍为拳
		5～8	5～6 拍开掌；7～8 拍为拳
	面向		1 点

第 2 个 8 拍

其动作说明如表 3 - 6

表 3 - 6　动作说明

动作说明	步伐	1～4	右腿开始，两腿依次屈膝顶髋，左右各两次
		5～8	同 1～4 拍
	手臂	1～4	1 拍双臂侧上举；2 拍右臂侧上举，左手拍髋；3 拍同 2 拍，方向相反；4 拍两手拍髋
		5～8	两臂前举，交叉向上
	手型	1～4	1～2 拍并掌；3～4 拍为拳
		5～8	5～6 拍开掌；7～8 拍为拳
	面向		1 点

第 3 个 8 拍

其动作说明如表 3 - 7

表 3-7　动作说明

动作说明	步伐	1～4	半蹲
		5～8	半蹲
	手臂	1～4	肩上屈过渡到胸前击掌 3 次
		5～8	两臂由屈臂到直臂
	手型	1～4	1 拍为拳，其余拍为并掌
		5～8	开掌
	面向		1 点

第 4 个 8 拍：

其动作说明如表 3-8

表 3-8　动作说明

动作说明	步伐	1～4	迈步移重心
		5～8	迈步移重心
	手臂	1～4	1/3 拍肩上屈；2/4 拍胸前屈臂交叉
		5～8	两臂侧上举，绕环
	手型	1～4	拳
		5～8	并掌
	面向		1 点

（二）低冲击力步伐及其组合训练

1. 低冲击力步伐概念及其分类

低冲击力步伐动作是指在做动作时一脚着地，另一脚离地的动作。低冲击力步伐动作是目前健身健美操编排运用最多的动作类型。主要有踏步类、点地类、迈步类和抬腿类 4 种类型。

（1）踏步类（March）：

动作描述：此类动作两脚依次抬起，在下落时膝、踝关节有弹性地缓冲。

技术要点：注意两腿的相对位置以及脚尖膝盖的朝向，做动作时注意膝关节、踝关节有弹性地缓冲，另外，根据动作的需要，躯干部分要有适当的起伏变化，与基本步伐协调一致。

1）踏步（March）。

动作描述：两腿原地依次抬起，依次落地。

技术要点：下落时，踝、膝、髋关节依次有弹性地缓冲。

动作变化：踏步转体、踏步分腿、踏步并腿、弹动踏步。

图 3-7 踏步

2）走步（Walk）。

动作描述：迈步向前走时，脚跟先落地，过渡到全脚掌；向后走时则相反。

技术要点：落地时，踝、膝关节有弹性地缓冲。

动作变化：向前向后走步、向侧前和侧后走步、向左右转体或弧线走步。

3）一字步（Easy walk）。

动作描述：一脚向前一步，另一脚并于前脚，然后依次还原。

技术要点：向前迈步时，脚跟先着地，过渡到全脚掌；前后均要有并腿过程；每一拍动作膝关节始终有弹性地缓冲。

动作变化：向前向后的一字步、转体的一字步。

图 3-8 一字步

4）V 字步（V-Step）

动作描述：一脚向前侧方迈一步，另一脚随之向另一方迈一步，成两脚开立，屈膝，然后依次退回原位。

技术要点：两腿膝、踝关节始终保持弹动状态，分开后成分腿半蹲，重心在两腿之间。

动作变化：倒V字步、转体V字步、跳的V字步。

图 3-9 V字步

5）漫步（Mambo）。

动作描述：一脚向前迈出，屈膝，重心随之前移，另一脚稍抬起，然后原地落下；或向后撤一步，重心后移，另一脚稍抬起，然后原地落下。

技术要点：两脚始终保持交替落地，身体重心随动作前后移动，但始终在两脚之间。

动作变化：转体的漫步、跳的漫步。

图 3-10 漫步

（2）点地类（Step touch or tap together）：

动作描述：此类动作两腿有弹性地屈伸，点地时，一腿屈膝，另一腿伸直。

技术要点：整个动作过程中，膝盖要有弹性地屈伸，包括动作完毕时，两腿膝盖也应处于微屈状态，而不应过分伸直，以免破坏健美操特有的弹性。

动作变化：前点地、侧点地、后点地。

1）脚尖点地（Tap）。

动作描述：一腿稍屈膝站立，另一腿伸出，脚尖点地，然后还原到并腿姿势。

技术要点：支撑腿始终保持屈膝站立，并且随动作有弹性地屈伸。

动作变化：脚尖前点地、脚尖侧点地、脚尖后点地。

图 3-11 脚尖点地

2）脚跟点地（Heel）。

动作描述：一腿稍屈膝站立，另一腿伸出，脚跟点地，然后还原到并腿姿势。只可做向前和向侧的脚跟点地。

技术要点：支撑腿始终保持屈膝站立，并且随动作有弹性地屈伸。动作始终保持高度的弹性和节奏感。

动作变化：脚跟前点地、脚跟侧点地。

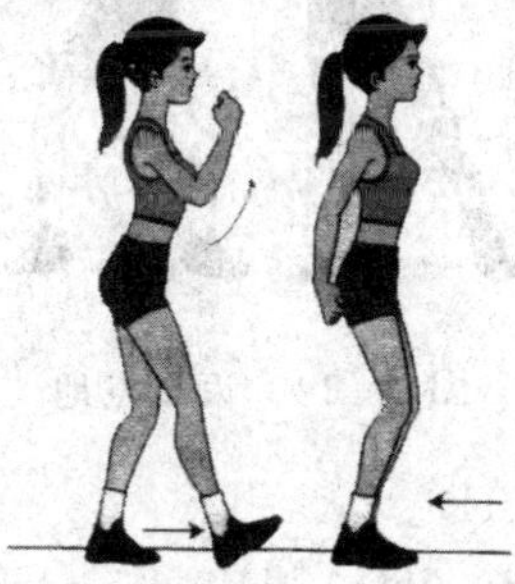

图 3-12 脚跟点地

（3）迈步类（Step or step together）：

动作描述：一条腿迈出一步，重心移到这条腿上，另一条腿用脚跟、脚尖点地或吸腿、屈腿、踢腿等，然后向另一个方向迈步。

技术要点：注意重心之间的转换和跟进。

1）并步（Step touch）。

动作描述：一脚迈出，另一脚随之并拢屈膝点地，再向反方向迈步。

技术要点：两膝保持弹动，动作幅度和力度以动作风格而定。

动作变化：左右并步、前后并步、向两侧并步、转体并步。

图 3-13 并步

2）迈步点地（Step tap）。

动作描述：一脚向侧迈一步，两脚经屈膝移重心，另一腿在前、侧或后用脚尖或脚跟点地。

技术要点：两腿有弹性地屈伸，重心移动轨迹呈弧形；上体不要扭转。

动作变化：左右迈步点地、前后迈步点地、迈步转体点地。

图 3-14 迈步点地

3）迈步后屈腿（Step curl）。

动作描述：一脚迈出一步，另一腿后屈，然后向相反方向迈步。

技术要点：经过屈膝半蹲，支撑腿稍屈膝，后屈腿的脚跟靠近臀部。

动作变化：侧迈步后屈腿、前后移动后屈腿。

图 3-15 迈步后屈腿

4）迈步吸腿（Step knee）。

动作描述：一脚迈出一步，另一腿屈膝抬起，然后向反方向迈步。

技术要点：经过屈膝半蹲，还原时支撑腿稍屈膝。

动作变化：向前迈步吸腿、向侧迈步吸腿、向侧前迈步吸腿、转体吸腿。

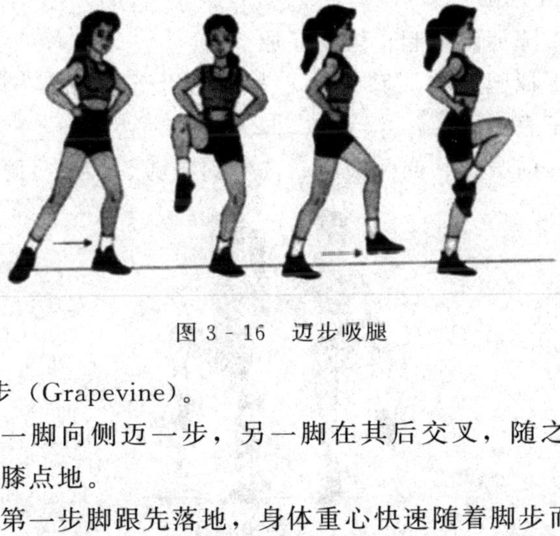

图 3-16 迈步吸腿

5）侧交叉步（Grapevine）。

动作描述：一脚向侧迈一步，另一脚在其后交叉，随之再向侧迈一步，另一脚并拢，屈膝点地。

技术要点：第一步脚跟先落地，身体重心快速随着脚步而移动，保持膝、踝关节的弹动。

动作变化：左右的交叉步、转体的交叉步。

图 3-17 侧交叉步

(4) 抬腿类 (Lift step or lift together)

动作描述：一腿站立，另一腿抬起的动作。

技术要点：这一类动作要求支撑腿有控制地屈膝弹动，另一腿以各种形式抬起，同时收腹、立腰。

1) 吸腿 (Knee lift)。

动作描述：一腿屈膝抬起，落下还原。

技术要点：支撑腿保持屈膝弹动，大腿上抬至水平，小腿自然下垂，绷脚尖，上体保持正直。

动作变化：向前吸腿、向侧吸腿、向侧前吸腿、转体吸腿。

图 3-18 吸腿

2) 踢腿 (Kick)。

动作描述：一腿稍屈膝站立，另一腿抬起，然后还原。

技术要点：抬起腿要有控制，保持上体正直。主力脚脚跟不能离地，膝关节微屈缓冲。踢腿的幅度因人而异，避免受伤。

动作变化：前踢、侧踢。

图 3-19 踢腿

3）摆腿（Leg lift）。

动作描述：一腿稍屈膝站立，另一腿做摆动。然后还原成并步。

技术要点：摆腿时上体顺势前倾、后倒或侧倾。主力腿屈膝缓冲，摆动腿抬起时幅度不要过大，且要有控制。

动作变化：向前摆腿、向侧摆腿。

图 3-20 摆腿

图 3-21 弹踢

4）弹踢（Skip）。

动作描述：一腿站立，另一腿先向后屈，再向前下方弹踢，还原。

技术要点：腿弹出时要有控制，两膝盖紧靠，弹踢腿，脚尖伸直保持上体正直。

动作变化：向前弹踢、向侧弹踢、转体的弹踢、移动弹踢。

2. 低冲击力步伐组合训练

低冲击力步伐组合是在低冲击力步伐的基础上，配以上肢动作的变化和身体姿态的变化组编而成的。低冲击力步伐是健美操基本步伐中内容很丰富的一种，在此仅创编两个低冲击力步伐组合作为动作素材以供参考。第一个组合主要由踏步类和点地类组成，第二个组合主要由迈步类和单脚抬起类组成。同样每个组合都是由 8 个 8 拍组成，分为左右两个方向完成动作，右边完成 4 个 8 拍之后，再完成左边 4 个 8 拍，动作左右对称，方向相反。低冲击力步伐组合相对无冲击力步伐组合而言，动作对地面的冲击力加大，动作强度和动作复杂程度也进一步加强。通过低冲击力步伐组合的练习，能够进一步熟悉和巩固健美操的基本步骤，同时也能够激发练习者的锻炼兴趣，提高身体的协调性和节奏感。

第一个组合：4×8 拍

第 1 个 8 拍：

其动作说明如表 3 - 9

表 3 - 9　动作说明

动作说明	步伐	1～4	踏步两脚打开
		5～6	脚尖点地
		7～8	漫步（前半步）
	手臂	1～4	1～2 拍双手胸前平屈，向外弹动两次；3～4 拍胸前击掌两次
		5～6	5 拍右手侧举；6 拍左手胸前平屈
		7～8	前后摆动
	手型	1～4	实心拳
		5～6	并掌
		7～8	空心拳
	面向		1 点

第 2 个 8 拍：

其动作说明如表 3 - 10

表 3 - 10　动作说明

动作说明	步伐	1～2	漫步（后两步）
		3～6	“V”字步
		7～8	后“V”字步（前两步）
	手臂	1～2	前后摆动
		3～8	3 拍右手侧举；4 拍左手侧举；5 拍左手头上绕；6 拍右手放在右侧腰间；7 拍右手侧下举；8 拍左手侧下举。
	手型	1～2	空心拳
		5～8	5～6 拍并掌，7～8 拍开掌
	面向		1 点

第 3 个 8 拍

其动作说明如表 3 - 11

表 3 - 11　动作说明

动作说明	步伐	1～4	踏步
		5～6	右脚脚跟点地
		7～8	左脚脚跟点地
	手臂	1～4	1/3 拍两手胸前平屈；2/4 拍两臂前平举
		5～8	5 拍两臂胸前屈，6 拍两臂上举，7 拍两臂侧平举，8 拍两臂位于体侧
	手型	1～4	空心拳
		5～8	5 拍为空心拳；6 拍为并掌；7～8 拍为开掌
	面向		1 点

第 4 个 8 拍：

其动作说明如表 3 - 12

表 3 - 12 动作说明

动作说明	步伐	1～4	踏步
		5～8	后“一”字步
	手臂	1～4	1/3 拍两臂胸前平屈，两手肘关节固定不动，右手向外绕圈；2/4 拍两臂胸前平屈，两手肘关节固定不动，左手向外绕圈
		5～8	5 拍两臂侧上举；6 拍两臂胸前交叉；7 拍两臂侧下举；8 拍还原
	手型	1～4	空心拳
		5～8	5 拍开掌；6 拍实心拳；7～8 拍并掌
	面向		1 点

第二个组合：4×8 拍

第一个 8 拍：

其动作说明如表 3 - 13

表 3 - 13 动作说明

动作说明	步伐	1～4	迈步吸腿
		5～6	迈步脚跟点地
		7～8	迈步后屈腿
	手臂	1～4	1/3 拍两臂上举；2/4 拍两手在腰两侧握拳
		5～6	两手叉腰
		7～8	两手叉腰
	手型	1～4	1/3 拍并掌；2/4 拍空心拳
		5～8	两手叉腰
	面向		1～4 拍面向 2 点；5～8 拍面向 1 点

第 2 个 8 拍：

其动作说明如表 3 - 14

表 3 - 14　动作说明

动作说明	步伐	1～4	并步
		5～8	侧交叉步
	手臂	1～8	两手叉腰
	手型	1～8	两手叉腰
	面向		1～2 拍面向 1 点；3～8 拍面向 7 点

第 3 个 8 拍：

其动作说明如表 3 - 15

表 3 - 15　动作说明

动作说明	步伐	1～8	迈步后屈腿
	手臂	1～8	两手叉腰
	手型	1～8	两手叉腰
	面向		1～4 拍面向 5 点；5～6 拍面向 3 点；7～8 拍面向 1 点

第 4 个 8 拍：

其动作说明如表 3 - 16

表 3 - 16　动作说明

动作说明	步伐	1～2	弹踢
		3～4	踢腿
		5～6	摆腿
		7～8	吸腿
	手臂	1～8	两手叉腰
	手型	1～8	两手叉腰
	面向		1 点

（三）高冲击力步伐及其组合训练

1. 高冲击力步伐概念及分类

高冲击力步伐动作是指在做动作时，两脚都离地的动作，即平常所说的跳类动作。主要包括单脚起跳、两脚起跳、迈步起跳和跑步 4 大类：

（1）单脚起跳类（Lift jump or leap）：

动作描述：此类动作是指先抬起一腿，另一腿跳起的动作。

1）吸腿跳（Knee lift jump）。

动作描述：一腿屈膝抬起，落下还原，另一脚离开地面，向上跳起。

技术要点：支撑腿保持屈膝弹动，大腿上抬至水平，上体保持正直，注意身体的稳定性。

动作变化：向前吸腿跳、向侧吸腿跳、向前侧吸腿跳、转体吸腿跳。

2）屈腿跳（Leg curl jump）

动作描述：一腿站立（跳起），另一腿向后屈膝，放下腿还原。

技术要点：支撑腿保持弹性，两膝并拢，脚跟靠近臀部。屈膝腿的膝关节不宜超过支撑腿的膝关节，落地时注意缓冲。

动作变化：左右依次后屈腿跳、转体后屈腿跳。

3）弹踢腿跳（Flick）。

动作描述：一腿跳起，另一腿向后屈，再向前下方弹踢，还原。

技术要点：腿弹出时要有控制，上体保持正直。

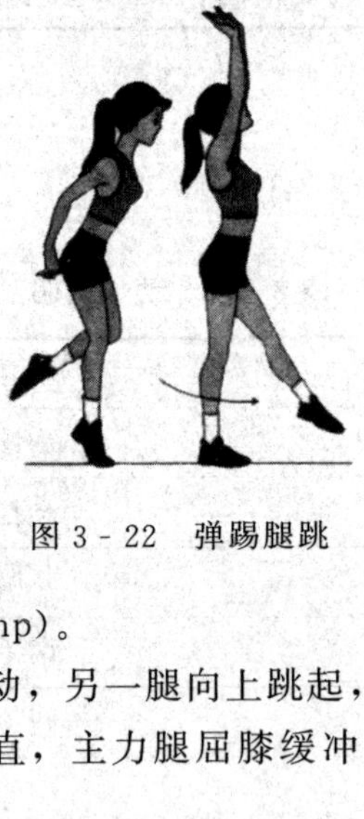

图 3－22　弹踢腿跳

4）摆腿跳（Leg lift jump）。

动作描述：一腿自然摆动，另一腿向上跳起，落地时两腿屈膝缓冲。

技术要点：保持上体正直，主力腿屈膝缓冲，摆动腿抬起时幅度不要过大，且要有控制。

动作变化：向前摆腿、向侧摆腿。

（2）两脚起跳类（Jumping or jumping jack）：这类动作是指两脚起跳、两脚落地的动作。两腿的动作基本一致，两脚需要腾起一定高度，落地时注意屈膝缓冲。

1）并腿跳（Jump）。

动作描述：两腿并拢同时跳起，屈膝，然后落地缓冲。

技术要点：起跳时，两脚同时用力，落地缓冲有控制。

动作变化：向前并腿跳、向后并腿跳、向侧并腿跳。

图 3-23 并腿跳

2）开合跳（Jumping jack）。

动作描述：由并腿跳起，分腿落地，再由分腿跳起，并腿落地。

技术要点：分腿屈膝蹲时，两脚自然外开，膝关节沿脚尖方向屈，夹角不小于 90°，膝关节有弹性地缓冲，脚跟落地。

动作变化：原地开合跳、转体开合跳。

图 3-24 开合跳

3）弓步跳（Lunge jump）

动作描述：并腿向上跳起，成分腿姿势落地，接着再向上跳起，并腿落地。

技术要点：落地时，膝关节有弹性地缓冲，分腿落地时双脚尖都朝前方，并且基本在一条直线上。

动作变化：左右弓步跳、前后弓步跳、侧弓步跳。

(3) 迈步起跳类［Step jump (Hop) or scoop］：

1）并步跳（Step jump）。

动作描述：以右脚起步为例。右脚迈出，随之蹬地跳起，左脚并右脚，并腿落地。

技术要点：身体重心随身体迅速移动，落地时注意缓冲。

动作变化：向前并步跳、向后并步跳、向侧并步跳。

2）迈步吸腿跳（Step knee up）。

动作描述：右脚向前迈出一步，之后身体重心跟进，同时左腿抬起，抬起至90°时，两脚起跳。

技术要点：跳起时，上体保持正直，收腹立腰。

动作变化：向前迈步吸腿、向侧迈步吸腿。

3）迈步后屈腿跳（Step curl jump）。

动作描述：一腿侧迈一步，另一腿向后屈膝，同时两腿起跳，缓冲落地。

技术要点：两腿跳起时，屈膝腿脚尖绷直，落地时，两腿膝关节微屈，不宜伸直。

动作变化：向前迈步后吸腿、向侧迈步后吸腿。

(4) 跑步类（Jogging）：

动作描述：两腿腾空，依次落地缓冲，两臂屈肘摆臂。落地屈膝缓冲，脚跟尽量落地。

1）后踢腿跑（Jogging）。

动作描述：两脚依次经过腾空后，一脚落地缓冲，另一腿小腿后屈，两臂配合下肢前后摆动。

技术要点：膝、踝关节有弹动地缓冲，落地时由前脚掌着地。

动作变化：原地跑、向前跑、向后跑、弧线跑、转体跑。

图 3 - 25　跑步

2）小马跳（Pony）。

动作描述：以右脚起步为例。左脚蹬地跳起，同时右脚向侧迈步落地，随之左脚并右脚点地，随后反方向做一次，动作相同，方向相反。

技术要点：两脚轻松蹬地，身体重心随之平稳移动，注意膝踝的弹动。

动作变化：原地小马跳、向前小马跳、向侧小马跳、向后小马跳、转体小马跳。

2. 高冲击力步伐组合

高冲击力步伐组合是在高冲击力步伐的基础上，配以上肢动作的变化和身体姿态的变化组编而成的。高冲击力步伐是健美操基本步伐中内容比较丰富的一种，同时也是竞技健美操套路中非常多见的一种步伐。这里仅创编两个高冲击力步伐组合作为动作素材以供参考。第一个组合主要由单脚起跳类和迈步起跳类组成，第二个组合主要由双脚起跳类和跑步类组成。每个组合都是由 8 个 8 拍组成，分为左右两个方向完成动作，右边完成 4 个 8 拍之后，做左边 4 个 8 拍，动作左右对称，方向相反。高冲击力步伐组合最能够体现健美操锻炼者蓬勃向上、健康活力的一面。在所有组合中高冲击力步伐组合强度最大，对锻炼者的身体素质要求比较高，适合具备一定的健美操锻炼经历的练习者。

第一个组合：4×8 拍

第 1 个 8 拍：

其动作说明如表 3 - 17

表 3 - 17　动作说明

<table>
<tr><td rowspan="6">动作说明</td><td rowspan="2">步伐</td><td>1～4</td><td>弹踢腿</td></tr>
<tr><td>5～8</td><td>并步跳</td></tr>
<tr><td rowspan="2">手臂</td><td>1～4</td><td>1 拍左臂上举，右臂侧举，掌心向前；3 拍两臂侧下举，掌心向前；2/4 拍两臂位于体侧</td></tr>
<tr><td>5～8</td><td>屈臂击掌</td></tr>
<tr><td rowspan="2">手型</td><td>1～4</td><td>开掌</td></tr>
<tr><td>5～8</td><td>并掌</td></tr>
<tr><td></td><td colspan="2">面向</td><td>5～6 拍 2 点；7～8 拍 8 点；其余为 1 点</td></tr>
</table>

第 2 个 8 拍：

其动作说明如表 3 - 18

表 3 - 18　动作说明

<table>
<tr><td rowspan="6">动作说明</td><td rowspan="2">步伐</td><td>1～4</td><td>左腿迈步起跳，左腿屈膝落地，左腿伸直</td></tr>
<tr><td>5～8</td><td>后弓步，侧弓步</td></tr>
<tr><td rowspan="2">手臂</td><td>1～4</td><td>1～2 拍两臂侧上举；3～4 拍右臂上举</td></tr>
<tr><td>5～8</td><td>5～6 拍胸前上屈；7～8 拍右臂直臂冲拳</td></tr>
<tr><td rowspan="2">手型</td><td>1～4</td><td>1～2 拍为开掌；3～4 拍西班牙舞手型</td></tr>
<tr><td>5～8</td><td>拳</td></tr>
<tr><td></td><td colspan="2">面向</td><td>2 拍为 7 点；4～5 拍为 3 点；其余为 1 点</td></tr>
</table>

第 3 个 8 拍：

其动作说明如表 3 - 19

表 3-19 动作说明

动作说明	步伐	1～4	踢腿跑
		5～8	5～6 拍侧摆腿跳；7～8 拍开合跳
	手臂	1～4	1 拍右臂侧上举；2 拍双臂侧上举；3 拍两臂上举，双手相握；4 拍两臂位于体侧
		5～8	5 拍右臂侧举，左臂胸前平屈；6 拍肩上屈；7 拍屈臂手扶大腿内侧；8 拍两臂位于体侧
	手型	1～4	并掌
		5～8	5 拍为拳；6 拍为并掌
	面向		1 点

第 4 个 8 拍：

其动作说明如表 3-20

表 3-20 动作说明

动作说明	步伐	1～4	1～2 拍后屈腿跳；3～4 拍迈步吸腿跳
		5～8	迈步起跳
	手臂	1～4	1～2 拍两臂侧上举后还原；3 拍两臂自然摆动；4 拍击掌
		5～8	5 拍左臂肩上屈同时右臂侧举还原；7～8 拍同 5～6 拍，动作对称
	手型	1～4	开掌和并掌
		5～8	开掌，掌心向下
	面向		1 点

第二个组合：4×8 拍

第 1 个 8 拍：

其动作说明如表 3-21

表 3-21　动作说明

动作说明	步伐	1～4	跑跳步
		5～8	开合跳
	手臂	1～4	1 拍右臂胸前平屈；2 拍左臂胸前平屈；3 拍肩上屈；4 拍两臂侧举
		5～8	5 拍右臂侧举，左臂头后屈；7 拍右臂头后屈；8 拍右臂前举
	手型	1～4	并掌
		5～8	开掌
	面向		1 点

第 2 个 8 拍：

其动作说明如表 3-22

表 3-22　动作说明

动作说明	步伐	1～4	两脚跳离地面
		5～8	跑步
	手臂	1～4	右臂侧上举，左臂侧下举
		5～8	屈臂自然摆动
	手型	1～4	并掌
		5～8	开掌
	面向		1～4 拍 2 点；5～8 拍跑步绕一周

第 3 个 8 拍：

其动作说明如表 3-23

表 3 - 23　动作说明

动作说明	步伐	1～4	小马跳
		5～8	小马跳
	手臂	1～4	1～2 拍前举；3～4 拍击掌
		5～8	5～6 拍前上举；7～8 拍击掌
	手型	1～4	1～2 拍拳；3～4 拍掌
		5～8	5～6 拍拳；7～8 拍掌
	面向		2 点

第 4 个 8 拍：

其动作说明如表 3 - 24

表 3 - 24　动作说明

动作说明	步伐	1～6	并腿跳和并步跳
		7～8	后弓步跳
	手臂	1～6	1～2 拍左臂上举；3～6 拍两臂右下向上绕环一周
		7～8	两臂侧下举
	手型	1～6	并掌
		7～8	开掌
	面向		1 点

第四章　健美操成套动作

第一节　变节奏规范操

本操共28个8拍，用时3分16秒，整套动作运动后练习者的平均心率为134次/分，休息1分钟后可恢复到90次/分，2分钟后可恢复正常。这套操的特点是节奏多变，动作不对称，变化多，较一般的徒手体操增加了难度，有助于灵敏、协调素质的提高。本操选用了民族音乐，给人以清新和亲切之感。

预备姿势：直立（操化手型）。

第一节：上肢运动（图4-1）

1拍左脚向左1步（同肩宽），同时两臂侧举。

2拍左脚收回，同时左臂上举，右臂置于体侧，头向右转90°。

3拍的前半拍，左臂侧举，同时头转正；3拍的后半拍，右臂侧举。

4拍还原成直立。

5～8拍同1～4拍，方向相反。

图4-1　上肢运动

第二节：下肢运动（图4-2）

1拍左臂前举（掌心向下）。

2拍的前半拍，左臂经上、后绕至下与右臂一起前举，同时半蹲；2拍的后半拍，起立，同时两臂侧举。

3 拍半蹲，同时左臂上举，右臂置于体侧，头向右转 45°。

4 拍还原成直立。

5～8 拍同 1～4 拍，方向相反。

图 4－2　下肢运动

第三节：踢腿运动（图 4－3）

1 拍左腿屈膝上踢（勾脚尖，脚跟贴于右膝内侧）。

2 拍左腿后伸（脚尖后点地），同时左臂上举，头向右转 45°。

3 拍的前半拍，左腿前踢，同时右臂前举，左臂经前至后摆；3 拍的后半拍，左腿后伸（脚尖后点地），同时左臂前举，右臂置于体侧。

4 拍还原成直立。

5～8 拍同 1～4 拍，方向相反。

图 4－3　踢腿运动

第四节：体侧运动（图 4－4）

1 拍的前半拍，右臂侧举；1 拍的后半拍，左脚向左（脚尖点地），同时右臂上举。

2 拍的前半拍，上体向左屈；2 拍的后半拍，上体还原的同时右臂经左向下绕。

3 拍的前半拍，左臂胸前平屈（掌心向下），同时右臂侧举，上体左屈；3

拍的后半拍，上体还原。

4 拍还原成直立。

5～8 拍同 1～4 拍，方向相反。

图 4－4　体侧运动

第五节：体转运动（图 4－5）

1 拍的前半拍，左脚侧出一步成开立（两脚同肩宽），同时左臂屈肘贴于腰部，右臂前举；1 拍的后半拍，上体向左转 90°。

2 拍右臂平移至侧举，同时上体向右转 180°。

3 拍上体向左转 180°，同时右臂上举。

4 拍左脚并于右脚，同时上体向右转 90°，右臂经侧放下。

5～8 拍同 1～4 拍，方向相反。

图 4－5　体转运动

第六节：腹背运动（图 4－6）

1 拍左脚向左前方跨出一大步成左弓步，同时左臂屈肘贴于腰部，右臂前上举（掌心向下）。

2 拍上体向右转 90°同时向左侧倾，右臂经下向右摆至侧举（掌心向下）。

3 拍的前半拍左腿伸直，同时上体立起（面向右前方），两臂上举；3 拍的后半拍上体前屈，同时两臂侧举，抬头挺胸。

4 拍左脚收回还原成直立（面向右前方）。

5 拍右脚向右前方跨出一大步成右弓步，同时左臂前上举，右臂屈肘贴于腰部。

6～8 拍同 2～4 拍，方向相反。

图 4－6　腹背运动

第七节：跳跃运动（图 4－7）

1 拍跳成开立，同时两臂侧举。

2 拍跳成并立，同时左臂上举，右臂置于体侧。

3 拍跳成开立，同时两臂侧举。

4 拍分腿跳成并立，同时右臂上举，左臂置于体侧。

5 拍并腿跳一次，同时两臂置于体侧。

6 拍并腿再跳一次。

7 拍的前半拍并腿半蹲；7 拍的后半拍分腿跳起，同时两臂侧举。

8 拍并腿落地，同时两臂还原。

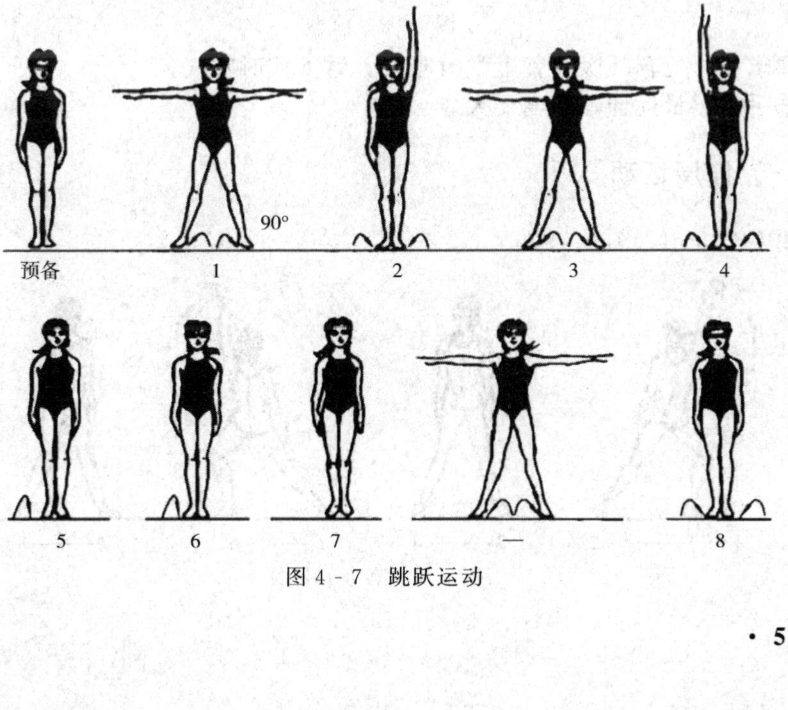

图 4－7　跳跃运动

第二节 中国大学生健身健美操

本操共 12 节，80 个 8 拍，用时 5 分 5 秒。这套操以徒手节奏操为基础，吸收了现代舞、迪斯科和爵士舞动作的精华。该操运动强度适中，运动时练习者的平均心率约为 144 次/分，最高心率约为 176 次/分，运动时平均心率占最高心率之比为 69.5%，达到健身指标区的要求，具有较好的健身功效，被指定为全国大学生健美操比赛的规定表演健身操。

预备姿势背对前方腿开立，两臂自然下垂。

前奏（图 4 - 8）：

1 拍～4 拍两臂经侧向上（掌心向下）至上举交叉（柔和、连贯，四拍完成）。第 4 拍时，两手翻掌（掌心向下），同时低头；

5 拍～8 拍两臂经侧向上（掌心向上）摆至体侧下垂。

1 —— 4　　5 —— 8

图 4 - 8　前奏

要求：①配合呼吸，臂上举时吸气，臂下摆时呼气；

②手臂尽量远伸，幅度要大。

一、伸展运动

第 1 个 8 拍（图 4 - 9）：

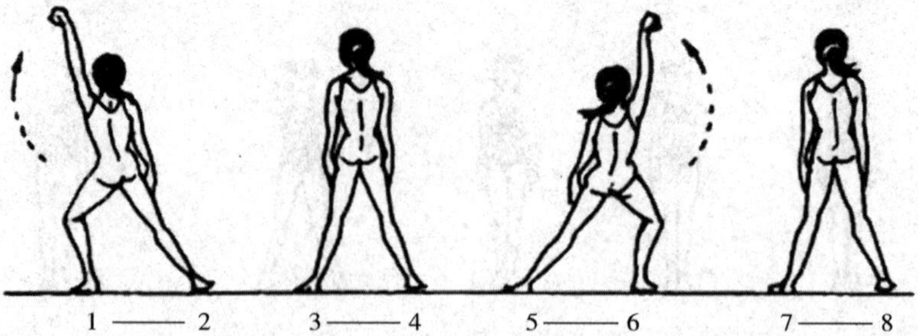

1 —— 2　3 —— 4　5 —— 6　7 —— 8

图 4 - 9　第 1 个 8 拍

1～2 拍左腿屈膝半蹲，同时重心左移，右腿伸直，左臂侧上举（握拳，拳心向外），右臂自然下垂。

3～4 拍左腿蹬回至开立，同时左臂下摆至体侧（拳心向内）。

5～6 拍同 1～2 拍，方向相反；7～8 拍同 3～4 拍，方向相反。

要求：①手臂上举时握拳立腕，手臂伸直；

②3～4 拍臂下摆至体侧时要控制用力。

第 2 个 8 拍（图 4 - 10）

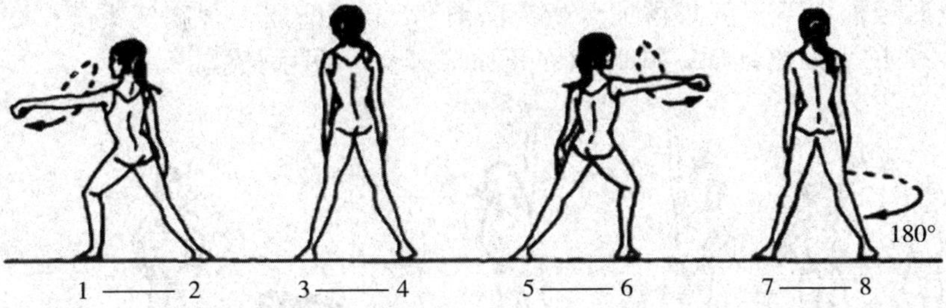

图 4 - 10　第 2 个 8 拍

1～2 拍左腿屈膝半蹲同时重心左移，右腿伸直，左臂屈肘向上旋内经右、下向左侧冲拳（握拳，拳心向下）。

3～4 拍左腿蹬回至开立，同时左臂下摆至体侧（拳心向右）。

5～8 拍同 1～4 拍，方向相反。

要求：①1～2 拍的向侧冲拳要尽量远伸；

②1～2 拍的前臂小绕环要连贯、圆滑，大臂控制不动。

第 3 个 8 拍（图 4 - 11）

图 4 - 11　第 3 个 8 拍

1 拍以左脚为轴向右后转 180°，成右腿直立、左脚侧伸（脚尖点地），同时左臂经屈肘伸至上举（拳心向外），右臂屈肘于体侧（握拳，拳心向上）。

2 拍左臂旋外屈肘收至肩侧（拳心向内）。

3 拍左臂伸至上举（拳心向外）。

4 拍同 2 拍。

5～8 拍同 1～4 拍，方向相反。

第 4 个 8 拍（图 4－12）

1 拍同第 3 个 8 拍的 1 拍。

2 拍同第 3 个 8 拍 5 拍。

3 拍同 1 拍。

4 拍右臂旋内伸至上举（五指分开，掌心向前），同时左臂屈肘于体侧。

5～6 拍左腿全蹲，同时右腿屈膝（脚跟提起），小腿接近并平行于地面，右臂屈肘经前向下至五指撑地（指尖向前），上体前屈，含胸低头。

7～8 拍手推离地面，同时起立还原成开立，两手插髋。

图 4－12　第 4 个 8 拍

二、头部运动

第 1 个 8 拍（图 4－13）

图 4－13　第 1 个 8 拍

1 拍左腿向前屈膝（脚跟提起）。

2 拍左腿还原伸直。

3 拍低头。

4 拍抬头。

5～8 拍同 1～4 拍，方向相反。

要求：充分低头和抬头。

第 2 个 8 拍（图 4 - 14）

1 拍左腿屈膝旋内（脚跟提起）。

2 拍左腿外旋同时伸直膝关节成开立。

3 拍向左转 90°。

4 拍头向右转 90°还原。

5～8 拍同 1～4 拍，方向相反。

要求：①腿部旋内、旋外要走弧形路线，要圆滑；②左右转头 90°，在一个面上。

图 4 - 14　第 2 个 8 拍

第 3 个 8 拍（图 4 - 15）

1 拍半蹲。

2 拍起立。

3 拍头向左侧屈。

4 拍头向右侧屈。

5～8 拍同 1～4 拍，方向相反，第 5 拍头还原。

要求：头部侧倒时耳朵尽量碰肩。

图 4-15　第 3 个 8 拍

第 4 个 8 拍（图 4-16）

1～7 拍头由左侧经下、右、后、左、下绕环至低头。

8 拍抬头。

要求：头部绕环连贯、圆滑、柔和。

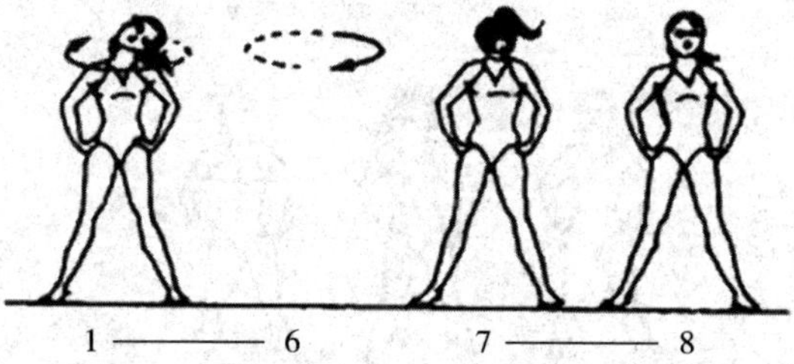

图 4-16　第 4 个 8 拍

三、肩部运动

第 1 个 8 拍（图 4-17）

1～2 拍左腿直立，同时右腿屈膝，右脚收回并于左脚（脚跟踮起），两臂自然放下于体侧，双肩经下、前、向后绕环 1 周。

3～4 拍左腿屈膝（提踵），同时右腿伸直（滚动步），双肩向后绕环 1 周。

5～6 拍左腿伸直，同时右腿伸直（滚动步），双肩向前绕环 1 周。

7～8 拍左腿屈膝（提踵），同时右腿伸直，双肩向前绕环 1 周。

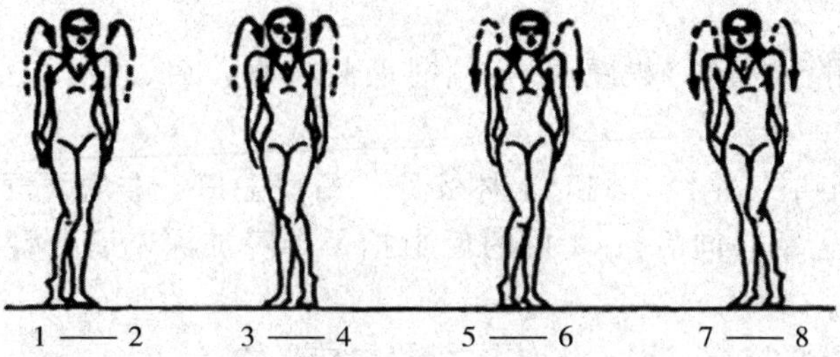

图 4 - 17　第 1 个 8 拍

第 2 个 8 拍（图 4 - 18）

1～2 拍左脚侧出一步（脚尖点地），同时左臂伸直经前、上向后大绕环 2 周至体侧（五指并拢）。

3～4 拍重心移至左腿上，同时右腿向左前 45°方向弹踢（近 90°）。

5～6 拍右脚落至右侧，同时右臂伸直经前、上向后大绕环 2 周至体侧（五指并拢）。

7～8 拍重心移至右腿，同时，左腿向右前 45°方向弹踢（近 90°）。

第 3～4 个 8 拍同 1～2 个 8 拍。

要求：①肩部绕环要圆润；②滚动步要连贯；③大绕环时肘关节伸直。

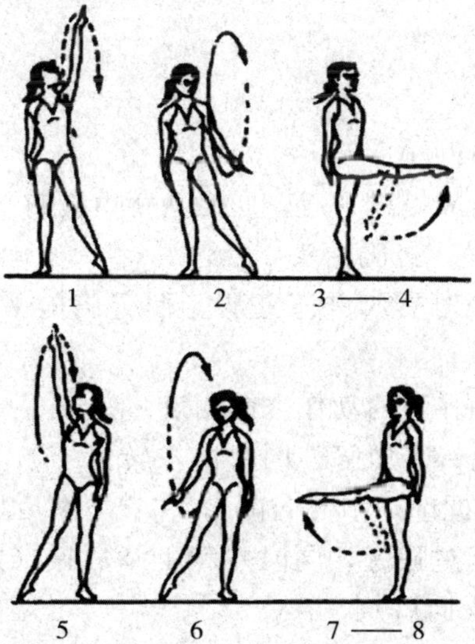

图 4 - 18　第 2 个 8 拍

第 5 个 8 拍（图 4 - 19）

1 拍左腿侧伸（脚尖点地）成右侧弓步，同时右肩上提，右臂屈肘稍提

(五指分开，掌心向后)，左肩下沉，左臂向侧下伸（五指分开，掌心向后)，上体左侧屈。

2 拍右脚并于左脚（提踵立)，同时两腿伸直，肩、臂、上体同 1 拍，方向相反。

3 拍的前半拍，半蹲，同时上体还原，右肩上提，左肩下沉，两臂微微分开（五指分开，掌心向后)；3 拍的后半拍，半蹲加深，肩、臂、上体同前半拍，方向相反。

4 拍半蹲更深，肩、臂、上体同 3 拍的前半拍。

5～8 拍同 1～4 拍，方向相反。

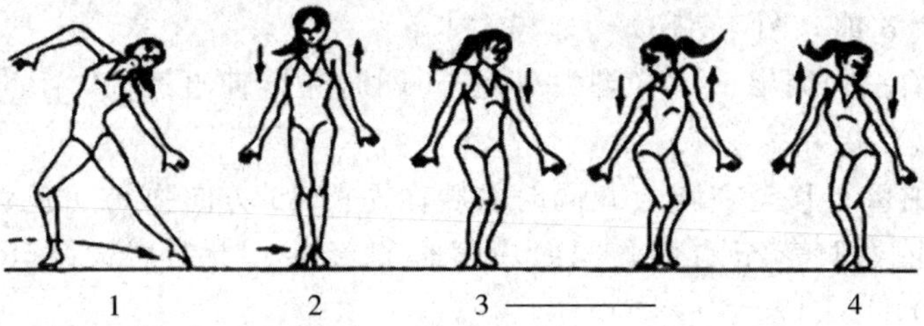

图 4-19　第 5 个 8 拍

第 6 个 8 拍同第 5 个 8 拍

要求：①2 拍提踵立要高；②3～4 拍的半蹲要逐渐加深。

四、扩胸运动

第 1 个 8 拍（图 4-20）

1 拍左脚左跨一步成提踵开立，同时两臂由胸前平屈经前伸向侧打开扩胸(五指分开，掌心向前)，挺胸抬头。

2 拍两腿屈膝，同时右脚并于左脚，两臂胸前平屈（五指分开，掌心向后)，含胸低头。

3～4 拍同 1～2 拍，腿的动作方向相反。

5 拍左腿向左跨出一步屈膝，同时向左转体 45°，右腿后伸旋外（脚尖点地)，右臂上举后振（握拳，拳心向前)，左臂下举后振（握拳，拳心向后)。

6 拍右腿屈膝收至左腿旁，同时左臂上举后振（握拳，拳心向前)，右臂下举后振（握拳，拳心向后)。

7 拍右腿后伸旋外（脚尖点地)，同时臂的动作同 5 拍。

8 拍右腿屈膝收至左腿旁，同时向右转体 45°，两臂胸前平屈（五指分开，掌心向后)，含胸低头。

第 2 个 8 拍同第 1 个 8 拍，方向相反。

第 3～4 个 8 拍同第 1～2 个 8 拍。

要求：①挺胸抬头和含胸低头均要做充分；②6 拍臂上举后振尽量打开肩角，肘关节不得弯曲。

图 4 - 20　第 1 个 8 拍

五、踢腿运动

第 1 个 8 拍（图 4 - 21）

1 拍向左转体 90°，同时左脚前出一步，两臂旋内同时前伸冲拳（握拳，拳心向下内扣）。

2 拍右腿屈膝并于左腿（脚尖点地），同时两臂旋外屈肘收至腰际（握拳，拳心向上）。

3 拍的前半拍，左腿直立，同时右腿向前弹踢，两臂旋内前伸冲拳（握拳，拳心向下）；3 拍的后半拍，右腿收回，同时双膝屈膝，臂的动作同 2 拍。

4 拍半蹲，臂保持原来姿势。

5～8 拍同 1～4 拍，方向相反，但 5 拍向右后转 180°。

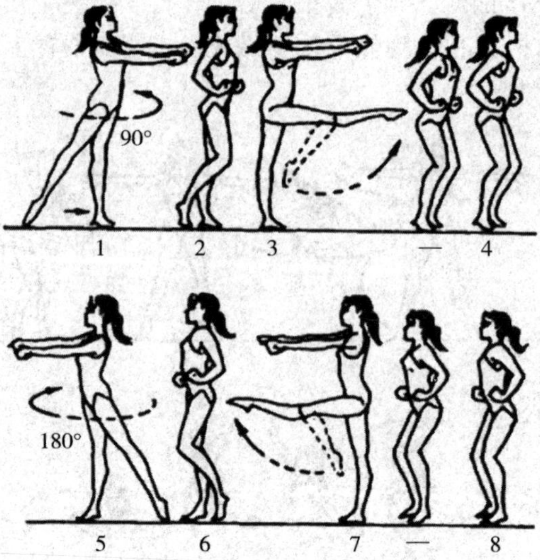

图 4 - 21　第 1 个 8 拍

第 2 个 8 拍同第 1 个 8 拍。

要求：①3 拍要做出依次的掂步动作；②弹踢腿的动作，由屈至直要有短暂的停止过程。

图 4 - 22　第 3 个 8 拍

第 3 个 8 拍（图 4 - 22）

1 拍左脚前脚掌向下点蹬地面，同时右腿半蹲，上体稍前倾，两臂屈肘于腹前向下“敲”击一下（握拳，拳心相对）。

2 拍同 1 拍。

3 拍左脚提踵站立，同时右腿侧上踢，上体立起，两臂经胸前平屈上伸至上举（五指分开，掌心向前）。

4 拍左腿半蹲，同时右腿落下，前脚掌点蹬地面于左脚旁，上体稍前倾，两臂屈肘落下（握拳，拳心相对）。

5～8 拍同 1～4 拍，方向相反。

第 4 个 8 拍同第 3 个 8 拍。

要求：①侧踢腿时两腿伸直，摆动腿脚面向上；②踢腿时控制平衡，上体正直。

六、体侧运动

第 1 个 8 拍（图 4 - 23）

图 4 - 23　第 1 个 8 拍

1 拍左脚向左出一大步半蹲成马步，同时左手插髋，右臂屈肘 90°，小臂旋内提起至头上前方（握拳，拳心向外），上体左侧屈，头向右转 90°（目视右小臂）。

2 拍右脚并于左脚直立，同时右臂旋外伸直还原至体侧（握拳，拳心向前），上体直立，头还原。

3拍同1拍。

4拍两腿伸直成开立，同时两臂放下至腹前交叉（五指分开，掌心向后），上体和头还原。

5拍上体向右侧屈，同时左臂稍屈肘上提，右臂侧举（五指分开，掌心向后）。

6拍上体还原，同时两臂于腹前交叉（五指分开，掌心向后）。

7～8拍同5～6拍，方向相反。

第2个8拍同第1个8拍，方向相反，但第1拍原地开立半蹲。

第3～4个8拍同第1～2个8拍。

要求：①体侧屈的幅度要大；②身体侧屈，还原要有弹性。

七、体转运动

第1个8拍（图4-24）

图4-24　第1个8拍

1拍的前半拍，开立半蹲，两臂旋内下伸（半握拳，拳心向后）；1拍的后半拍，起立，同时重心移至右腿，左脚尖侧点地，左髋向上提胯，上体向左拧转90°，两臂旋外屈肘（半握拳，拳心向后）。

2拍半蹲，同时上体转回，两臂自然放下。

3拍同1拍的后半拍，方向相反。

4拍半蹲，同时上体转回，左手半握拳置于腰际（拳心向上），右臂旋外屈肘收至肩侧上屈（半握拳，拳心向内）。

5 拍起立，同时重心移至右腿，左脚尖侧点地，左髋向上提，上体向左拧转 90°，左手半握拳置于腰部（拳心向上），右臂旋内向前冲拳（拳心向下）。

6 拍半蹲，同时上体向右转回，左手半握拳置于腰际（拳心向上），右臂旋外屈肘收至体侧（半握拳，拳心向外）。

7 拍同 5 拍，但右臂伸直上举（半蹲拳，拳心向外）。

8 拍同 2 拍。

第 2 个 8 拍同第 1 个 8 拍，方向相反，但第 1 拍同第 1 个 8 拍中 1 拍的后半拍。

第 3 个 8 拍同第 1 个 8 拍，第 1 拍同第 1 个 8 拍中 1 拍的后半拍。

第 4 个 8 拍同第 2 个 8 拍。

要求：①第 1、3 拍中屈肘角度为 90°；②第 6 拍上体转回要充分到位；③第 5 拍向前冲拳和第 7 拍向上伸臂要有力度。

八、腹背运动

第 1 个 8 拍（图 4 - 25）

图 4 - 25 第 1 个 8 拍

1 拍左腿经屈膝内收向左一步成开立，同时两臂经侧举屈肘内收，小臂旋外（半握拳，拳心向上）向侧伸出。

2 拍以左脚为轴，向左前转体 180°，同时右腿经屈膝向右一步成开立（面向后方），两臂动作同 1 拍。

3 拍以右脚为轴，向右后转体 180°，同时左腿以屈膝向左一步成开立（面向前方），两臂动作同 1 拍。

4 拍重心移至左脚，同时右脚尖点地，右臂屈肘 90°，小臂旋内提起至头前上（半握拳，拳心向外），左手半握拳于体侧自然下垂，身体稍向左拧转，头稍右转（目视右小臂）。

5 拍右脚全脚掌着地（重心移至中间），还原成开立，同时上体前屈，两臂由胸前平屈（五指并拢，掌心向后，指尖向下）开始，左臂向右斜下伸出，右臂向上伸直。

6 拍上体稍抬起，同时两臂屈肘收至胸前（五指并拢，掌心向后，指尖向下）。

7 拍同 5 拍，方向相反。

8 拍同 6 拍。

第 2 个 8 拍（图 4 - 26）

图 4 - 26　第 2 个 8 拍

1 拍体前屈，同时两臂经腹前胯下向后伸出（五指并拢，掌心向上）。

2 拍上体稍抬起，同时两臂屈肘侧提上臂，小臂内收至胸前（五指并拢，掌心向后，指尖向下）。

3 拍同 1 拍。

4 拍开胯半蹲，同时上体挺胸前倾，两臂屈肘于胸前交叉（半握拳，拳心向后）；

5～6 拍两臂侧举（半握拳，拳心向下）。

7 拍两腿蹬直跳至开立，同时两臂上举（半握拳，拳心向外），上体立起。

8 拍两臂经侧放下还原。

第 3～4 个 8 拍同第 1～2 个 8 拍，方向相反。

第 5～8 个 8 拍同第 1～4 个 8 拍。

要求：

①两个转体 180°为平转，有屈膝弹动过程；

②体前屈肘，两臂由屈肘向不同方向伸出明显。

③第 4、5、6 拍半蹲，两膝分开。

九、髋部运动

第 1 个 8 拍（图 4－27）

1～2 拍全蹲，同时两臂屈肘外分，两手扶膝（五指并拢相对，掌心向下），上体前屈低头；

3～4 拍两腿蹲跳起成开立，同时左臂经屈肘前臂旋内绕至前举（五指分开，掌心向下），右手插髋，上体抬起。

5 拍向左上顶胯。

6 拍同 5 拍，方向相反。

7～8 拍同 5～6 拍。

第 2 个 8 拍同第 1 个 8 拍，方向相反。

图 4－27　第 1 个 8 拍

第 3 个 8 拍（图 4－28）

1 拍的前半拍左腿直立（重心左移），同时右腿屈膝后举，两臂自然屈肘向后下摆（半握拳，拳心相对），上体稍向右转；1 拍的后半拍右腿直立，脚向右落地（重心右移），同时左腿微屈膝部并向右腿（脚尖点地），髋部向右前上方顶出，左臂向右屈肘摆至腹前（五指分开，掌心向后），右臂向右屈肘摆至腰旁（五指分开，掌心向前）。

图 4－28　第 3 个 8 拍

2 拍髋部向左后上方顶出（重心稍左移），同时右腿微屈后提，两臂经下自然屈肘后摆（半握拳，拳心相对）。

3拍同1拍的后半拍。

4拍同2拍。

5～8拍同1拍～4拍，方向相反。

第4个8拍（图4-29）

1拍左腿直立，同时右腿屈膝后举，左臂贴于体侧，右臂屈肘，小臂经上、左、上绕至侧举（半握拳，拳心向下）。

2拍右腿侧伸（脚尖点地），同时右臂肩侧屈（半握拳，拳心向内），头向右转90°。

3拍重心移向右腿（全脚掌着地），同时左腿屈膝后举，左臂屈肘，小臂经右、下绕至侧举（半握拳，拳心向下）。

4拍左腿侧伸成开立，同时左臂肩侧屈（半握拳，拳心向内），头还原。

5拍左腿屈膝旋内，同时右腿伸直，向右拧胯，左臂肩侧上屈肘90°，右臂肩侧屈肘90°（半握拳，拳心相对），上体向右侧屈，头稍右转。

6拍同5拍，方向相反。

7拍腿、胯动作同5拍，同时左臂旋内侧上举（稍屈腕，半握拳，拳心向下），右臂旋内侧下举（半握拳，立腕，拳心向内），上体向右侧屈，头稍右转。

8拍同7拍，方向相反。

图4-29 第4个8拍

第5～8个8拍同第1～4个8拍，方向相反。

要求：5～8拍的胯部扭动要和身体其他部位的动作协调配合。

十、全身运动

第 1 个 8 拍（图 4 - 30）

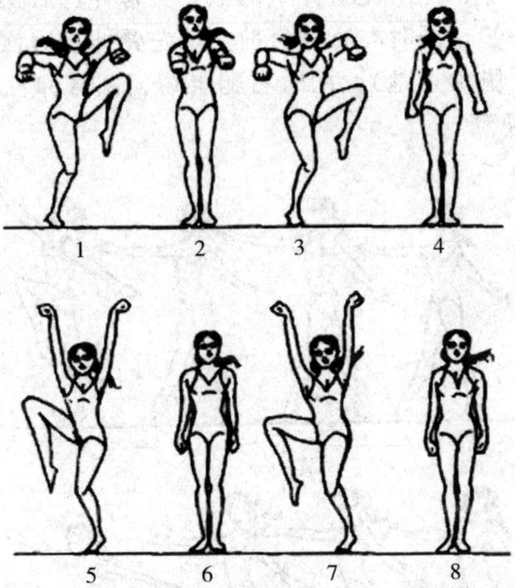

图 4 - 30 第 1 个 8 拍

1 拍左腿屈膝斜前 45°方向上提，同时右腿半蹲，面向前，两臂胸前平屈肘 90°后振（半握拳，拳心向下）。

2 拍左脚落地同时两臂伸直，两臂前伸（半握拳，拳心向下）。

3～4 拍同 1～2 拍，但屈膝上提要更高。

4 拍两臂至体侧。

5 拍左腿半蹲同时右腿屈膝侧上提，两臂旋内侧上举（半握拳，拳心向外）。

6 拍右脚落下同时两腿伸直，两臂旋外经侧向下摆至体侧。

7～8 拍同 5～6 拍，但屈膝上提要更高，两臂至上举。

第 2 个 8 拍同第 1 个 8 拍。

第 3 个 8 拍（图 4 - 31）

1 拍向左转体 90°同时左脚向前走一步，右臂伸直前摆，左臂伸直后摆（五指并拢，掌心相对）。

2 拍右脚向前走一步，同时左臂伸直前摆，右臂伸直后摆（五指并拢，掌心相对）。

3 拍同 1 拍，但不转体。

4 拍左腿提踵直立，同时右腿屈膝高抬，左臂伸直前上摆，右臂伸直后摆抬头。

5 拍右脚后退一步，同时右臂伸直前摆，左臂伸直后摆，头还原。

6 拍左脚后退一步，同时左臂伸直前摆，右臂伸直后摆。

7 拍右脚后退一步，同时右臂伸直前摆，左臂伸直后摆。

8 拍左腿后伸（脚尖点地），同时右腿半蹲，左臂伸直前摆，右臂伸直后摆，上体稍前倾，梗颈。

图 4 - 31　第 3 个 8 拍

第 4 个 8 拍（图 4 - 32）

1～6 拍同第 3 个 8 拍 1～6 拍，但第 1 拍向右转体 90°，面对正前方做。

7 拍右脚后退一步，同时两臂屈肘于胸前交叉（五指并拢，掌心向后）。

8 拍左腿后伸（脚尖点地），同时右腿半蹲，两臂经下绕至侧举（掌心向后）。第 5 个 8 拍同第 3 个 8 拍，但第 1 拍向右转体 90°，面对右方做。

第 6～10 个 8 拍同第 1～5 个 8 拍，方向相反。

要求：第 1 个 8 拍的斜 45°吸腿，膝盖尽量碰胸，上体保持正对前方。

图 4 - 32 第 4 个 8 拍

十一、跳跃运动

第 1 个 8 拍（图 4 - 33）

图 4 - 33 第 1 个 8 拍

1 拍右脚蹬跳落地同时左腿屈膝后举，右臂屈肘旋外摆至胸前（半握拳，拳心向内），左臂旋内下摆至腹侧（半握拳，拳心向内）。

2 拍同 1 拍，方向相反。

3～4 拍同 1～2 拍。

5～8 拍同 1～4 拍。

第 2 个 8 拍同第 1 个 8 拍。

第 3 个 8 拍（图 4 - 34）

图 4 - 34　第 3 个 8 拍

1 拍双腿并拢屈膝蹬跳，同时两臂体前屈肘（半握拳，拳心向内）向下“击鼓”一次。

2 拍同 1 拍。

3 拍双腿蹬跳落成开立，同时两臂伸直旋内侧上举（半握拳，拳心向下），身体挺直，稍抬头。

4 拍分腿跳起落至开立，同时两臂屈肘旋外收至体侧。

5～8 拍同 1～4 拍。

第 4 个 8 拍同第 3 个 8 拍。

要求：蹬跳有力并富有弹性。

第 5 个 8 拍（图 4 - 35）

图 4 - 35　第 5 个 8 拍

1 拍并腿跳一次，同时左臂屈肘经右、上旋外绕至肩侧上屈 90°（半握拳，拳心向内下），右手插髋；

2 拍并腿再跳一次。

3 拍跳成左腿屈膝，右腿伸直（勾脚点地）成左后弓步，同时左臂屈肘向内绕经右、下伸直至侧上举（半握拳，拳心向外），头稍左倒。

4 拍左脚跳回至并立，同时左臂下摆至体侧。

5～8 拍同 1～4 拍。

第 6 个 8 拍同第 5 个 8 拍，方向相反。

第 7～8 个 8 拍同第 5～6 个 8 拍。

要求：第 3 拍跳至弓步时要用力蹬出。

第 9 个 8 拍（图 4 - 36）

图 4 - 36 第 9 个 8 拍

1 拍的前半拍两臂前举交叉（左臂在上，半握拳，拳心向下）；1 拍的后半拍双脚向左蹬跳成马步，同时左臂旋外摆至肩侧上屈后振（拳心向内），右臂侧举后振（拳心向下）。

2 拍双脚蹬跳同时右脚并于左脚成开立，两臂向前伸至右臂在上的前举交叉（微屈肘，拳心向下）。

3 拍双脚继续向左蹬跳成马步，同时臂同 1 拍，方向相反。

4 拍同 2 拍，但两臂前举交叉时左臂在上。

5 拍向左转体 90°，同时双脚蹬跳落成左前弓步，左臂胸前平屈后振（拳心向下），右臂向侧平冲拳（拳心向下），头向右转 90°，面向前方。

6 拍双脚跳回成并立，同时向右转体 90°，两臂向前伸至右臂在上的前举交叉（微屈肘，拳心向下）。

7～8 拍同 5～6 拍，方向相反。

第 10 个 8 拍同第 9 个 8 拍，但 1～4 拍双向右蹬跳成马步。第 11～12 个 8 拍同第 9～10 个 8 拍。

要求：①第 1～4 拍臂侧举后振扩胸要充分；②第 5～8 拍向侧冲拳要有力。

第 13 个 8 拍（图 4 - 37）

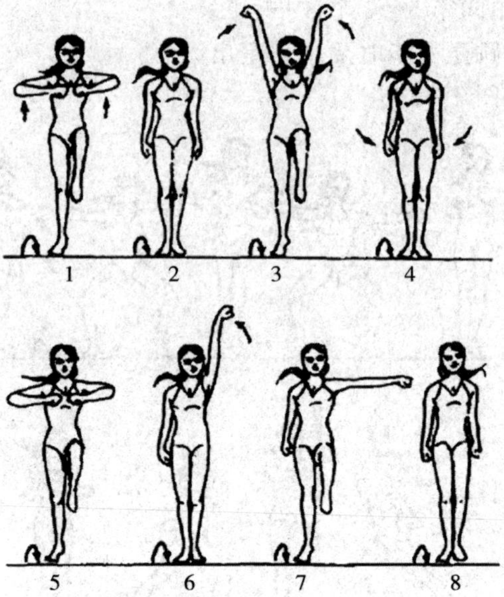

图 4 - 37　第 13 个 8 拍

1 拍双脚蹬跳同时左腿屈膝上提，两臂胸前平屈（半握拳，拳心向下）。

2 拍左腿下落同时双脚蹬跳，两臂下伸至体侧（拳心向内）。

3 拍腿的动作同 1 拍，两臂旋内经侧至上举（拳心向外）。

4 拍腿的动作同 2 拍，两臂经侧至上举（拳心向外）。

5 拍同 1 拍。

6 拍腿的动作同 2 拍，左臂旋内上举（拳心向外），右臂下伸至体侧（拳心向内）。

7 拍腿的动作同 1 拍，左臂下摆至侧举（拳心向下）。

8 拍腿的动作同 2 拍，左臂下伸至体侧（拳心向内）。

第 14 个 8 拍同第 13 个 8 拍，方向相反。

第 15～16 个 8 拍同第 13～14 个 8 拍。

要求：蹬跳吸腿尽量高。

第 17 个 8 拍（图 4 - 38）

1 拍左腿经自然后提向前下弹踢，同时右腿蹬跳，两臂自然放松贴于体侧。

2 拍左腿还原，同时右腿蹬跳。

3～4 拍同 1～2 拍，方向相反。

5～8 拍同 1～4 拍。

要求：放松、自然地跳动，使运动量由大过渡到小。

一　1　2　3　4

图 4 - 38　第 17 个 8 拍

十二、整理运动

第 1 个 8 拍（图 4 - 39）

1—2　3—4　5—6　7—8

图 4 - 39　第 1 个 8 拍

1～2 拍左腿经微屈旋内向前一步伸直（脚尖右转点地），同时右腿经微屈直立（重心在右腿），左胯上提，左拧身（上体正对前方），两臂屈肘旋内伸至上举（压腕，掌心向外下）。

3～4 拍左腿旋外转正成微屈（脚尖向前，全掌着地），同时右腿自然屈膝（重心落在两脚中间），两臂自然落下至体侧（手腕、五指放松，掌心向内）。

5～8 拍同 1～4 拍，方向相反。

第 2 个 8 拍同第 1 个 8 拍。

要求：边做边调整呼吸。

第 3 个 8 拍（图 4 - 40）

1 拍左脚向后退一步，同时两臂弧形前摆（掌心向上），上体随之前倾。

2 拍右脚向后退一步，同时两臂慢慢弧形摆下（掌心向前），上体随着慢慢抬起。

3 拍的前半拍，左脚后退一步，同时两臂向侧打开（掌心向下）；

3 拍的后半拍，右脚右退一步，同时两臂继续向侧打开。

4 拍左脚向前左一小步成大开立，两臂至侧举，上体成直立，深吸气。

5～6 拍以胸带动上体前屈，同时两臂体前弧形交叉（掌心向后），呼气。

7～8 拍上体慢慢抬起直立，同时两臂弧形交叉上举（掌心向内），深吸气。

图 4 - 40　第 3 个 8 拍

第 4 个 8 拍（图 4 - 41）

1～4 拍两臂慢慢向侧打开至体侧下垂（掌心由向上逐渐过渡到向下至向内），同时挺胸抬头，深呼吸。

5～6 拍左臂经右、上、左弧形绕至体侧下垂，同时重心随之向右再向左移动，最后一拍身体转至左前 45°，配合吸气和呼气。

7 拍左腿半蹲，同时右腿屈膝并于左腿旁（右脚跟稍提），上体放松前屈，两臂自然向前下摆出，低头。

8 拍两臂自然向后下摆出。

图 4 - 41 第 4 个 8 拍

第 5 个 8 拍（图 4 - 42）

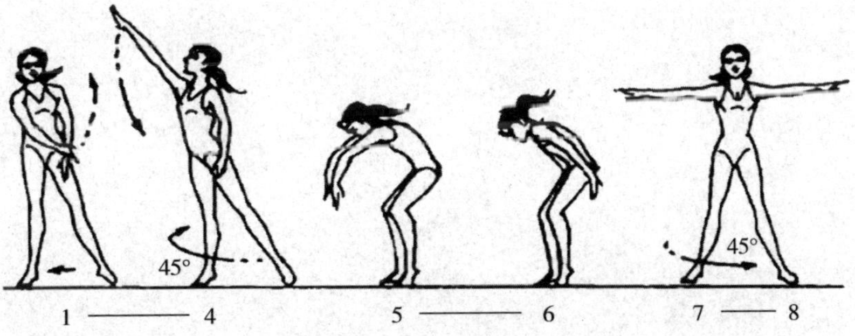

图 4 - 42 第 5 个 8 拍

1～4 拍右脚向右一步成开立，同时右臂经左、上、右弧形绕至体侧下垂，重心随之向右，上体逐渐立起，最后身体转至右前 45°。

5 拍右腿半蹲，同时左腿屈膝并于右腿旁（左脚跟稍提），上体放松前屈，两臂自然向前下摆出，低头。

6 拍两臂自然向前下摆出，低头。

7～8 拍左腿向左一步成开立，同时上体立起左转 45°（面向前方），两臂侧举。

第6个8拍（图4-43）

1～2拍上体前屈，同时两臂向下，内交叉绕臂，呼气。

3～4拍上体起立，同时两臂前交叉上举（掌心向下），吸气。

5～6拍两臂向侧打开（掌心向上）。

7～8拍右腿并于左腿成直立，同时两臂向下至体侧（掌心经向下至向内）。

要求：①整理放松应配合呼吸；②动作柔和、流畅。

图4-43　第6个8拍

第五章　健美操与音乐

第一节　音乐与健美操的关系

健美操音乐是指为了配合健美操的练习而选用的专用乐曲，多取材于迪斯科、爵士、摇滚等现代音乐或民族乐曲。因此它必须以健美操动作为依据，经过专业的选择、剪接、调速制作而成。

健美操的音乐是健美操运动及成套动作不可缺少的重要组成部分，是服务于健美操动作的功能性音乐。用音乐烘托健美操的气氛，表现健美操的特点，二者紧密结合，使健美操有声有色，更增强了健美操的感染力。和谐优美、节奏感强的音乐与动作，能增加健美操的表演效果，使人得到健与美的享受。

音乐是健美操的灵魂，没有音乐伴奏的健美操不能称之为完整的健美操。健美操动作在音乐的衬托下，更具生命力与艺术性。因为健美操的特点和风格是通过音乐的协调配合而表现出来的，音乐使健美操成为有声有色、有情有形的艺术体育项目，它给健美操带来勃勃生机，使健美操兴旺发达，经久不衰。如果说动作构成了健美操的骨骼，那么音乐则为健美操注入了灵魂。富有魅力的音乐能给人以启迪，陶冶情操，使人奋进。

音乐是声音的艺术，是将不同的声音和节奏组合在一起的艺术。音乐作为完整的艺术形式有着自己独特、系统和完整的表达方法与方式。就其具体相关因素来讲，音乐的节奏与速度，严格地控制着动作的节奏与速度。因此，音乐在很大程度上控制着运动的强度。仅就速度与节奏而言，时间相同，节奏与动作越复杂、越快，强度就越大，反之越弱。

音乐的风格决定着动作的风格。音乐风格受时代、民族、地域、环境、作者等因素影响，因此我们应当尊重音乐的风格，因为唯有这样动作与音乐才能协调，音乐才能有力地支撑起动作。

音乐的强弱变化为动作的力度变化与起伏创造了内在的条件，使动作与音乐在结构上产生联系，曲调与节奏的变化加之动作起伏产生韵律感，从而增加健美操的韵律美，使健美操的美学价值更高。

音乐的情绪有控制健美操动作与脑细胞兴奋的作用，因此在音乐伴奏下进行锻炼可以延缓疲劳现象的出现。同时音乐的情绪同样可以影响人的情绪，这也是健美操多选择曲调欢快、节奏强劲的音乐的重要原因之一。欢愉明快的音乐可以更快地调动起人的兴奋性。

正像苏联健美操专家在《健美操》书中指出的那样，“音乐，能激发练习者的情绪，并使其在练习中获得乐趣，在音乐的伴奏下做动作才能培养运动员的节奏感和韵律感”。(见表 5 - 1)

表 5 - 1

音乐	动作	联系	作用
节奏与速度	节奏与强度	正向	控制强度
风格	风格	文化	强化特点
结构	套路	段落与过渡	结构完美
情绪	表达	脑细胞	抑制疲劳

因此说音乐是健美操的灵魂，是健美操的重要组成部分。在音乐的衬托下健美操更具有生命力与艺术性。可以说，音乐为健美操插上了两只翅膀，使健美操扩大了表现空间。

第二节　音乐在健美操教学中的作用

健美操教学需要在音乐伴奏下进行，没有音乐，学生就难以掌握健美操运动的节奏。通过音乐伴奏，不仅可以培养和发展学生的节奏感、韵律感及动作的协调性，调节肌肉的用力和放松的交替节奏，而且能鼓舞和激励学生的学习情绪，提高学生对健美操学习的积极性，提高健美操教学的质量。健美操教学在音乐伴奏下培养学生的音乐素养，也是对学生进行美育教育的一种良好的、行之有效的手段。因此，将音乐运用到健美操教学中是非常重要的。音乐在健美操教学中的作用主要体现在以下几个方面：

一、激发学习兴趣

兴趣是指对事物喜好或关切的情绪，心理学中是指人们力求认识某种事物和从事某项活动的意识倾向。它表现为人们对某件事物、某项活动的选择性态度和积极的情绪反应。兴趣在人的实践活动中具有重要的意义，可以使人集中注意，产生愉快的心理状态。当一个人对某种事物产生兴趣时，他就会把注意力集中于该事物，并对该事物产生一定的情感，而音乐最能导致学生大脑皮层产生兴奋，引起学生的兴趣，健美操课堂上音乐一响起，学生往往就会表现出兴奋、想学习的欲望。音乐在健美操练习中能够激发兴趣，使学生全神贯注、情绪饱满，在动作理解和掌握上反应迅速，从而达到充分表现自我的境界。

二、激发练习者的情感

健美操音乐具有鲜明的节奏感、韵律感和时代感，加上健美操动作的力度、激情、表现力等都是在接受音乐的刺激之后产生的，音乐更能激发学生的丰富情感达到健美操教学的目标。因而，在不断变化的音乐旋律伴奏下，连续不断地重复和变化练习动作，可使学生的兴奋程度不断增强，进而达到锻炼身体、陶冶情操的目的。

三、具有号召力和感染力

健美操音乐能消除练习者神经上的疲劳和紧张。音乐使健美操动作充满活力，人们在欢乐的气氛中进行锻炼，心情愉快，能消除神经上的疲劳和紧张。学生无论处在怎样的心境，通过健美操练习，一般都会取得良好的效果，去除疲劳、消除烦恼，精神上能得到极大的解脱。对于旁观者来说，他们往往也会在音乐的感染下产生跃跃欲试的感觉。

四、利于加快技术动作的掌握

音乐旋律的节奏与动作形象可在大脑皮层中形成一定的联系，因此，音乐可以引起联想和动作的自然反应。当动作达到一定熟练程度时，根本就不用再想，自然而然地会在音乐的旋律中不断出现动作形象，启迪和帮助练习者更快地记住动作，掌握动作的要领，使动作更加优美、协调，增强对健美操的理解。

五、积极影响身体

实践证明，健美操的音乐能与练习者心跳频率产生节奏共鸣，即当音乐节奏加快时，练习者心率也相应升高，反之则心率减缓。在有音乐伴奏和无音乐伴奏的情况下练习，每分钟心率可以相差 10～20 次。其原因是音乐的节奏使大脑皮层中枢神经产生兴奋，给情感带来良性刺激而促进血液循环加速，呼吸加快，心跳频率增高。

六、强化对动作美的烘托

健美操的音乐是服务于健美操动作的功能性音乐。用音乐烘托健美操的气氛，表现健美操的特点，二者紧密结合，使健美操有声有色，增强了健美操的感染力。和谐优美、节奏感强的音乐与动作相结合，能增强健美操的表演效果，使人们得到健与美的享受。

七、激发练习者的表现力

音乐是“心灵的体操”。优美动人的音乐可以提高练习者的乐感、美感及动作的表现力，丰富练习者的想象力和创造力，从而达到增进健康、培养正确体态、塑造美的形态、陶冶情操的目的。

八、对创编和设计健美操具有诱导作用

音乐本身是艺术家的创造成果，一首激进、奔放、富有创意的音乐可激发人的想象力，启迪人的思维。具有一定创编经验的教师或教练员听到一首或一段好的音乐就能想象出各种相应的动作或构思出成套操的粗略结构，健美操的创作灵感往往是在音乐的激发下产生的。健美操的创编一般是根据音乐来编排动作，因而，美妙的音乐显得尤为重要，音乐赋予健美操创作的灵感也是最为珍贵的。音乐能激发人对动作的想象力、创造力和对动作创作的灵感，进而更好地创造出与音乐相融合的健美操动作，使其在最大程度上表现音乐的内涵。

第三节　健美操音乐的选择与应用

音乐是健美操的灵魂。音乐使健美操更具生命力与艺术性。优美动听的音乐使人心情愉快，情绪高昂，精神振奋，积极向上。因此，健美操的创编者通常认为音乐的选择得当是成功的一半，再加上富有表现力的动作，二者相互融合，可使成套动作大放光彩，充满激情，达到“操中有乐，乐中有操”，浑然一体的境界。

一、健美操音乐的选择

健美操音乐的选择范围非常广，但通常选择 2/4 拍或 4/4 拍等节奏感较强的音乐。

（一）音乐在健美操中的作用

节奏感强、旋律优美的音乐，可以使练习者牢固地记忆动作顺序和掌握动作技术；而热烈、欢快、富有节奏的音乐，能有效地激发练习者的热情和积极性，使练习者情不自禁地爱上健美操。音乐能够很好地表达思想感情，用音乐烘托健美操的氛围，表现健美操的特点，使二者紧密结合，不但能增强健美操的感染力，而且还能使人得到健与美的享受。

优美动听的音乐可以提高练习者的美感、乐感及表现力，丰富练习者的想象力，从而达到增进健康、培养正确姿态、陶冶情操的目的。

健美操是在音乐伴奏下进行的身体练习。人们在欢乐的气氛中进行锻炼，不仅心情愉快，而且还可以缓解精神压力，使人既能得到美的享受，又可提高协调性和自我表现的能力。

（二）健美操音乐的要求（如表 5 - 2）

表 5 - 2　健美操音乐的要求

健美操音乐的特点	节奏鲜明强劲、清晰有力 旋律悦耳动听、热情奔放 曲调欢快、韵律此起彼伏、有感染力 时代感
健美操音乐的结构	1. 有一个前奏 2. 有乐器 3. 人唱 4. 说 5. 间歇 6. 过门
健美操音乐的组成	1. 1 节拍＝1 拍 2. 1 乐句＝8 拍 3. 1 乐段＝32 拍
健美操音乐的速度	1. 初级课 140～145 拍/分 2. 中级课 145～150 拍/分 3. 高级课 150～155 拍/分

续　表

动作和音乐的配合	1. 与鼓点吻合 2. 从第一拍开始 3. 从一个乐段开始
选择音乐的原则	1. 有激情的音乐 2. 音乐的速度必须采用该课堂类型层次 3. 选节奏非常清楚的 4. 应保持在建议的每分钟节拍数范围内

（三）健美操音乐选择的范围

健身健美操的速度一般为 22～26 拍/10 秒；竞技健美操的速度一般为 26～30 拍/10 秒。（如表 5 - 3）

表 5 - 3　健美操音乐选择的范围

音乐种类	特点	表现形式
民族音乐	1. 具有浓烈的地方特色和民族风 2. 具有丰富的调式色彩和音乐色彩 3. 具有强烈的时代气息 4. 音乐形象多样化	节奏鲜明、热情、明快 旋律亲切、优美抒情
爵士乐	1. 旋律由连续不断的切分节奏组成 2. 即兴演奏 3. 强有力的打击乐器 4. 节奏变化多端 5. 音色鲜明而强烈 6. 和声丰富	表现欢乐喜悦的气氛 格言：为了欢乐
迪斯科	1. 在旋律上继承了爵士乐的切分节奏 2. 更强调打击乐 3. 节奏感强	表现出一种旺盛的精力
摇滚乐	1. 继承了爵士乐演奏的即兴性 2. 有快有慢，以一种节奏模式反复出现 3. 有一种摇摆的感觉	重金属及其相对的轻柔摇滚；混合型的乡村摇滚、流行摇滚等

续 表

音乐种类	特点	表现形式
轻音乐	1. 轻松愉快 2. 生动活泼 3. 浅显易懂	1. 轻松活泼的舞曲 2. 电影音乐和戏剧配乐 3. 通俗歌曲和流行歌曲 4. 舞蹈音乐和民间曲调 5. 轻歌剧
外文歌曲	1. 节奏感和震撼感强 2. 打击乐明显 3. 音乐速度通常较快	表现出强烈的时代特征和青春气息
世界名曲	1. 曲调经典，能跨越所有时空、种族和语言的界限，能超越人格、思想阶层的鸿沟 2. 音乐的哲理性超越了音乐本身的意义	旋律优美、形象鲜明、感染力强、表现形式多样

（四）选择音乐时的注意事项

1. 音乐风格与健美操特点的一致性

健美操是健、力、美的统一体，强调美与力的结合，因此健美操音乐旋律要动听，力求新颖，富有变化，节奏鲜明，速度适中，使动作与音乐水乳交融。在音乐选择时应根据不同种类的健美操选择不同的音乐。

2. 音乐与动作风格的融合性

健美操的风格、结构、速度、特点直接关系到音乐的选择。合适的音乐容易激发练习者的锻炼兴趣和编操者的创作灵感。因此，在选择音乐时要注意健美操风格与音乐风格的一致性。竞技健美操可以选择有个性的音乐，健身健美操可以选择体现民族风格的民族音乐。

3. 音乐与健美操性质、运动员条件的相符性

在选配音乐时应根据健美操的目的、任务选择不同的音乐。其次，音乐节奏和速度的确定应符合运动员的条件，如年龄、运动水平、体能等，这样才有利于人们完成动作，达到好的锻炼效果。

二、健美操音乐的选配

（一）根据音乐选择动作

音乐是健美操教学中的重要组成部分，我们要精心选择乐曲，并分析音乐的结构特点，再根据音乐的风格特点、节奏和旋律来设计创编健美操的成套动作。动作的节奏必须与音乐的风格相一致，与节奏相统一。节奏明显、

旋律优美、结构较完整、具有较强感染力且格调健康的迪斯科、爵士乐、摇滚乐或民族音乐通常作为成套动作的首选音乐。

（二）根据动作制作音乐

当选择的音乐在风格、时间、速度等方面与动作不相一致时，需将音乐重新处理或制作。第一是音乐的剪接。剪接的形式有同一首乐曲的剪接和两首或多首乐曲的剪接。无论选用哪种剪接方法，我们都应注意剪接的部位一般放在有空拍、停顿处或乐曲的结尾处。剪接处前后乐曲的旋律应尽量做到相似或相同，特别是两首及其以上乐曲的剪接，要确保其乐曲的速度和旋律相同或相似，以防在音乐的节奏和旋律方面出现不自然的现象。第二是音乐速度的调整。乐曲的调速有整首乐曲的调速和在乐曲的部分处进行的调速。实际操作中，在乐曲的部分处进行调速有相当大的困难。在具体操作时，可尝试采用以下方法，效果或许会好一些，即将调速后的音乐放完之后，稍加停顿（停 4 拍），再录制减速的音乐或在调速的乐曲剪接处配上有特殊效果的声音，如海浪声、宇宙间一些自然的声音等，但时间不宜过长，不能超过 8 拍，不然会影响乐曲的完整性。第三是成套音乐的制作。即结合成套动作风格、每节动作的特点及某个动作的特殊性，在音乐中适当加一些音乐效果以提高成套动作的完整性，并培养学生的美感意识。

（三）健美操音乐运用步骤

1. 对音乐的聆听

学生通过自身的耳、脑、神经的传导系统来完成对音乐的聆听，初步了解音乐，并掌握音乐的风格、旋律、结构、节奏、音响效果等特性。在聆听的基础上，反复比较不同风格和形式的音乐，感受不同音乐带给我们的美妙之处。

2. 对音乐的理解与分析

了解了众多音乐给我们带来的听觉上的享受与内心的共鸣之后，我们应该主动地理解音乐作品的含义，想想音乐想告诉我们什么。我们可以通过音乐旋律的起伏、和声的变化、高潮的迭起进行联想，用自身的经历去体验并感受音乐的内在情感变化。后从音乐的结构、高潮、风格、乐思及音乐的发展与过渡等方面来进行整体构思与分析，通过对这些因素的分析，确定健美操的结构、段落、运动强度和风格。

3. 音乐的编辑

按照自己的意愿和想法把各个部分连接起来，用音乐编辑软件对音乐进行简单的剪辑加工，使乐曲符合健美操的特定要求，以达到最佳效果，但不能破坏音乐的完整性。

第六章　健美操与自我保健

第一节　健美操运动的生命基础

一、健美操与有氧运动

有氧运动是指以有氧代谢系统供能的运动。当我们在进行长时间中低强度运动时，氧气供应充足，人体内的三大能源物质糖、脂肪、蛋白质，经有氧氧化分解为二氧化碳和水，同时释放大量能量。一定强度范围内的健美操属于有氧运动，故也称之为有氧操。

有氧操是在氧供应充足的情况下，在身体标准姿态控制技术基础上，通过身体有节奏的弹性运动与音乐的配合达到健身心塑形体为目的的一种运动项目。经常参加有氧操锻炼的人，心脏总体积指数显著增加，表现在心室壁厚度增加和心室容量的加大。心室壁厚度增加有助于心肌收缩力增强，心室容量的加大有助于心脏泵血储备功能提高。所以，有氧操练习能改善心肺功能，增强心肌，增加肺活量，减少心肺呼吸系统疾病。

二、健美操运动的强度与监测

有氧操是一种长时间、中低强度的运动，控制在一定强度范围内的健美操才是有氧运动，超过一定的强度，也就超出了有氧的范围。那么，如何监测健美操运动中的强度呢？

心率检查是监测健美操运动强度最方便的一种手段。测定心率最常用的部位是手腕和颈部，在腕部桡动脉处，沿拇指一线可以摸到桡脉搏，或在外耳门前方可以摸到颈动脉，将食指尖和中指（不用拇指，因它也有自己的动脉）轻轻按在动脉处。可以通过测 6 秒，然后乘以 10 或者测 10 秒，然后乘以 6 或者测 15 秒，然后乘以 4 来取得每分钟的脉搏数。

健美操运动中心率的有氧代谢范围为最大心率的 60％～85％，一个人的最大心率通常根据年龄来测算：最大心率＝220－年龄。如练习者的年龄为30岁，那么，其最大心率为220－30＝190次/分，在健美操练习中心率的有氧代谢范围即为114～161次/分。

三、健美操运动的频率与控制

为了保持和不断提高循环系统机能水平和心肺功能，并保持一定的体形，应经常参加健美操锻炼，然而，每周锻炼几次，练多长时间才能保持和增进健康呢?

研究表明，每周3～4次的经常性的健美操锻炼才能保持平均水平以上的有氧代谢，如果想要减少脂肪，就应增加至每周4～6次，以增加热量的消耗。每次练习的时间应保持在20～60分钟。人体运动时间超过了20分钟，脂肪才开始燃烧，以供给机体能量。

健美操锻炼贵在持之以恒，持续锻炼是保证良好效果的重要因素。如果两周不参加有氧运动，工作能力就会显著下降，停止锻炼4周到12周，已提高的心脏、呼吸健康水平可下降50%，停止10周到8个月后，健康状况就会回到锻炼前的水平。所以应长期坚持进行健美操或其他的有氧运动。

四、健美操与肌肉调理

肌肉调理是指在健美操锻炼过程中，利用身体自身重量及各种器械所完成的肌肉阻力训练，就是通常所说的力量练习。因为肌肉的力量与耐力是身体健康因素的一个重要组成部分，要想保持良好的机能状态和提高健康水平，一定的肌肉力量和耐力练习是必不可少的。健美操运动中的肌肉调理是通过小负荷、多次数的力量训练方法来发展肌肉力量和耐力，保持肌肉的功能，调节发展不平衡的肌群和改善肌体的外部形态，从而使身体机能保持在最佳状态。当然，健美操中的肌肉调理与那种为发展肌肉力量、增大肌肉体积的大负荷、多次数的力量训练有所不同。由于受一些传统观念的影响，有些人可能对肌肉调理表示怀疑，其实，在健美操锻炼过程中加入肌肉调理有其明显的作用和益处。

（一）通过肌肉调理可提高运动器官的机能

采用中小负荷和中等强度运动量进行肌肉调理训练，能改善骨的血液循环，提高骨的抗外力的能力；可增强肌肉耐力，提高关节和肌肉的控制能力。

（二）通过肌肉调理训练可纠正不良的身体姿势

通常不良的身体姿势除了由骨骼发育不健全导致外，一般都是由于肌肉发展不平衡造成的。通过肌肉调理训练可加强肌肉的力量，伸拉紧张的肌肉，重新塑造优美的形体。

（三）通过肌肉调理训练可减缓肌肉老化速度

不论哪一个年龄层次，只要进行系统和正规的力量训练，肌肉力量都会一直保持并提高。如果停止锻炼，不仅肌肉力量会减退，而且肌肉还会逐渐萎缩，造成肌肉松弛。因此，坚持进行系统的肌肉调理训练可使肌肉强健、富有弹性，从而延缓人体衰老的进程。

（四）通过肌肉调理训练可以塑造健美形体

肌肉调理可提高肌肉的代谢能力，消耗比脂肪代谢所需要的更高的能量，也有助于减肥。通过肌肉调理，肌肉力量和外形都会有明显的改变，使身体呈现健康、优美的曲线。

五、健美操与自我保护

在健美操锻炼中，我们时常会为那些优美的动作和欢快的节奏所吸引，会尽力去模仿健美操的动作。但目前流行的健美操练习中，有大量的动作会对人体产生较大的冲击，一些不正确的力量练习姿势和不科学的训练方法会在无形中对人体的健康造成损害。所以，在健美操锻炼中应学会自我保护。那么，如何进行自我保护呢？首先，要了解引起健美操运动损伤的诸因素。

（一）超范围动作

这是指在长度和方向上超出安全运动范围的动作。许多涉及过度弯曲和过度伸展的动作均属于超范围动作，它们具有潜在的危险性。如上体前屈手指触地，会使腰部处于超范围伸展的位置

（二）过度负重

在健美操锻炼中，负荷过重也是导致损伤的常见原因。如屈膝蹲，当膝关节大于安全角度 90°弯曲时，膝部就会承受过度的负荷。

（三）重复运动

过多重复可导致疼痛、不适和损伤。如连续踢腿动作不要超过 32 次，单腿连续踢腿不得多于 8 次。

（四）持续运动

使肌群或关节持续受压的动作，如双脚着地而背部没有支撑的仰卧起坐。

了解了上述这些引起运动损伤的原因，那么在进行健美操锻炼时就应尽量避免这些动作和做法。另外要加强医务监督，建立和健全自我监督意识，使练习者学会运动损伤的治疗方法和预防措施，学会自我保护。

第二节 健美操与形体评价

一、健美操与大学生形体塑造

“形体”分为姿态和体形。姿态是指学生平时的一举一动表现出的行为习惯，是外部形态，受后天因素的影响较大。而体形则是我们身体的外形，虽然锻炼可适当改善体型外貌，但相对来讲遗传因素起决定性作用。良好的身体姿态是形成学生气质的重要因素。通过长期的健美操练习可改善不良的身体姿态，形成优美的体态，从而体现出良好的气质与修养，给人以蓬勃向上的感觉。其次，健美操练习还可消除学生体内和体表多余的脂肪，维持人体吸收与消耗的平衡，有效地降低体重，保持健美的体形。

大学生进行健美操锻炼可以促使骨骼强韧、肌肉结实有力，经常锻炼身体能使骨骼变粗，骨密质变厚，骨小梁的排列更符合力学原理，这样可以提高其抗弯、抗压的能力，使身体更加强健。

大学生进行健美操锻炼还能使肌肉纤维变粗，肌肉内营养物质特别是蛋白质的含量和毛细血管的数量增加，如此一来大量的血液能把更多的养料带到全身各处，使新陈代谢加快，促进身体发展。

二、形体健美的概念

美是人类永远的主题，特别是人体美。随着人类社会的发展和人们生活水平的提高，现代人对人体美的追求分为五个方面：健康、静态形体美、动态形体美、气质美、整体美。形体健美是这五方面的综合体现。

（一）健康

健康是形体美的基础，只有健康的身体，才能表现出生机勃勃、精力充沛、富有生命的人体美；只有健康的身体，才能采用有利于塑造形体的专门综合练习，使形体更加健美。

那么什么是健康呢？世界卫生组织提出了健康的11个标志：有充沛的精力，能从容不迫地对付日常生活和工作而没有精神压力；处事乐观，态度积极，勇于承担责任；善于休息，睡眠良好；应变能力强，能适应外界的各种变化；能抵抗普通感冒和传染病；体重适度，身材匀称而挺拔；眼睛明亮；反应敏捷；头发具有光泽而少有头屑；牙齿清洁无龋，牙龈无出血而颜色正常；肌肤富有弹性。

（二）静态美

静态美主要包括：外形、肢体围度、脂肪百分比、皮肤护理等。健康匀称的外形体现在修长的双腿、扁平的小腹、丰满的胸部、浑圆的臀部、匀称的上臂等。少量的脂肪对人体来说是必要的，它能够吸收维生素 A、D、E、K 等。此外，脂肪还能够保护内脏器官免受撞击和其他外力作用的伤害。但过多的脂肪会导致许多疾病，不利于健康。光泽的肤色、红润的面庞、水灵的双眼能给你更添一份美丽。

（三）动态美

与静态美相比，动态的美更显人的气质与魅力。它是人的肢体语言，主要包括：步态、姿势、表情、动作优美协调等。

英国哲学家培根曾经说：“相貌的美高于色泽的美，而秀雅合适的动作的美，又高于相貌美，这是美的精华。”的确，姿态是风度的语言，优美的姿态与动作就像一首诗，将人的内部与外在世界娓娓道出。流芳千古的倾国倾城之佳丽乃至优秀的雕塑作品，没有优美的动态是不可思议的。从一举一动和坐、立、行中可以看出一个人的知识水平和文化素养。总之，优美的姿态、潇洒的风度可为形体美增姿添色。

（四）气质美

气质美是一种内在的美，是一个人魅力的体现，它不是说有就有、招之即来、挥之即去的，它有长期的学习、积累的过程。要重在加强自身的思想修养、文化修养和艺术修养，注意心灵美、语言美、行为美，把内在的美和外在的美完美地结合起来，使你的气质得到升华。

（五）整体美

整体美是指整体协调的美，它包括自身的服饰、发型、化妆等协调搭配。这些就是现在比较流行的“形象设计”，但它并非发型、美容、化妆、服装设计的堆砌和集合，应注意自身的特点和个性。美丽的外貌引人注目，过人的智慧使人佩服，而优美的形体则令人难忘。

三、形体健美的标准

我国体育美学家胡小明综合古今中外美学专家对人体健美的见解，结合我国国民的体质和体形现状，归纳出形体健美的基本标准：

（1）骨骼发育正常，关节不显粗大突出。

（2）肌肉均匀发达，皮下脂肪适当。

（3）五官端正，与头部配合协调。

（4）双肩对称，男宽女圆。

(5) 脊柱正视垂直，侧视曲度正常。

(6) 胸廓隆起，正背面略呈 V 字形，女性胸廓丰满并有明显的曲线。

(7) 腰细而结实，呈圆柱形。

(8) 腹部扁平，男子有腹肌垒块隐现。

(9) 臀部圆满适度。

(10) 双腿修长，大腿线条柔和，小腿腓部稍突出。

(11) 足弓高。

四、标准体重

体形的胖瘦一般根据体重的大小来衡量，即先计算出标准体重，再把现在的体重与标准体重进行对照，就能知道自己的体重是否正常。标准体重的计算方法有几种（身高以厘米为单位）：

标准体重＝（身高－100）×0.9（千克）

标准体重＝身高－105（身高 165 厘米以下者适用）

标准体重＝身高－100（身高 165 厘米以上者适用）

通过对照，超过标准体重的 10%～20%为超重，超出 20%以上的为肥胖。

肥胖分为轻度、中度、重度，计算公式为：

$$肥胖度=\frac{现在体重-标准体重}{标准体重}\times 100\%$$

肥胖度超过 10%之内的为超重，20%～30%为轻度肥胖，30%～50%为中度肥胖，超过 50%以上的为重度肥胖。当然，体重并非判断体形美的唯一标准，只有当一人的脂肪比重超量才是真正的肥胖。如健美运动员的体重可能超过正常的标准，但因为他的肌肉围度大、质量好，脂肪比低，故不能算肥胖。反之，有的人虽然体重没有超标，但由于不运动，肌肉松弛而不发达，只是脂肪的堆积，这样的体形也称不上美。

那么，一个人的脂肪如何测定呢？方法有以下几种：

(1) 简易法：用拇指和食指捏起腹部、腰部、大腿内侧、臀部的皮肉，若某一部位的皮肉的厚度超过 2 厘米，该处即为肥胖。

(2) 脂肪钳：测量皮肤褶皱的厚度。先测量肩胛下、大腿、髂骨处的皮褶厚度，再将测量结果（毫米数）直接代入下列公式，即可得出体脂的百分比：

女性体脂百分比＝6.6087×0.4389×肩胛下皮褶＋0.1822×大腿皮褶＋0.4093×髂骨上皮褶，超过 30%即为肥胖。

(3) 脂肪秤：通过电脉冲，可以测出人体组织阻抗。脂肪、骨头、肌肉有不同的阻抗值。这样一来，就能够十分精确地确定体内脂肪含量的百分比。

目前，国际上通行用体重指数（BMI）来衡量胖瘦：

体重指数=体重（千克）除以身高（米）的平方，女性体重指数在19～24之间、男性体重指数在20～25之间均为正常。如在正常范围以下，属于体重过轻；在正常范围以上视为超重，严重的则属于肥胖。另外，女性腰围大于80厘米、男性腰围大于85厘米为腹部肥胖标准。

第七章　健美操的科学锻炼与自我监督

第一节　健美操锻炼的运动负荷

运动负荷是身体练习时人体的生理负荷，是施加于人体的一种综合运动刺激。按其对人体产生刺激的性质，分为负荷强度和负荷量两个方面。大强度和大量的练习，能引起人体一系列较强的反应，促使人体各器官系统结构和功能以及神经调节机能发生改变。人体对运动负荷的承受能力是随着身体锻炼水平的提高而增强的。

一、运动负荷对人体的影响

健美操锻炼的最终目的是取得最佳的锻炼效果。这种最佳的锻炼效果的取得是要有科学依据的。从生理学角度看，只有适宜的负荷刺激才能达到增强体质的目的。若负荷过大，刺激量超过了身体所能承受的范围，不但不能强身健体，反而还会对身体有害。而负荷过小，则不能引起身体的适应性变化，也起不到强身健体的作用。因此，科学地确定适合自己身体情况的锻炼负荷，是获得健美操锻炼最佳效果的前提。研究和实践表明，当运动强度达到你最大心率的65％～85％时，锻炼效果最佳。

二、人体生理的超量恢复

当运动停止后，恢复大于消耗，能源物质和人体机能逐渐恢复到原有的水平，甚至在一定的时间内可以超过原有的水平，这种情况被称为超量恢复。运动生理学研究证明，在一定范围内，运动负荷越大，对人体的刺激越强烈，产生的有效生理效果越明显，超量恢复的水平也越高，如此不断的反复刺激，促使人体的机能得到更大的发展。然而人体在负荷后会产生不同程度的疲劳，需要在负荷后安排一定的休息和合理的营养补充，使体内的能量物质和身体的机能能力得到恢复。经常性的超量恢复，体质将不断地提高。

最后要说明的是，超量恢复是建立在两个基础上的，那就是充足的营养摄入和充分的睡眠。肌肉在超负荷工作后，碳水化合物和蛋白质等营养的补充是超量恢复的物质基础，充分的睡眠能有效恢复精力，更重要的是大部分能量物质的合成和再生基本上在睡眠时进行。所以决不可轻视营养和睡眠这两个重要环节，否则将得不偿失，事倍功半。

三、确定运动负荷的方法

评定运动负荷的最常用指标是心率。运动生理学的研究表明，当心率在110次/分以下时，机体的血压、血液成分、尿蛋白和心电图等没有明显的变化，故这种程度的负荷的健身价值不大；当心率达130次/分时，每搏输出量接近和达到正常人的最佳状态，故健身效果明显；当心率达到150次/分时，每搏输出量开始缓慢下降；当心率增至160次/分～170次/分之间时，虽无不良异反应，但也未出现具有更好健身效果的迹象。因此，通常把正常人取得最佳健身效果的心率区间确定为最大心率的60%～80%，30%～50%为消遣区，90%以上为强化区。那么如何用锻炼时的心率来确定运动负荷呢？

（一）计算出你的最大心率。其方式有两种：

1．如果你是一个没有训练基础的人：220次/分－年龄＝最大心率

2．如果你是一个有训练基础的人：205次/分－年龄的一半＝最大心率

（二）计算出你健身的心率范围

1．美国健身研究协会推荐的健身指示区是最大心率×（65%～80%）。

2．美国人心脏学会推荐的健身指示区是最大心率×（60%～75%）。

3．美国运动医学院推荐的健身指示区是最大心率×（65%～90%）。

使心率在上述指标范围内的运动均属有氧运动，故称健身指标区。百分比的指数越高，对身体的影响就越大，锻炼的效果就越明显。如果百分比指数超过上述范围，则做的就属无氧训练，对一般健身无益。但百分比指数过低，对健身又无任何作用，只能是一般的活动而已。因此，只有确定适合于自己的负荷，才能收到最佳的锻炼效果。

第二节　健美操锻炼的自我监督体系

健美操锻炼的自我监督是一种在健美操锻炼时，对自己的身体健康状况和功能状况经常进行自我观察的方法。它不但能科学地保证锻炼者的健康和健美，而且还是自我评价运动负荷大小的一种方法。自我监督的内容包括自

我感觉和自我监测两个方面。此外，还可通过对疲劳程度的判断来确定运动强度是否适宜。

一、自我监督在健美操锻炼中的意义

“运动就是生命”。健美操锻炼对于人的机体会产生非常复杂的、强烈的和多种作用的影响，因为在经常的健美操锻炼中人体各组织器官系统和整个机体的调节作用和共济作用都能得到不断的改善和提高。

通过自我监督，有助于及时反馈健美操锻炼后人体生理机能的变化，有助于科学合理地安排练习内容与调整运动负荷，有助于预防过度疲劳，并为科学地参加健美操学习和锻炼提供依据，也为进一步的体格检查提供参考。

二、自我监督的内容与方法

（一）自我监督

1. 自我感觉

（1）良好的自我感觉

参加活动的主体正常的自我感觉应该是精神饱满，体力充沛，睡眠、食欲、排汗量和情绪状况良好，渴望参加健美操活动，每次练习后稍有疲劳和肌肉酸累感，但经过休息后能很快恢复。

（2）不良的自我感觉

精神不振、困倦、头晕、容易冲动，以及局部关节肌肉酸痛、疲软、麻木，胸闷，气短，腹胀，腹痛，甚至恶心呕吐等不良症状则都属于异常。睡眠是生理所必需的，良好的睡眠状态是入睡快、醒后感到精力和体力旺盛，而经常失眠、夜间易醒或者睡醒后仍感疲劳，表明睡眠失常，需调整运动负荷。正常练习情况下食欲良好，在大运动量活动后，食欲可能暂时下降，但很快能够恢复，如果食欲减退，且一定时期内仍不见恢复，则要考虑是否是健康状况不良或运动量安排不当。出汗多少与气温、饮水量有关，也和训练程度、个人特点以及神经系统的状态有关，在外界条件相同的情况下，随着训练水平的提高，排汗量可减少，如果排汗量增多，甚至出现夜间盗汗，则表明身体极度疲劳，应及时调整运动强度和时间，注意观察，必要时应进行医务监督。

2. 自我监测

自我监测是锻炼者通过量化指标对运动效果进行监测的方法，常采用心率、呼吸频率、血压、体温、肺活量、体重等指标。

经常参加健美操锻炼的人安静时心率一般比较低，呼吸频率也较低，血压、体温在正常范围之内。若运动量适宜，锻炼者晨脉变化每分钟不会超出正常的 3～4 次，血压上压和下压变化范围在±10 毫米水银柱以内。如果在数日内心率、血压持续上升，则是运动量偏大的征兆，会导致疲劳积累。因此可将自己在安静时、运动前、运动后所测得的各类数据填写在自我评价表中，通过前后比较来合理地调整运动量和运动内容。

（二）疲劳的判定

在健美操锻炼中学会观察、判断疲劳的状况，并及时处理，可避免对个人健康的损害。评定疲劳程度的方法很多，表 7 - 1 为疲劳程度的自我估计，可作参考。疲劳程度的判定，一般情况下，可以通过锻炼者的自我感觉（如是否有疲乏、头痛、心悸、恶心等）和某些外部表现（如面色、排汗量、呼吸、动作、注意力等）来判定疲劳的程度，有时也可以测定某些生理指标作为疲劳程度的依据。应根据疲劳程度的标准安排训练，如果是轻度疲劳可以继续练习；如果是中度疲劳，要适当减少运动量；如果是重度疲劳，则要完全停止运动，休息一段时间，必要时还须进行医务监督。

表 7 - 1　疲劳程度的自我估计

	轻度疲劳	中度疲劳	重度疲劳
主观感觉	无任何不舒服	明显疲乏、心悸、腿痛	明显疲乏、心悸、腿痛，伴有头痛、胸痛、恶心、呕吐等现象，持续较久
面色	稍红	明显红	十分红或苍白，有时呈紫蓝色
排汗量	不多并与运动负荷相当	较多，特别是躯干部分	非常多，尤其是躯干部分，在颞部及汗衫和运动衣上可出现白盐渍
呼吸	中度加快	显著加快	显著加快，并且浅（其中有少数深呼吸出现），有时呼吸节律紊乱
注意力	比较好，能正确执行指示	执行口令不准确，改变方向时发生错误	执行口令缓慢，只有大声口令才能接受
动作	步态轻稳	步伐摇摆不稳定	显著摇摆现象，在行进时掉队，出现不协调动作

第二篇 体育舞蹈篇

第八章 体育舞蹈运动简介

第一节 体育舞蹈发展概况

体育舞蹈（国际标准交谊舞）是风靡世界的一种竞技舞蹈项目，它也是新兴的体育运动项目之一，是一种男女为伴的双人舞运动项目。体育舞蹈融音乐、舞蹈、服装、风度、体态美于一体，既有丰富的艺术内涵，又具有体育竞赛的特点。体育舞蹈是现代社会人们健身、健美、休闲娱乐、陶冶情操的一种高雅的文化活动。

体育舞蹈分为摩登舞和拉丁舞两大类，共十种舞蹈。摩登舞起源于欧洲，拉丁舞起源于拉丁美洲。为了便于推广和交流，20 世纪 20 年代，英国皇家舞蹈教师协会规范了华尔兹、探戈、狐步、快步四种摩登舞。这种竞技性、规范性的艺术舞蹈从 20 世纪 20 年代之后风靡整个欧洲，并且由世界杯赛和世界锦标赛掀起狂潮。随着竞技水平的不断提高，国际比赛分出专业和业余两个级别。英国皇家舞蹈教师协会和国际舞蹈教师协会属于专业组织。国际舞蹈组织为了将国际标准交谊舞纳入体育竞技项目，积极争取早日加入奥运会，将其称为体育舞蹈。因此，国际标准交谊舞即体育舞蹈。

国际标准交谊舞在 20 世纪 30 年代传入我国，80 年代后，随着我国改革开放的进一步深入，体育舞蹈也进入一个新的发展时期。1987 年开始，我国每年都要举办体育舞蹈的全国性比赛。20 世纪 90 年代初期，体育舞蹈已进入我国校园，一些高等院校开设了体育舞蹈选修课或必修课，体育舞蹈深受大学生的喜爱，并逐渐成为大学校园文化的一部分。

舞蹈产生于人类的生活、劳动和情感，是一种人体文化。舞蹈艺术随着人类的社会演变和文化进程而发展，体育舞蹈的发展过程经历了原始舞蹈—公众舞民间舞—宫廷舞—社交舞—新旧国际标准交际舞等发展阶段。体育舞蹈的前身就是社交舞，也称交际舞、交谊舞。

最早的舞会舞蹈产生于14～15世纪的意大利，16～17世纪流传到法国，并在那里得到了很大的发展。19世纪中叶，华尔兹成为舞会的主要舞蹈。19世纪末20世纪初，北美和南美的交谊舞打破了欧美舞种独霸天下的局面，出现了布鲁斯、慢华尔兹、狐步舞。第一次世界大战之后又出现了伦巴、桑巴等交谊舞，这些交谊舞的一个明显特征就是受到黑人传统音乐和舞蹈文化的深刻影响。第二次世界大战后，英国皇家舞蹈教师协会又整理了拉丁舞蹈（拉丁舞蹈起源于拉丁美洲和非洲的民间舞蹈），并将它纳入国际舞范畴，列入正式比赛项目。至此，国际标准舞形成了包括10个舞种在内的现代舞系列和拉丁舞系列两大类，人们称之为当代国际标准舞。

20世纪20年代交际舞流传至上海，当时的外国人和留学回国人员成为传播西方舞蹈的主力军。1926年在上海开设的由中国人创办的交际舞学社，是我国第一所舞蹈教学机构。随后交际舞流传到天津、沈阳、广州等大城市并开始流行起来。新中国成立后，受到东欧国家的影响，交际舞得到广泛开展，各大城市的舞蹈活动非常活跃。1984年以来，我国先后邀请英国、丹麦、瑞士等国的体育舞蹈专家前来表演与教学，我国的体育舞蹈开始走向正规化。1987年举办首届全国国际交谊舞比赛，1989年成立中国国际标准舞总会，全国各高校也相继开设了体育舞蹈的课程。

1991年5月成立中国体育舞蹈联合会，标志着我国现代体育舞蹈进入全面发展的新阶段。1991年加入世界舞蹈总会，成为国际体育舞蹈联合会的正式会员，并在当年举办了全国首届体育舞蹈锦标赛，此后每年举办一次。1995年5月，我国首次参加英国第70届国际体育舞蹈锦标赛。2004年我国职业选手拉丁组合栾江和张茹在英国的黑池大赛中夺冠，实现了零的突破，这是我国体育舞蹈历史上第一个冠军，缔造了中国人在黑池的辉煌历史。2004年在四川绵阳举办了国际职业体育舞蹈公开赛。2013年在天津举行的东亚运动会体育舞蹈比赛中，我国一举夺得12枚金牌中的9枚和3枚银牌，展现了我国体育舞蹈选手的实力，实现了历史性突破，远远领先于亚洲其他国家。

第二节　体育舞蹈的特点和分类

一、体育舞蹈的特点

体育舞蹈是由属于文艺范畴的舞蹈演变而来的体育项目，兼有文艺和体育的特点，是介于文艺和体育之间的边缘项目，是以竞赛为目的、具有自娱性和表演观赏性的竞技舞蹈。它具有以下三个特点：

(1) 严格的规范性。规范性首先表现在体育舞蹈是一个完整的舞蹈系统，是经过数百年历史的锤炼、加工而成的；其次表现在技术的规范性上，它对每个动作的腿部动作、重心升降和身体摆动等都有严格的规定。

(2) 表演观赏性。体育舞蹈融音乐、舞蹈、服装、风度、体态美于一体，既有观赏价值又有参与的广泛性，被认为是一种“真正的艺术”。

(3) 体育性。体育性一方面体现为竞技性，另一方面表现在锻炼价值上。作为体育锻炼的手段，体育舞蹈在生理和心理方面对人体有许多有益的影响。

二、体育舞蹈的分类

按舞蹈的风格和技术结构，可分为现代舞（摩登舞）和拉丁舞两大类。按竞赛项目可分成三类：即现代舞，拉丁舞和团体舞。现代舞包括华尔兹、探戈、狐步、快步和维也纳华尔兹五种舞，拉丁舞包括桑巴、恰恰、伦巴、斗牛舞和牛仔舞五种舞。

三、各舞种的特点

（一）现代舞（摩登舞）

现代舞起源于欧洲，具有端庄、含蓄、稳重、典雅的风格和绅士风度。舞步流畅，轻柔洒脱，舞姿优美，起伏有序，音乐节奏清晰，舞蹈富于技巧性，是老少皆宜的舞系。

1. 华尔兹（Waltz）

华尔兹起源于17世纪德国乡间土风舞，具有优美、柔和的特点，也是历史悠久、生命力最强的舞蹈形式，是最受人喜爱的舞蹈。“华尔兹”一词最初来自古德文“Walzel”，意思是“滚动”“旋转”或“滑动”。华尔兹12世纪流行于德国巴伐利亚和奥地利维也纳地区的农民中，17世纪进入维也纳宫廷，18世纪被誉为“欧洲宫廷舞之王”。19世纪初传入美国波士顿，20世纪重返欧洲，并以新的“慢华尔兹”的形式风靡欧洲大陆。现今的华尔兹已经过改良，融合了瑞士及奥地利等地的土风舞“维也纳华尔兹”，并将音乐的速度放慢。旋转是华尔兹的精髓所在，甚至可以说是华尔兹的生命。

华尔兹舞的风格特点是庄重典雅、华丽多彩。其动作流畅起伏、婉转多变；舞姿飘逸优美，文静柔和。音乐为3/4节拍，节奏中等，每分钟28～30小节。

2. 探戈（Tango）

探戈舞起源于非洲中西部的民间舞蹈探戈诺舞。在传入美洲和欧洲后，融合当地的民间舞蹈风格，分别形成了风格各异的墨西哥探戈、阿根廷探戈、西班牙探戈、意大利探戈和英国皇家式探戈等。现在跳的探戈大家称之为欧洲闪式探戈。

探戈舞是最早被英国皇家舞蹈教师协会肯定并加以规范的四个标准舞之一。它融合了世界不同探戈舞的精华，以其刚劲挺拔、潇洒豪放的风格和独有的魅力征服了舞坛。探戈舞步独树一帜，斜行横进，俗称“蟹行猫步”。探戈动作刚劲锐利，欲进又退，欲退还前，动静快慢，错落有致，沉稳中见奔放，闪动中显顿挫。

探戈音乐速度中等，气氛肃穆，以切分为主，听之铿锵有力，振奋精神。

3. 狐步舞（Slow Foxtrot）

狐步舞起源于美国黑人舞蹈。现在国际上跳的狐步舞是英国的约瑟芬·宾莉改编的。

狐步舞的风格特点除具有华尔兹的典雅大方、舒展流畅和轻盈飘逸之外，更具有狐步舞独有的平稳大方、悠闲自在、从容恬适的韵味。狐步舞的舞步轻柔、圆滑、流畅，方位多变且不并步。在动作衔接中呈现出降中有升、升中有降的线形流动状。

狐步舞音乐为4/4拍，速度中等，节奏明快，情绪幽静而文雅，基本节奏与探戈相反，是慢快快（SQQ）。

4. 快步舞（Quick Step）

快步舞由美国民间舞“P. E. E. P BODY”改编而成，为摩登舞中较快速的一种舞蹈。早期快步舞吸收了快狐步动作，后又引入芭蕾的小动作，使动作更显轻快灵巧。现在国际上跳的是英国式的快步舞。

快步舞的风格特点是轻快活泼、富于激情。舞步洒脱自由，饱含动力感和表现力。

快步舞音乐为4/4拍，每分钟约50小节，基本节奏是慢慢快快（SSQQ）与慢快快慢（SQQS）。

5. 维也纳华尔兹（Viennese Waltz）

维也纳华尔兹，又称为圆舞曲或宫廷舞，起源于奥地利北部山区农民舞，是历史最悠久的舞蹈之一。维也纳华尔兹舞的风格特点是动作舒展大方，连绵起伏，节奏清晰，旋律活泼，动作优美，舞步轻快流畅，旋转性强。

维也纳华尔兹的音乐为3/4拍，每分钟约60小节。

（二）拉丁舞

拉丁舞除斗牛舞外，都源于美洲各国和非洲，具有热情、奔放、浪漫的风格特点。舞蹈动作豪放粗犷，速度多变，手势和脚步内容丰富，充满激情，它的音乐热情洋溢、奔放，特具节奏感。拉丁舞以淋漓尽致的脚法律动为引导，自由流畅，展现女性的优美线条，生动活泼，热情奔放，充分表达了青春欢乐的气息，展现男士剽悍刚强、气宇轩昂、威武雄壮的个性美，尤被中青年人所宠爱。

1. 伦巴（Rumba）

现代伦巴舞是古巴舞蹈在吸收 16 世纪非洲黑人舞蹈和西班牙“波莱德”舞蹈的基础上逐渐完善的，舞蹈动作受雄鸡走路启发，20 世纪 20～50 年代又受美国爵士乐和舞蹈的影响。20 世纪 30 年代，皮埃尔夫妇到英国表演和推广古巴伦巴舞受到极大欢迎，使伦巴舞风行欧洲。

伦巴舞的音乐缠绵、浪漫，舞蹈风格柔媚、抒情，是表现爱情的舞蹈，与其他拉丁舞不同的特点是在舞步运行中，髋部富有魅力地扭摆，上身自由舒展，在抑扬的韵律节奏下，具有文静、含蓄、柔媚的风格，更加展示了女性婀娜多姿的美态。伦巴舞在拉丁舞中历史悠久，舞型成熟，再加上它那异国情调的独特风格，因此被誉为“拉丁舞之魂”。伦巴舞音乐为 4/4 拍，第二拍起跳，4 拍走 3 步。每分钟约 30 小节。

2. 恰恰（Cha－Cha）

恰恰起源于中美洲的墨西哥、古巴等地，它是曼波舞（Mambo）的变形。但现在恰恰比曼波舞更流行，更受欢迎，主要是因为这种舞给人一种明朗轻快的感受。恰恰的舞姿较为活泼，步法干脆利落，不拖泥带水。在动作编排上一反男子领舞的习惯，男女动作不求统一整齐，且多半是男子随后。恰恰由于名称动听，节奏欢快易记，邦伐斯鼓和沙球的节拍与动作相吻合，舞蹈又有诙谐、花哨的风格，所以备受欢迎，是拉丁舞中最流行的舞蹈。

恰恰舞音乐为 4/4 拍，4 拍跳 5 步，每分钟 29～32 小节。

3. 桑巴（Samba）

桑巴起源于巴西的里约热内卢，1929 年传入美国，而后又传至世界各地。它是非洲文化和南美文化的综合产物，最早用吉他演奏，节拍较缓慢，带有小夜曲式的情调，兼富热情活泼的气氛。后来英国舞蹈家专程赴里约热内卢搜集当地的“森巴舞”，回国后将“森巴舞”进行整理，并确定步法名称及统一跳法，最终创编出目前的桑巴舞。它的风格特点是动作粗犷，起伏强烈，舞步奔放、敏捷，富有强烈的感染力；它属于移动性舞蹈，像探戈、华尔兹一样，移动时沿舞程线绕场进行，因此它是拉丁舞中行进性的舞蹈。

桑巴舞音乐为4/4或2/4拍，每分钟48～56小节。

4. 斗牛舞（Pasodoble）

斗牛舞起源于西班牙，是模仿西班牙斗牛士的动作并由西班牙风格的进行曲伴舞的一种拉丁舞。在舞蹈中，男士象征斗牛士，女士象征斗牛士的斗篷，因此舞蹈应表现出男子强壮英武和豪迈昂扬的气概。斗牛舞音乐为2/4拍，一拍跳一步，每分钟约60小节。

5. 牛仔舞（Jive）

牛仔舞起源于美国西部，舞步带有踢踏动作，节奏快速兴奋，动作粗犷，带有举持和甩动的技巧，是表现牧人强健体魄和自由奔放情绪的舞蹈，具有独特的魅力。牛仔舞的舞曲欢快，有跃动感，舞步丰富多变，其强烈的扭摆和连续快速的旋转，常使人眼花缭乱。这种舞蹈后经规范进入社交界和表演舞范畴。第二次世界大战期间传入英国，获得迅速推广。牛仔舞音乐为4/4拍，每分钟约40小节左右。

（三）团体舞

团体舞一般由8对选手组成，将摩登舞或拉丁舞的5种舞蹈运用各种队形的变动，组成丰富多样的图案，它将音乐、舞姿、队形、图案和选手们的和谐配合融为一体，达到了完美的统一，使体育舞蹈的风格特点得到了更为鲜明的表现。在团体舞中，同一系列的舞种除在风格和内容上有其共同特点外，每个舞种在步法、节奏、技术处理以及风格上都有自己的独特之处。

第三节　体育舞蹈的作用与价值

体育舞蹈运动是一项新兴的体育项目，是体育与舞蹈的结合，具有运动与艺术的双重性。因此体育舞蹈极富时代气息，具有健身价值、欣赏价值和社会价值。

一、健身价值

（一）健美体形

经常参加体育舞蹈锻炼，进行形体训练，可以对人的形体进行“生物学”改造，使体形符合一定的健美标准。如男士宽肩细腰、身材匀称、体格魁梧、四肢结实有力，扇形身段显示出一种阳刚之美；女士则身材苗条、柔软，细小的腰围，丰满的胸围，结实上提的臀部，修长的四肢，呈现出曲线流畅、此起彼伏的波浪，显示出一种阴柔之美。

有资料表明，在90分钟的体育舞蹈锻炼中，男女舞蹈者的平均心率可达135～170次/分钟，总能量消耗男女分别达4350千焦耳和2850千焦耳，相当于消耗100克人体脂肪。因此，经常参加体育舞蹈锻炼，可以减肥瘦身，保持健美的体型和良好的体态。

（二）健身

长期从事体育舞蹈锻炼，能使人的心肌发达，脉搏输出量增加，血压正常。对上海市老年大学体育舞蹈班50名男女学员血压测定表明，入学时学员的平均血压为90～140毫米汞柱，经过两年体育舞蹈的锻炼，平均血压为85～135毫米汞柱。

（三）健心

人的心理活动的本质是脑对外界客观事物的反映。俗话说："动则不衰，乐则长寿。"这意味着合理的运动能令人保持良好的心态。乐观的情绪、开朗的心境是延年益寿的重要因素。经常参加体育舞蹈锻炼能使人调整身心，促进人际交往，逐步消除情绪障碍，以取得心态平衡，保持乐观的心情，从而以饱满的情绪再度投入紧张的学习和工作中。

总之，经常参加体育舞蹈锻炼，能增强体质，改善人体心血管系统、呼吸系统的机能，改善神经系统的调节机制，促使心理健康，以达到健美、健身、健心的最佳效果。

二、观赏价值

体育舞蹈不仅是人们建立友谊、陶冶情操、锻炼身体、提高技艺的良好形式，而且具有独特的艺术表演价值，给舞蹈者与观赏者以美的享受，提高人们的艺术修养和审美情趣。

（一）人体美

体育舞蹈作为健与美有机结合的表现形式，要求男女选手以精湛的舞蹈技艺、默契的相互配合、精心的组织编排去表现这一感人艺术。由于人体具有形状、线条、比例、透视、颜色、光泽、质感、对称、动态等一系列可审视的条件，因此，欣赏体育舞蹈选手的表演，可使人意识到人体的美丽，发现蕴藏于这项运动中丰富动人的人体美。

（二）运动美

动、静造型的交相辉映赋予体育舞蹈丰富的表现手段。运用动作造型全面展示各舞种的艺术风格是体育舞蹈重要的审美特征。锻炼者以人体为媒介，通过面、头、颈、肩、臂、手、胸、腰、胯、臀、膝、足及躯干和四肢的动作配合，按照多变的节奏和丰富的韵律，构成点与线的移动和静与动的结合的各种造型，这种造型具有爆发性、对比性、转折性、整体性，进而给人以特有的瞬间美、过程美、变化美和立体美的享受。

（三）音乐美

音乐是体育舞蹈的灵魂，体育舞蹈是音乐具体化和形象化的外在表现。音乐的基本手段是旋律和节奏，音乐通过自身的旋律增加了体育舞蹈的情感和表达能力，它与体育舞蹈的自身节奏融合在一起，更增强了体育舞蹈的美感和艺术表现力。音乐和体育舞蹈都以节奏作为基础，音乐表现体育舞蹈的抽象方面，揭示体育舞蹈的悠闲或激烈，它的进或退，强或弱，激动或平静，严肃或愉快等，都可以通过不同的节拍、速度和旋律来表达，并唤起各种程度和性质的感觉状态。体育舞蹈选手的节奏的同步和谐、动作的轻快流畅、舞技的娴熟高超的体现都基于音乐节奏的引导和指挥，舞伴之间、舞蹈动作与音乐韵律之间的协调统一，都呈现出和谐之美。

（四）服饰美

体育舞蹈服饰有特殊要求。摩登舞要求男士穿黑色燕尾服和专用舞蹈皮鞋，女士穿华丽富贵的鸵鸟毛大摆长裙和相应软底高跟鞋。男士绅士打扮，风度翩翩，女士温情脉脉，给人以高雅、庄重、华贵、大方的感觉；而拉丁舞的服饰要有拉美风格，强调要以快节奏衬托出热情奔放的拉丁精神。因此要求男士穿紧身衣裤，体现肌肉的力度与线条，女士穿浪漫、裸露、自由、随意的短裙装，并在衣服上镶嵌水钻、羽毛等等，体现背、腰、臀、胯、腿部动作的优美组合与浪漫风格和女士形体美。

（五）礼仪美

摩登舞中的礼仪性审美倾向为男士的衣着庄重，体态端庄挺拔，即使在轻快跳跃性舞步的变化中，也不失高雅风采。礼仪性审美取向决定了风度的重要性，而形成高雅风度的首要条件则是体态的挺拔，挺拔的体态标志着健康、尊重、有教养、有礼貌，给人以愉快、振奋、富有青春活力的感觉，这些不仅是体育舞蹈风格的要求，也是对观众的尊重。又如男士都是挽着女士的手进场，引导舞伴做急速旋转后向观众致意，女士则是向四周观众行古典的屈膝礼；舞蹈结束后，男女舞伴同样要向观众行礼。男士挽手女士，选手面带微笑、气度不凡的行为举止，都给人以美的享受与回味，体现了礼仪美。

三、社会价值

体育舞蹈是人们交流思想、抒发情感、消除障碍、相互沟通的最好形式之一，和人们现实生活有着密切的联系，良好的情感交流会互相感染，甚至使人产生相互依恋的情结。体育舞蹈不仅是民间友谊的纽带，也是沟通不同国家、不同民族情感的一种形体语言，是任何语言都无法替代的艺术，通过优美的舞蹈韵律，可以增进友谊、丰富生活。

伴随着社会的发展，人们对精神文明与文化体育生活愈发渴求。在紧张的工作、学习和生活之余，人们不再满足于观赏他人的表演，而是表现出一种强烈的参与意识和欲望，力求在社会交往中寻求友谊和理解。体育舞蹈是人们乐于接受的一种有益活动。一首优美的舞曲，能把不同阶层、不同年龄、不同性别、不同健康状况、不同运动水平的人融合在共同的舞蹈之中。它是一种“有节奏的散步”，是一种“伴着旋律的锻炼”，经常参与，并持之以恒，可受益终身。

第四节　体育舞蹈的舞姿及运步技巧

一、体育舞蹈的舞姿

1. 闭式舞姿

（1）摩登舞的闭式舞姿：男女平行相对站立，身体正直两足并拢，足尖向前，男伴右手扶在女伴左肩胛骨下方，手掌向里，右臂向上平抬，支撑女伴左臂；女左臂轻放在男伴臂上，头朝左侧，身体微后仰，头略向左偏；男伴左手握女伴右手向旁伸出，手与肩平或略高于肩，臂成弧形，肘弯处成稍大于 90°（图 8-1）。

（2）拉丁舞的闭式舞姿：男女舞伴相对而立，双足分开与肩同宽，收腹挺胸，上体略向前倾；男左女右两手互握，小臂相靠呈 90°，男伴右手托女伴肩胛骨上外侧处，女伴左手搭在男伴右肩上，呈“A”型（图 8-2）。

图 8-1　摩登舞的闭式舞姿

图 8-2　拉丁舞的闭式舞姿

2. 开式舞姿：

(1) 摩登舞的开式舞姿：男伴左边身体与女伴右边身体分别向左和向右转45°，两人身体侧成90°，呈“V”字形站立，头向同一方向，手握法同闭式舞姿（图8-3）。

图8-3　摩登舞的开式舞姿

2) 拉丁舞的开式舞姿：男女伴相对站立，男左手牵女右手，男右手女左手散开成弧形。

二、体育舞蹈主要舞种介绍及跳法

华尔兹

华尔兹源于德国，音乐为3/4拍，速度每分钟30～32小节，舞蹈风格高雅柔和、旋转流畅、气质典雅、优美抒情，起伏性较强，华丽而高雅，有“舞中皇后”之称。每小节3拍音乐。

1. 基本动作（图8-4）：

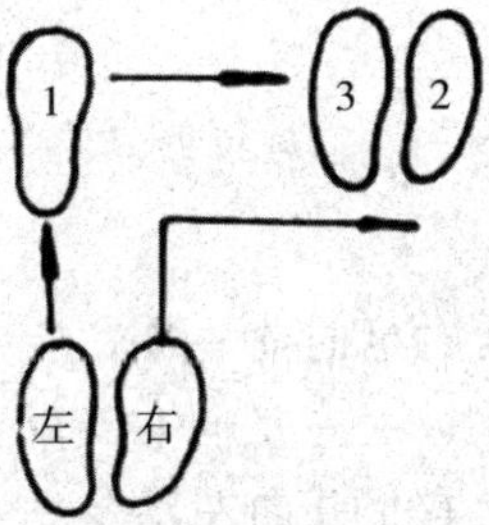

图8-4　基本动作（男）

准备动作：闭式舞姿。

(1) 男左足向前一步，女右足后退一步；

(2) 男右足横进一步，女左足横进一步；

(3) 男左足并向右足，女右足并向左足；

(4)(5)(6) 女走男步，男走女步，动作相同。

2. 右转步（图 8-5）：

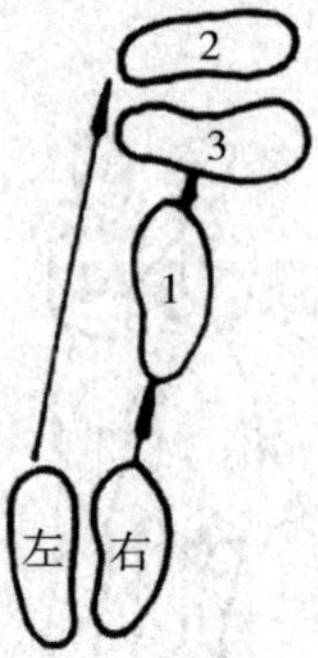

图 8-5　右转步（男）

准备动作：闭式舞姿。

(1) 男右足向前一步，女左足后退一步；

(2) 男右转 90°左足横进一步，女右转 90°右足横进一步；

(3) 男右足并向左足，女左足并向右足；

(4)(5)(6) 女走男步，男走女步，动作相同。

3. 右旋转步 135°（图 8-6）：

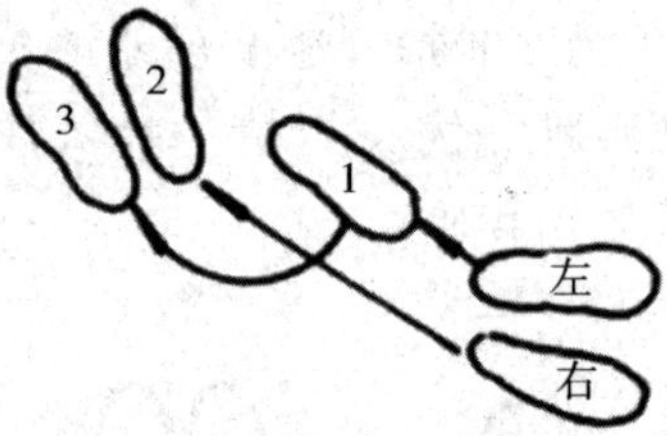

图 8-6　右旋转步 135°（男）

准备动作：闭式舞姿

(1) 男左足后退一步，女右足向前一步；

(2) 男右足向右旋转 135°，女左足向右旋转 135°；

(3) 男左足并向右足，女右足并向左足。

4. 左转步（图 8-7）：

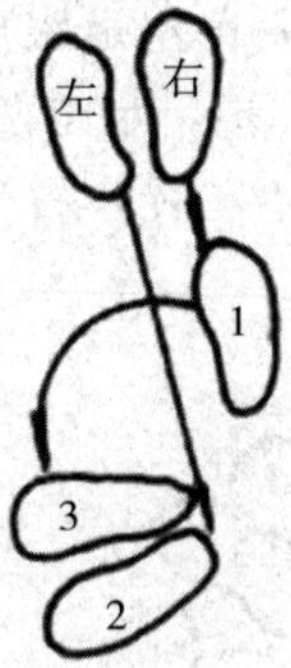

图 8-7　左转步（男）

准备动作：闭式舞姿。

(1) 男右足后退一步，女左足向前一步；

(2) 男左转 90°左足横进一步，女左转 90°右足横进一步；

(3) 男右足并向左足，女左足并向右足；

(4) (5) (6) 女走男步，男走女步，动作相同。

5. 叉形步（图 8-8）：

准备动作：闭式舞姿。

(1) 男左足向前一步，女右足后退一步；

(2) 男右足横进一步向左转体，女左足横进一步向右转体；

(3) 男左足向后与右足交叉，女右足向后与左足交叉，男女呈开式舞姿。

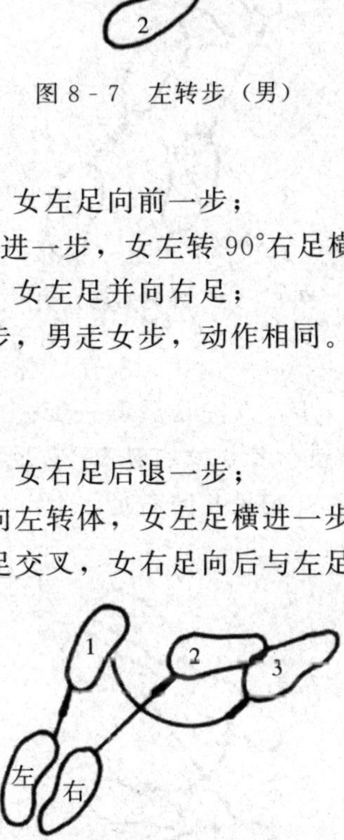

图 8-8　叉形步（男）

6. 侧行并步（图 8-9）：

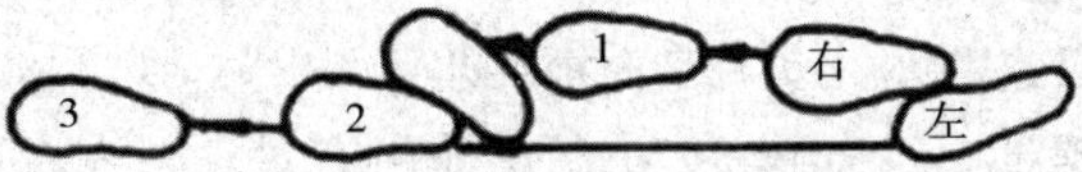

图 8-9　侧行并步（男）

准备动作：开式舞姿。

(1) 男右足向前一步，女左足向前一步

（2）男左足向前一步，右足尖靠左足跟成锁步，女右足向前一步，左足尖靠右足跟成锁步（注意：音乐一拍，足走两步）；

（3）男左足向前一步，女身体左转，右足后退一步；男女舞姿转为闭式舞姿。

7. 外侧右转（图 8 - 10）：

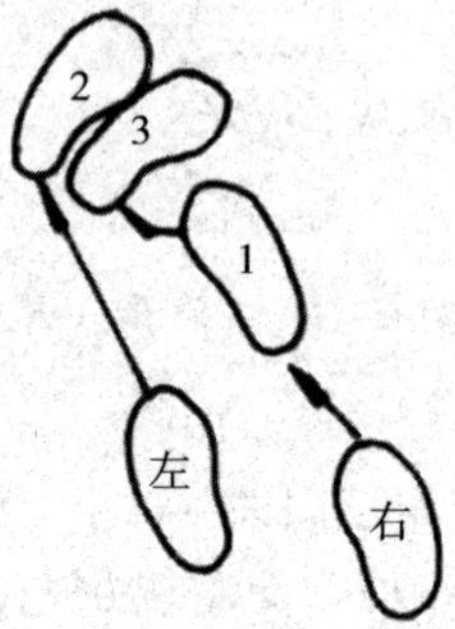

图 8 - 10　外侧右转（男）

准备动作：闭式舞姿。

（1）男右足向左侧行一步，女左足后退一步；

（2）男右转 90°左足横进一步，女右转 90°右足横进一步；

（3）男右足并向左足，女左足并向右足。

8. 开式推转（图 8 - 11）：

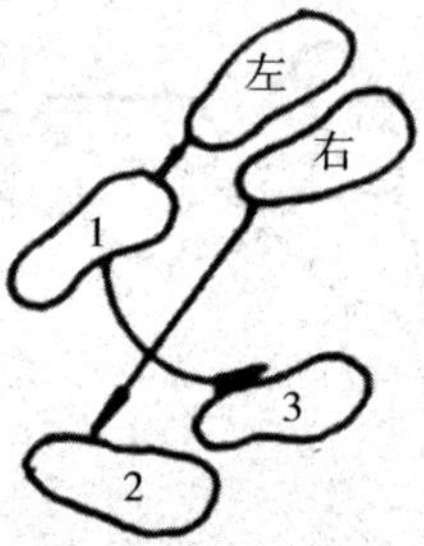

图 8 - 11　开式推转（男）

准备动作：闭式舞姿。

（1）男左足后退一步，女右足向前一步；

（2）男右足横进一步右转 90°，左足并向右足，女左足横进一步向右转 90°，右足并向左足（音乐一拍，足走两步）；

（3）男左足向前一步，女右足向前一步，舞姿转为开式舞姿。

9. 纺织步（图 8 - 12）：

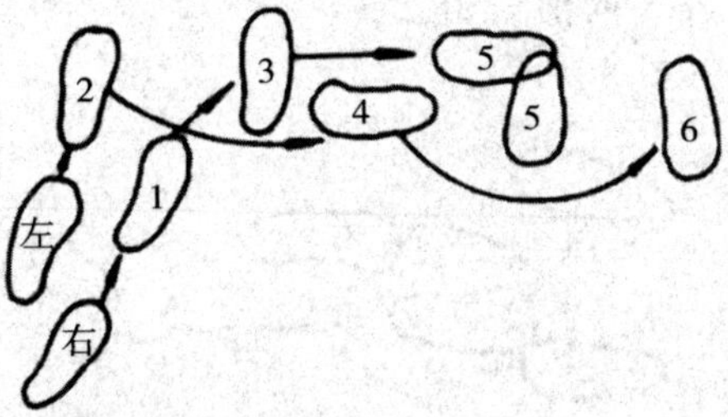

图 8-12 纺织步（男）

准备动作：开式舞姿。

（1）男右足向前一步，女左足向前一步；

（2）男左足向前一步，女左转 90°右足向前一步；

（3）男右足横进一步，女右足横进一步；

（4）男左足后退一步左转，女右足侧行一步；

（5）男右足退一步左转，女左足向前一步左转；

（6）男左转 90°左足横进一步，女左转 90 右足横进一步。

10. 后叉形步（图 8-13）：

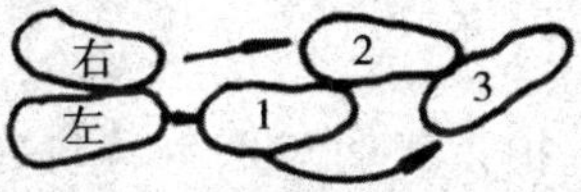

图 8-13 后叉形步（男）

准备动作：闭式舞姿。

（1）男左足后退一步，女右足向前一步；

（2）男右足横进一步右转，女左足横进一步右转；

（3）男左足后退一步交叉右足左转 90°，女右足后退一步交叉左足右转 90°；舞姿为开式舞姿。

11. 翼步（图 8-14）：

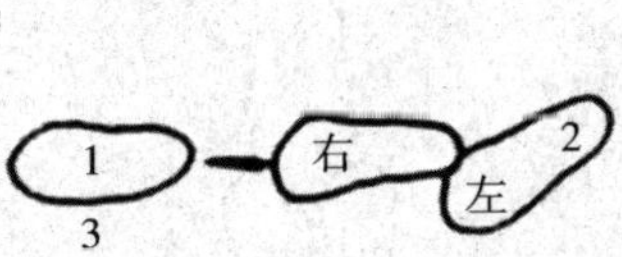

图 8-14 翼步（男）

准备动作：开式舞姿。

（1）男右足向前一步，女左足向前一步；

（2）男不动，女左转 90 右足横进一步；

（3）男不动，女左足向前一步。

12. 开式电纹步（图 8 - 15）：

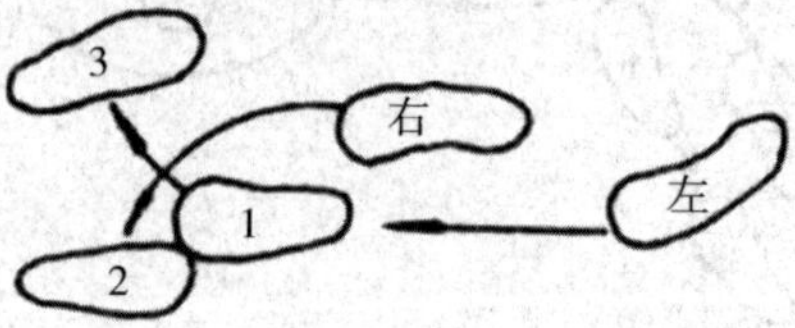

图 8 - 15　开式电纹步（男）

（1）男左足向前一步，女右足后退一步；

（2）男右足横进左转 90°，女左足并向右足左转 90°；

（3）男左足并向右足横进一步，女右足横进一步。

13. 组合练习：

准备动作：闭式舞姿；整套组合音乐 16 小节。

基本步（1）→右转步（2）→右旋转 135°接左转步（3）（4）→左转步（5）（6）→叉形步（7）→侧行并步（8）→外侧右转（9）→开式推转（10）→纺织步（11）（12）→外侧右转（13）→后叉形步（14）→翼步（15）→开式电纹步（16）。

（二）狐步舞

源于英国，舞曲为 4/4 拍，舞曲速度每分钟 30 小节，舞蹈特色是潇洒、线条流畅、行如流水，是一种模仿狐狸行走姿态的舞。

1. 羽步（图 8 - 16）：慢为一拍音乐；快为 1/2 拍音乐。

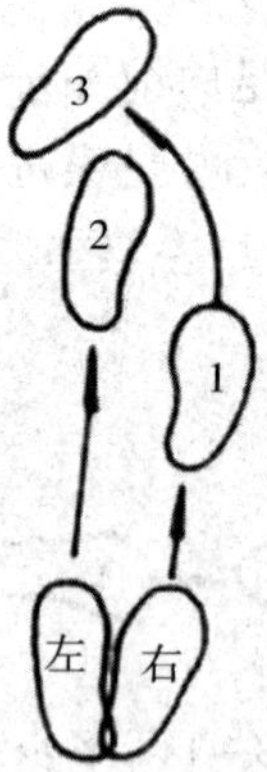

图 8 - 16　羽步（男）

（1）慢：男右足向前一步，女左足后退一步；

(2) 快：男左足向前一步，女右足后退一步；

(3) 快：男右足经左足旁向前一步，身体略斜向右方，女左足经右足旁后退一步，身体略斜向左方。

2. 左转身（图 8 - 17）：

(1) 慢：男左足向前一步，女右足后退一步；

(2) 快：男右足横进一步向左转，女左足并向右足向左转；

(3) 快：男左足后退一步，女右足向前一步；

(4) 慢：男右足向后退一步，女左足向前一步；

(5) 快：男左足横进向左转，女右足横进向左转；

(6) 快：男右足经左足旁向前一步，女左足经右足旁后退一步。

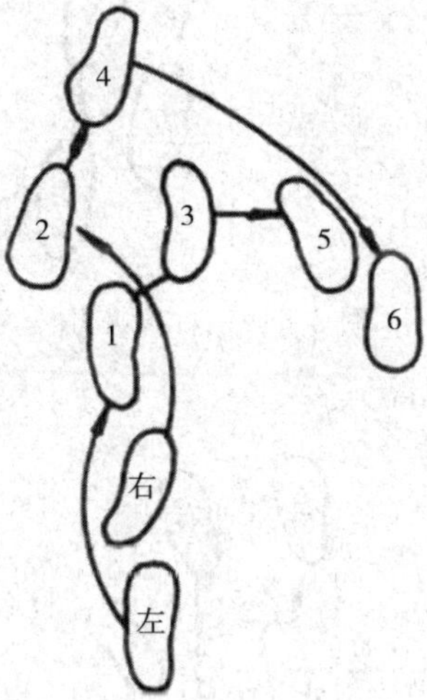

图 8 - 17　左转身（男）

3. 三直步（图 8 - 18）：

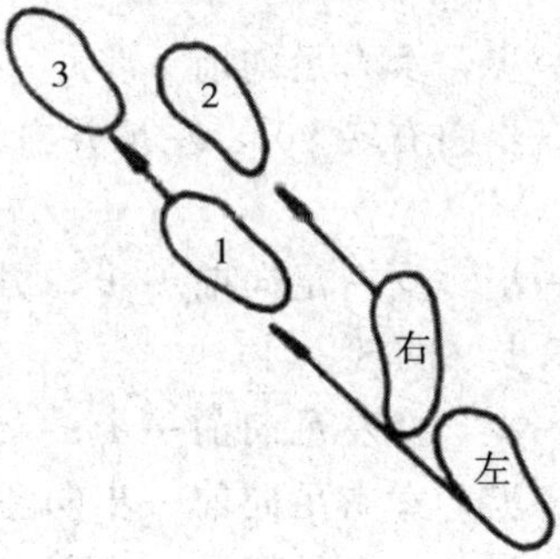

图 8 - 18　三直步（男）

(1) 慢：男左足向前一步，女右足后退一步；

(2) 快：男右足向前一步，女左足后退一步；

(3) 快：男左足向前一步，女右足后退一步。

4. 右转（图 8－19）：

(1) 慢：男右足向前一步，女左足后退一步；

(2) 快：男左足横进一步向右转，女右足并左足向右转；

(3) 快：男右足退一步，女左足向前一步。

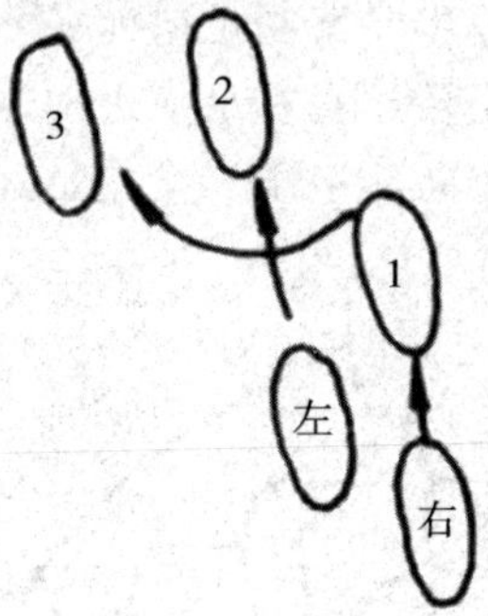

图 8－19　右转（男）

5. 开式推转（图 8－20）：

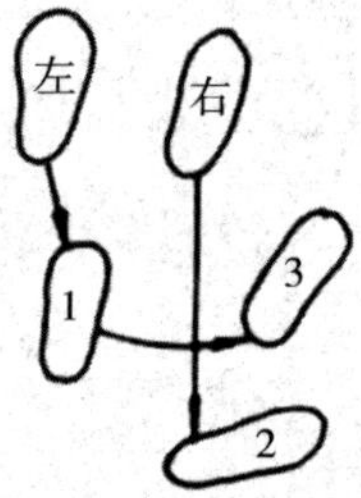

图 8－20　开式推转（男）

(1) 慢：男左足后退一步，女右足向前一步；

(2) 快：男右足横进一步向右转 90°，左足并右足；女左足横进一步向右转 90°，右足并左足；

(3) 快：男左足向前一步，女右足向前一步，男女呈开式舞姿。

6. 从 P. P 开始的纺织步（图 8－21）：

(1) 慢：男右足向前一步，女左足向前一步；

(2) 快：男左足向前一步，女右足向前一步向左转 90°；

(3) 快：男右足横进一步，女左足横进一步稍向左转；

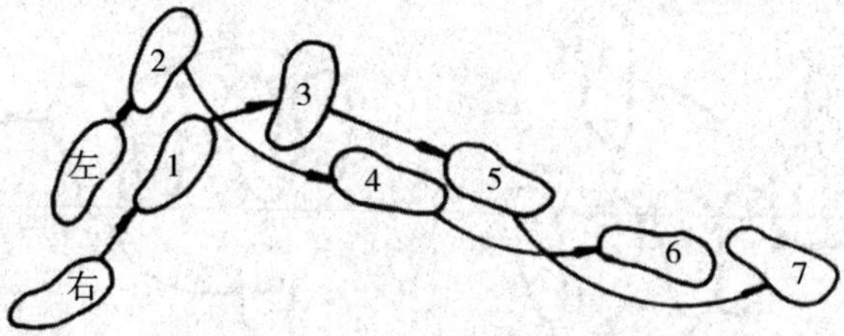

图 8 - 21　纺织步（男）

（4）快：男左足后退一步向左转，女右足侧进一步；

（5）快：男右足后退一步，女左足向前一步；

（6）快：男左足横进一步向左转，女右足横进一步向左转；

（7）快：男右足经左足旁向前一步做羽步结束，女左足经右足旁后退一步。

7. 换向步（图 8 - 22）：

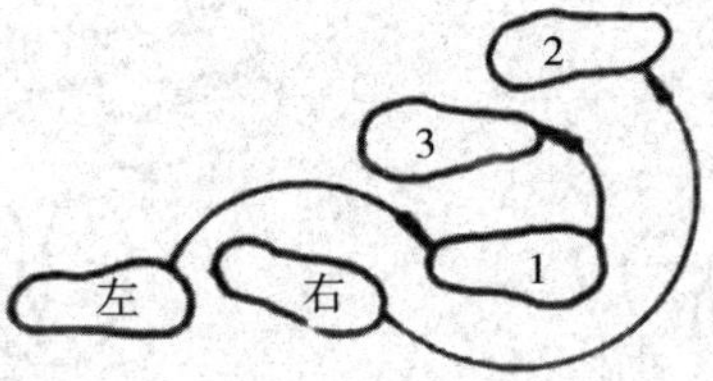

图 8 - 22　换向步（男）

（1）慢：男左足向前一步，女右足后退一步；

（2）慢：男右足横进一步向左转 90°，女左足并右足向左转 90°；

（3）慢：男左足并右足向前一步，女右足后退一步。

8. 组合练习：

羽步→左转身步→三直步→右转步→开式推转→纺织步→换向步

（三）恰恰舞

恰恰源于墨西哥，舞曲为 4/4 拍，速度每分钟 32～34 小节，音乐有趣，舞态花俏，步法利落紧凑。最能表现恰恰舞步节奏特点的步子在 3～5 步。“慢”表示一拍音乐，“快”表示 1/2 拍音乐。

1. 练习步：

（1）左右并合步（2 小节，图 8 - 23、8 - 24）：

准备动作：闭式舞姿。

①慢：男左足向前一步，女右足后退一步；

②慢：男右足向后回重心，女左足向前回重心；

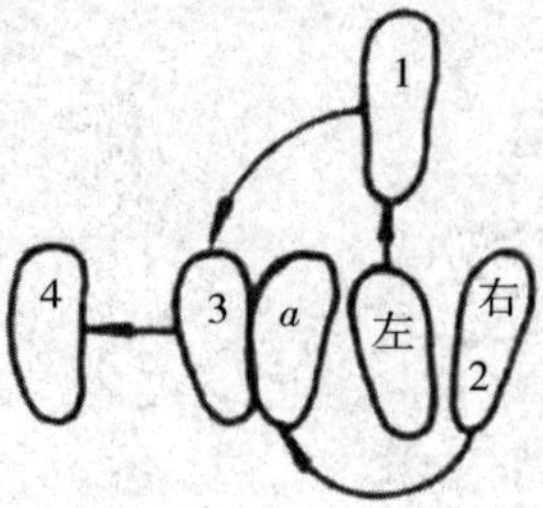

图 8 - 23　左右并合步（男）

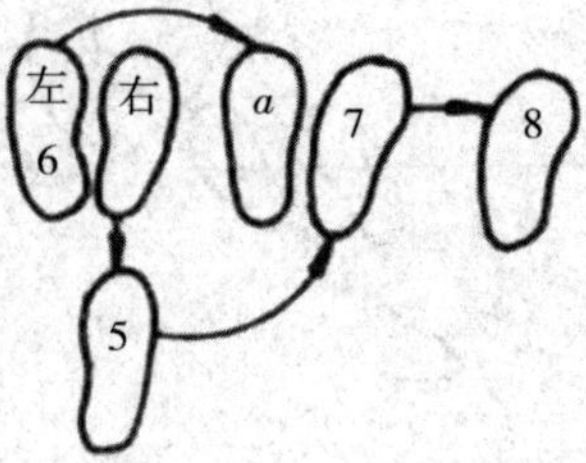

图 8 - 24　左右并合步（男）

③快快：男左足横进一步，右足并左足，女右足横进一步，左足并右足；

④慢：男左足向左横进一步，女右足向右横进一步；

⑤⑥⑦⑧女跳男步，男跳女步，动作相同。

（2）绕脚并合步（图 8 - 25，2 小节）；扭胯并合步（图 8 - 26，2 小节）：

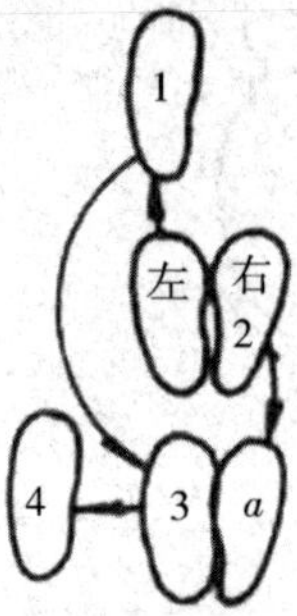

图 8 - 25　绕脚并合步（男）

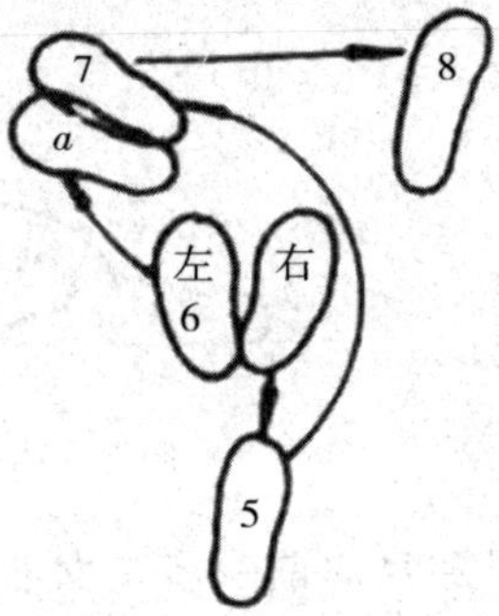

图 8 - 26　扭胯并合步（男）

①慢：男左足向前一步，女右足后退一步；

②慢：男右足向后回重心，女左足向前回重心；

③快快：男左足向后绕右足，右足并向左足，女右足向前，向左扭胯，左足并向右足，右转扭胯；

④慢：男左足横进一步，女右足横进一步；

⑤⑥⑦⑧：女走男步，男走女步，动作相同。

2. 基本动作（图 8 - 27、8 - 28，2 小节）：

准备动作：闭式舞姿。

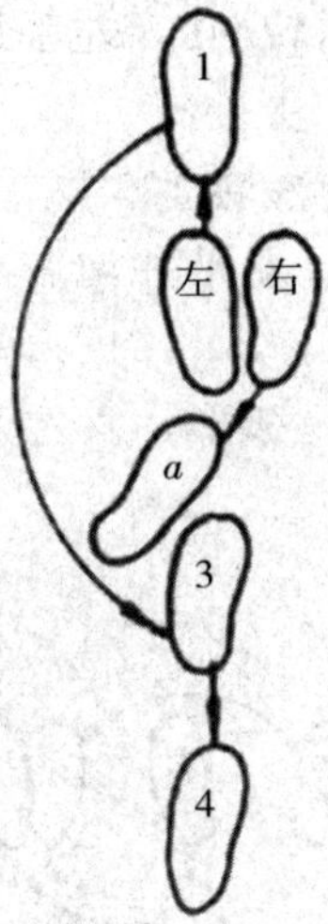

图 8 - 27　基本动作（男）

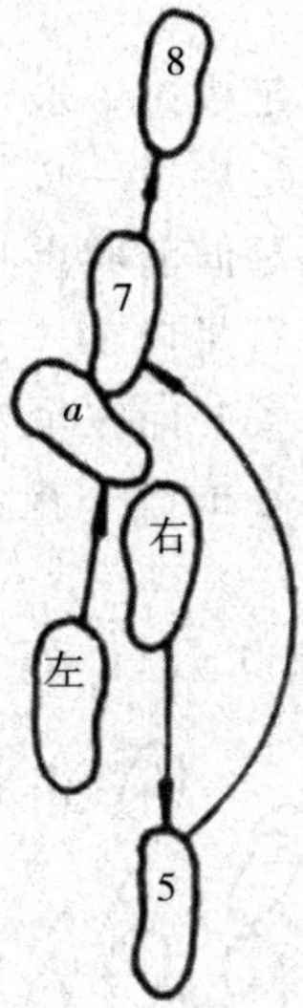

图 8 - 28　基本动作（男）

(1) 慢：男左足向前一步，女右足后退一步；

(2) 慢：男右足向后回重心，女左足向前回重心；

(3) 快快：男左足后退一步，右足向左足外侧后退一步，女右足向前一步，左足尖并向右足跟；

(4) 慢：男左足后退一步，女右足向前一步；

(5)(6)(7)(8)：女走男步，男走女步，动作相同。

3. 扇形步（图 8 - 29、8 - 30，2 小节）：

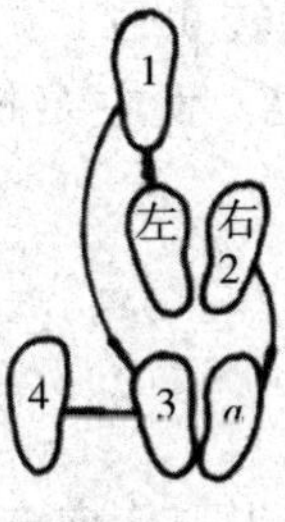

图 8 - 29　扇形步（男）

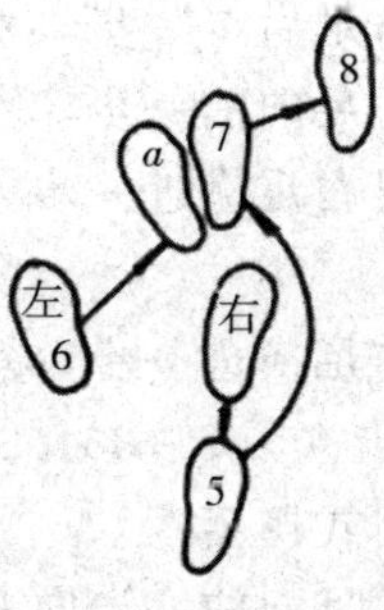

图 8 - 30　扇形步（男）

准备动作：开式舞姿。

(1) 慢：男左足向前一步，女右足后退一步；

(2) 慢：男右足向后回重心，女左足向前回重心；

(3) 快快：男左足后退绕右足，右足并向左足，女右足向前一步，左足尖并向右足跟；

(4) 慢：男左足横进一步，女右足向前右转 90°，左手放在右臂上方；

(5) 慢：男右足后退一步，女左足向前一步；

(6) 慢：男左足向前回重心，女右足向前左转 135°；

(7) 快快：男右足向前一步向左转扭胯，左足并向右足右转扭胯，女左足后退一步，右足尖并向左足外侧；

(8) 慢：男右足横进一步，将右手打开呈弧形，女左足横进一步，将左手打开呈弧形。

4. 右转步（图 8 - 31，8 - 32，2 小节）：

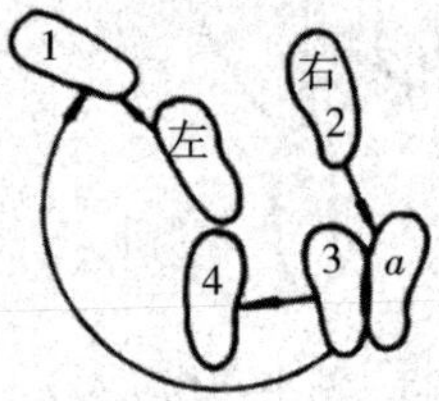

图 8 - 31　右转步（男）

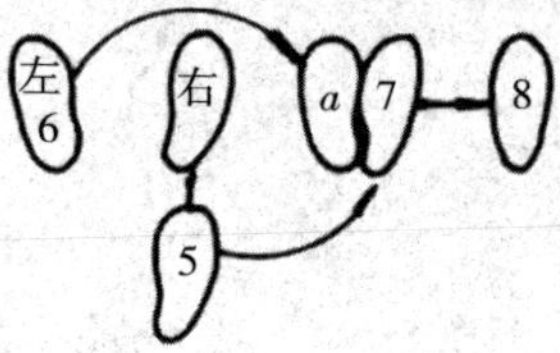

图 8 - 32　右转步（男）

准备动作：开式舞姿。

(1) 慢：男左足向前一步，女右足并向左足，重心移向右足；

(2) 慢：男右足向后回重心，女左足向前一步；

(3) 快快：男左足后退一步，举左手，右足并向左足；女右足向前一步，举右手，左足尖并向右足跟；

(4) 慢：男左足横进一步，女右足向右后转 180°；

(5) 慢：男右足后退一步，女左足向前一步；

(6) 慢：男左足向前一步，女右足回重心右转 90°；

(7) 快快：男右足横进一步，左足并向右足，女左足横进一步右转 90°，右足并向左足；

(8) 慢：男右足横进一步，女左足横进一步。

5. 闭式扭胯步（图 8 - 33，2 小节）：

准备动作：闭式舞姿。

(1) 慢：男左足向前一步向右转，女右足后退一步向右转；

(2) 慢：男右足向后回重心，女左足向前回重心；

(3) 快快：男左足后退绕右足，右足并向左足，女右足前掌并左脚左转扭胯，扭向右转，左足并向右足；

(4) 慢：男左足横进一步，女右足向前一步；

(5) (6) (7) (8)：与扇形步相同（图 8 - 30）。

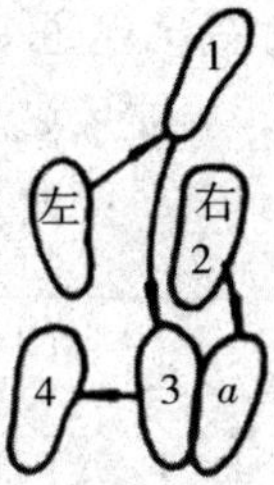

图 8 - 33　闭式扭胯步（男）

6. 曲棍步：

准备动作：开式舞姿。

（1）慢：男左足向前一步，女右足并向左足，重心移向右足；

（2）慢：男右足后退一步回重心，女左足向前一步；

（3）快快：男左足后退一步，右足并向左足，女右足向前一步，左足尖并向右足跟；

（4）慢：男左足横进一步向右转，女右足向前一步；

（5）慢：男右足后退一步向右转，女左足向前一步；

（6）慢：男左足向前一步，女右足向前一步左后转 270°；

（7）快快：男右足横进一步，左足并向右足，女左足后退一步，右足尖并向左足外侧

（8）慢：男右足横进一步，女左足横进一步。

7. 纽约步（图 8 - 34、8 - 35，2 小节）：

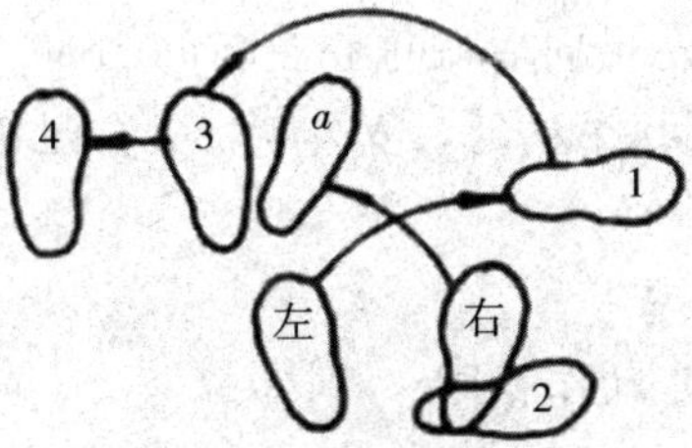

图 8 - 34　纽约步（男）

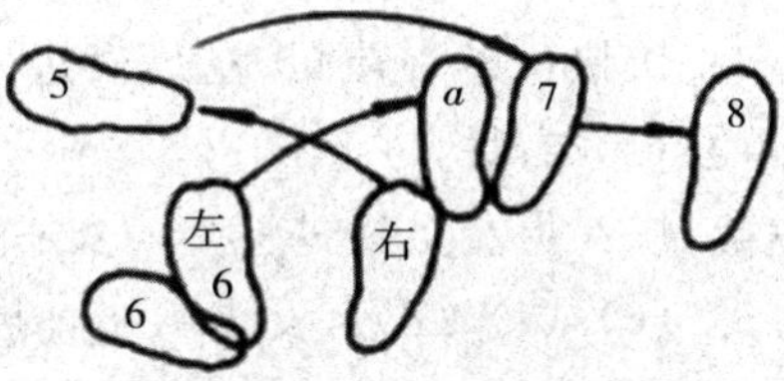

图 8 - 35　纽约步（男）

准备动作：开式舞姿

（1）慢：男右转 90°左足向前一步，女左转 90°右足向前一步，男右手、女左手举起；

（2）慢：男右足向后回重心，女左足向后回重心；

（3）快快：男左转 90°左足横进，右足并向左足，女右转 90°右足横进一步，左足并向右足；

（4）慢：男左足横进一步，女右足横进一步；

（5）（6）（7）（8）：女走男步，男走女步，动作相同。

8. 向右点转步（图 8 - 36，2 小节）；向左点转步（图 8 - 37，2 节）：

准备动作：开式舞姿

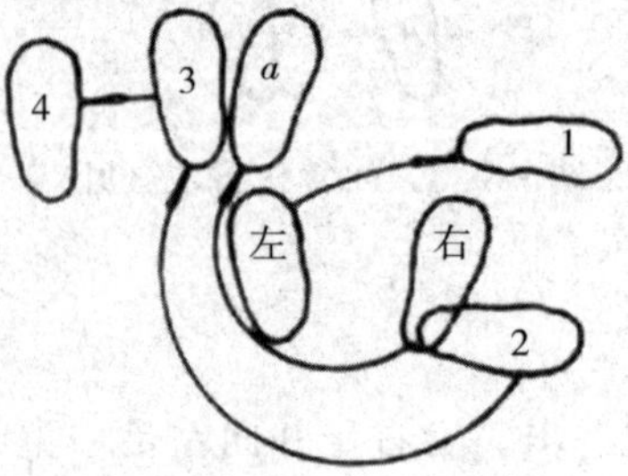

图 8 - 36　向右点转步（男）

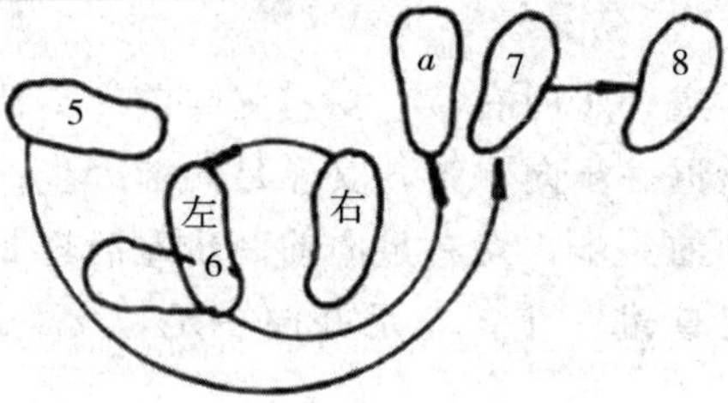

图 8 - 37　向左点转步（男）

（1）慢：男右转 90°左足向前一步，女左转 90°右足向前一步；

（2）慢：男右足向后回重心右转 90°，女左足向后回重心左转 90°；

（3）快快：男右转 90°左足横进一步，右足并左足，女左转 90°右足横进一步，左足并右足；

（4）慢：男左足横进一步，女右足横进一步；

（5）（6）（7）（8）：女走男步，男走女步，动作相同。

9. 浴巾步（4 小节，20 步，女绕男转一圈）：

准备动作：开式舞姿。

（1）慢：男左足向前一步，女右足后退一步；

（2）慢：男右足向后回重心，女左足前进回重心；

（3）快快：男左足后退一步，右足并左足，女右足向前一步，左足尖并向右足跟；

（4）慢：男左足横进一步，女右足横进一步右转 90°；

（5）慢：男右足后退一步，女左足向前一步；

（6）慢：男左足向前回重心，女右足后退回重心；

（7）快快：男右足后退一步，左足并右足，女左足向前一步，右足尖并左足跟；

（8）慢：男右横进一步，女左足向前转 90°；

（9）慢：男左足向前一步，女右足向前向左转 90°；

（10）慢：男右足向后回重心，女左足向前一步；

（11）快快：男左足向前一步，右足并左足，女右足向前一步，左足尖并右足跟；

（12）慢：男左足横进一步，女右足向前一步；

（13）慢：男右足后退一步，女左足向前一步；

（14）慢：男左足向前回重心，女右足向前一步；

（15）快快：男右足横进一步，左足并向右足，女左足向前左转 90°，右足尖并向左足跟；

（16）慢：男右足横进一步，女左足横进一步。

10. 组合练习（20 小节）：

基本动作（4 小节）→扇形步（2 小节）→右转步（2 小节）→闭式扭胯步（2 小节）→曲棍步（2 小节）→纽约步（2 小节）→点转步（2 小节）→浴巾步（4 小节）。

（四）牛仔舞

源于美国，舞曲节奏 4/4 拍，速度为每分钟 40～46 小节。牛仔舞是种动作粗放、变化多端、非常灵活的舞蹈，在拉丁舞中有独特的魅力。牛仔舞步分为 5 步和 8 步。

1. 基本动作（图 8 - 38、8 - 39，每小节音乐 6 拍，2 小节）：

准备动作：闭式舞姿。

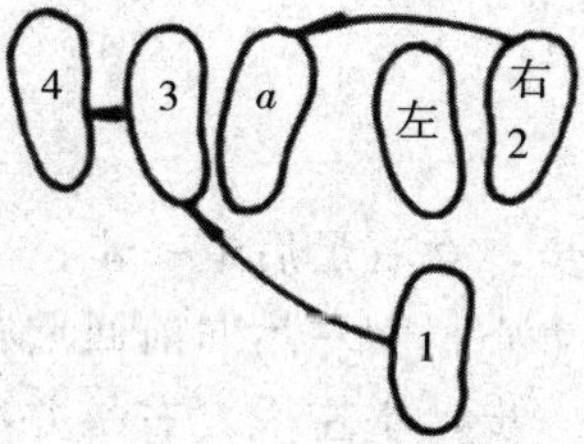

图 8 - 38　基本动作（男）

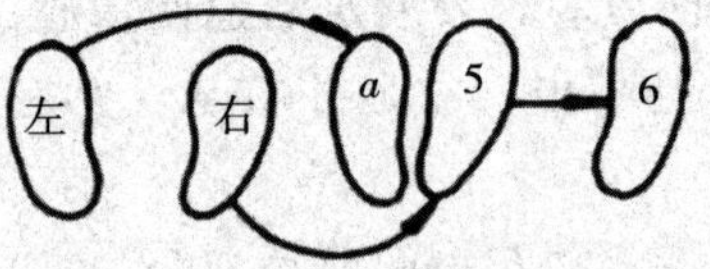

图 8－39　基本动作（男）

（1）慢：男左足后退一步，女右足后退一步；

（2）慢：男右足向前回重心，女左足向前回重心；

（3）快快：男左足横进一步，右足并向左足，女右足横进一步，左足并向右足；

（4）慢：男左足横进一步，女右足横进一步；

（5）快快：男右足横进一步，左足并向右足，女左足横进一步，右足并向左足；

（6）慢：男右足横进一步，女左足横进一步。

2. 扇形步（图 8－40，8－41，2 小节）：

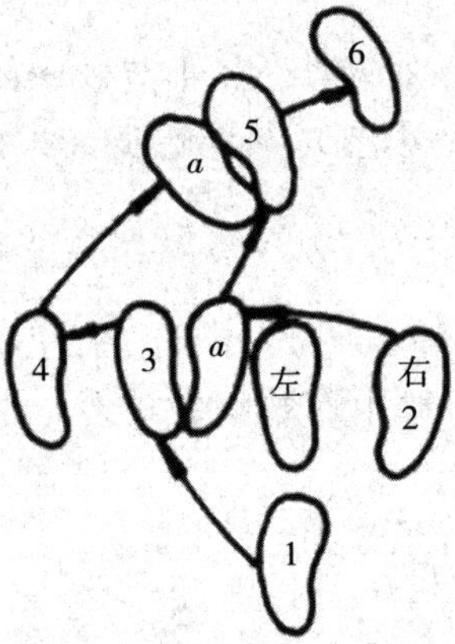

图 8－40　扇形步（男）

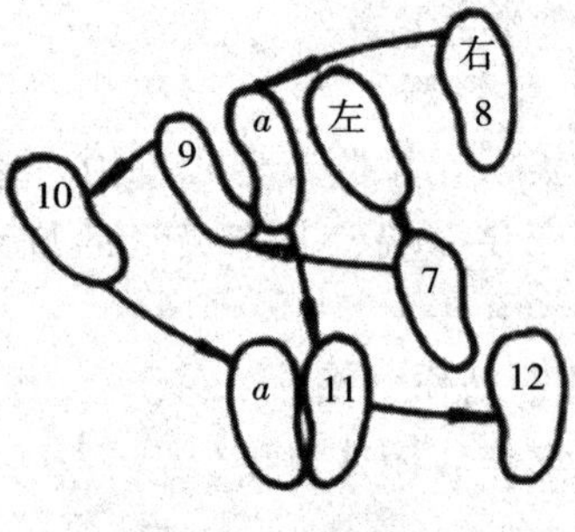

图 8－41　扇形步（男）

准备动作：开式舞姿。

（1）慢：男左足后退一步，女右足后退一步；

（2）慢：男右足向前回重心，女左足向前回重心；

（3）快快：男左足横进一步，举左手，右足并向左足，女右足横进一步，举右手，左足并向右足；

（4）慢：男左足横进一步，女右足横进一步，右转 90°；

（5）快快：男右足横进一步，左足并向右足，女右转 135°左足横进一步，右足并向左足；

（6）慢：男右足横进一步，女左足横进一步；

（7）慢：男左足后退一步，女右足后退一步；

（8）慢：男右足向前回重心，女左足向前回重心；

（9）快快：男左足横进一步，举左手，右足并左足，女左转 135°右足横进一步，举右手，左足并右足；

（10）慢：男左足横进一步，女右足横进一步左转 90°；

（11）快快：男右足横进一步，左足并右足，女左足横进一步，右足并左足；

（12）慢：男右足横进一步，女左足横进一步。

3. 游泳步（图 8－42，2 小节）：

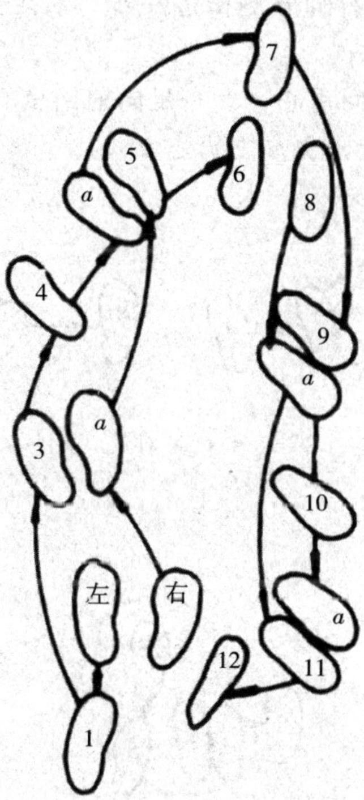

图 8－42　游泳步（男）

准备动作：开式舞姿。

（1）慢：男左足后退一步，女右足后退一步；

（2）慢：男右足向前回重心，女左足向前回重心；

（3）快快：男左足向前一步，右足并左足，左转 90°，用右手牵女右手，女右足向前步，左足并右足；

（4）慢：男左足横进一步（右手换左手通过身后牵女右手），女右足向前一步；

(5) 快快：男右足横进一步，左足并右足，左转 90°，女左足横进一步，右足并左足，右转 90°；

(6) 慢：男右足横进一步，女左足横进一步；

(7) ～ (12) 与 (1) ～ (6) 男女动作完全相同。

4. 足对足（图 8－43，4 小节）5 步牛仔：

准备动作：闭式舞姿。

(1) 慢：男左足尖并右足，女右足尖并左足；

(2) 慢：男左足跟向左横点一步，女右足跟向右横点一步；

(3) 快快：男左足向右脚外侧横进一步，右足并左足，女右足向左脚外侧横进一步，左足并右足；

(4) 慢：男左足向前回重心，女右足向前回重心；

(5) (6) (7) (8)：女走男步，男走女步。

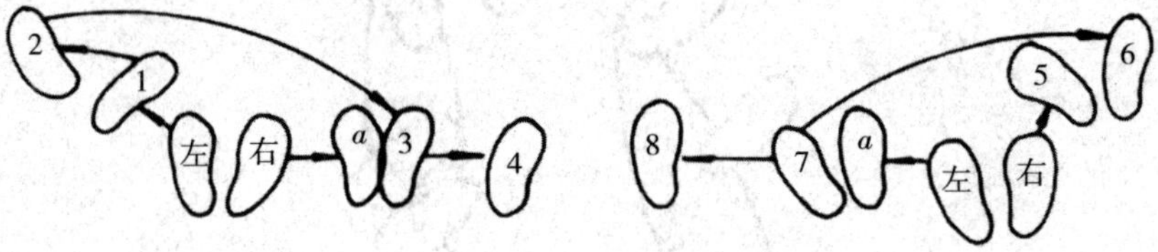

图 8－43 足对足（男）

5. 椅步（图 8－44）：

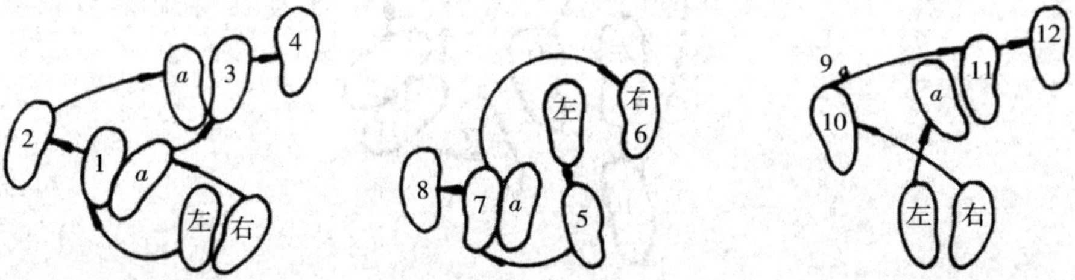

图 8－44 椅步（男）

准备动作：闭式舞姿。

(1) 快快：男左足横进一步，举左手，右足并左足，女右足横进一步，举右手，左足并右足；

(2) 慢：男左足横进一步，女右足横进一步，右转 90°；

(3) 快快：男右足横进一步，左足并右足，女右转 135°左足横进一步，右足并左足；

(4) 慢：男右足横进一步，女左足横进一步；

(5) 慢：男左足后退一步，女右足后退一步；

(6) 慢：男右足向前回重心，女左足向前回重心，

(7) 快快：男左足横进一步，举左手，右足并左足，女左转 135°右足横进一步，举右手，左足并右足；

(8) 慢：男左足横进一步，女右足横进一步；

(9) 快快：男右足向前一步，勾足尖，右手扶女伴腰，女左足后退，左转 90°，举左手，成右弓步；

(10) 慢：男、女停止不动；

(11) 快快：男右足横进一步，举左手，左足并右足，女左足横进一步，举右手，右足并左足，右转 135°；

(12) 慢：男右足横进一步，女左足横进一步，右转 90°；

(13) 慢：男左足后退一步，女右足后退一步；

(14) 慢：男右足向前回重心，女左足向前回重心；

(15) 快快：男左足横进一步，举左手，右足并左足，女左转 135°右足横进一步，举右手，左足并右足；

(16) 慢：男左足横进一步，女右足横进一步；

(17) 快快：男右足向前一步，勾足尖，右手扶女伴腰，女左足后退一步，左转 90°，举左手，成右弓步；

(18) 慢：男、女停止不动；

(19) 快快：男右足横进一步，举左手，左足并右足，女左足横进一步，举右手，右足并左足，右转 135°；

(20) 慢：男右足横进一步，女左足横进一步，右转 90°；

(21) 慢：男左足后退一步，女右足后退一步；

(22) 慢：男右足向前回重心，女左足向前回重心；

(23) 快快：男左足横进一步，举左手，右足并左足，女左转 135°右足横进一步，举右手，左足并右足；

(24) 慢：男左足横进一步，女左转 90°右足横进一步；

(25) 快快：男右足横进一步，左足并右足，女左足横进一步，右足并左足；

(26) 慢：男右足横进一步，女左足横进一步。

6. 换位步（图 8-45）

准备动作：开式舞姿。

(1) 慢：男左足后退一步，女右足后退一步；

（2）慢：男右足向前回重心，女左足向前回重心；

（3）快快：男左足向前一步，举左手，右足并左足；女右足向前一步，举右手，左足并右足；

（4）慢：男左足横进一步，右转 90°，女右足横进一步，左转 90°；

（5）快快：男右足横进一步，左足并右足，女左足横进一步，右足并左足；

（6）慢：男右足横进一步右转 90°，女左足横进一步左转 90°；

（7）～（12）：重复（1）～（6）动作。

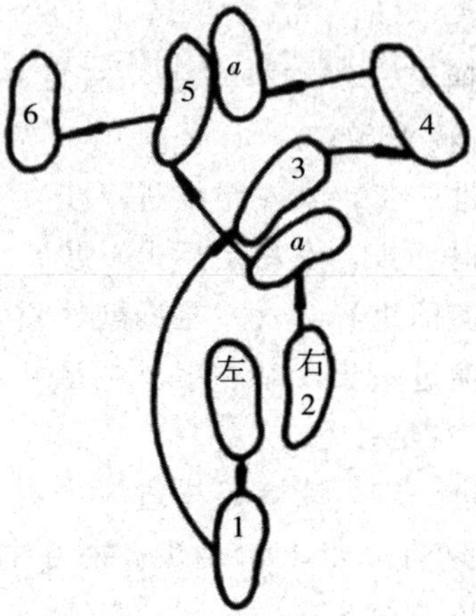

图 8 - 45　换位步（男）

7. 鸡仔步（图 8 - 46，2 小节）：

准备动作：开式舞姿。

（1）慢：男左足后退一步，女右足后退一步；

（2）慢：男右足向前回重心，女左足向前回重心；

（3）快快：男左足向前一步，举左手，右足并左足，女右足向前一步，举右手，左足并右足；

（4）慢：男左足横进一步右转 90°，女右足横进一步左转 90°；

（5）快快：男右足横进一步，左足并右足，女左足横进一步，右足并左足；

（6）慢：男右足横进一步，右转 90°，女左足向前一步，左转 180°，举左手；

（7）慢：男左足后退一步，女右足向前回重心，右转 180°；

（8）慢：男右足后退一步，女左足向前一步；

（9）快：男左足后退一步，女右足向前一步；

(10) 快：男右足后退一步，女左足向前一步；

(11) 快：男左足后退一步，女右足向前一步；

(12) 快：男右足后退一步，女左足向前一步。

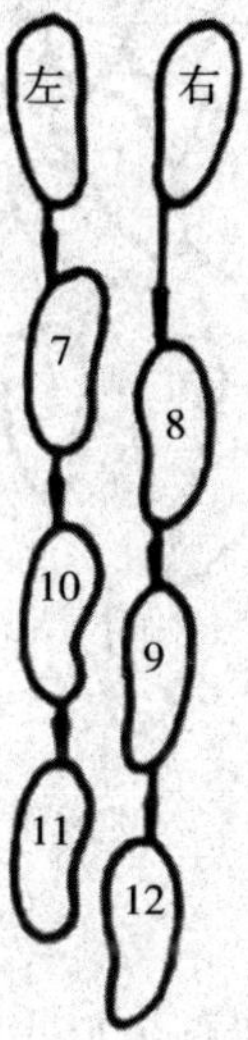

图 8－46　鸡仔步（男）

8. 美式旋转（图 8－47，2 小节）：

图 8－47　美式旋转（男）

准备动作：开式舞姿。

(1) 慢：男左足后退一步，女右足后退一步；

(2) 慢：男右足向前回重心，女左足向前回重心；

(3) 快快：男左足横进一步，举左手，右足并左足，女右足横进一步，举右手，左足并右足；

(4) 慢：男左足横进一步，女右足为圆心右旋转 360°；

(5) 快快：男右足横进一步，左足并右足，女左足横进一步，右足并左足；

(6) 慢：男右足横进一步，女左足横进一步。

9. 陀螺转（图 8 - 48，2 小节）：

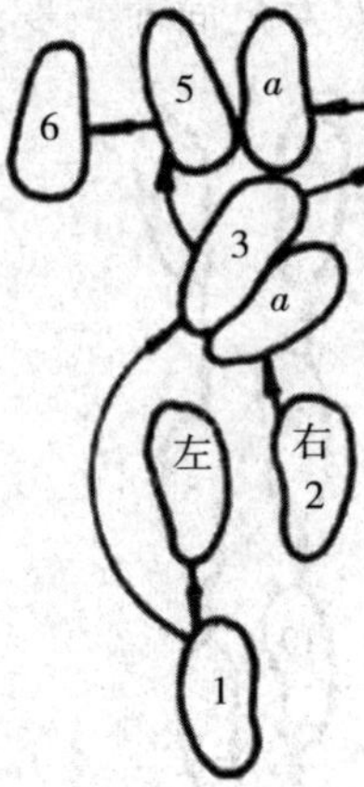

图 8 - 48 陀螺转（男）

准备动作：闭式舞姿。

(1) 慢：男左足后退一步，女右足后退一步；

(2) 慢：男右足向前回重心，女左足向前回重心；

(3) 快快：男左足横进一步，右转 90°，右足并左足，女右足向前一步，左足并右足，右转 90°；

(4) 慢：男左足横进一步，右转 90°，女右足横进一步，右转 90°；

(5) 快快：男右足横进一步，左足并右足，右转，女左足横进一步，右足并左足，右转；

(6) 慢：男右足横进一步，女左足横进一步。

10. 开式扭胯步（图 8 - 49）

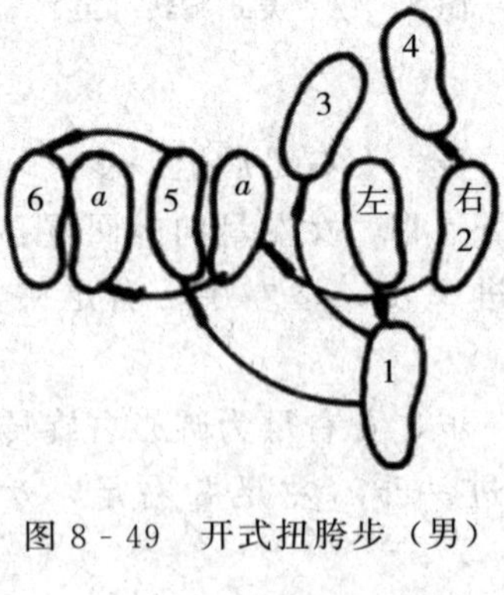

图 8 - 49 开式扭胯步（男）

准备动作：闭式舞姿。

（1）慢：男左足后退一步，女右足后退一步；

（2）慢：男右足向前回重心，女左足向前回重心；

（3）慢：男左足尖向前，并右足，向右扭胯，女右足尖向前，并向左足，向左扭胯；

（4）慢：男右足尖并左足，回重心，向左扭胯，女左足尖并右足，回重心，向右扭胯；

（5）快快：男左足横进一步，右足并左足，回重心，女右足横进一步，左足并右足，回重心；

（6）快快：男女同上一动作；

（7）快快：男左足横进一步，举左手，右足并向左足，女右足横进一步，举右手，左足并向右足；

（8）慢：男左足横进一步，女右足横进一步，右转270°；

（9）快快：男右足横进一步，左足并向右足，女左足横进一步，右足并向左足；

（10）慢：男右足横进一步，女左足横进一步；

（11）慢：男左足后退一步，女右足后退一步；

（12）慢：男右足向前回重心，女左足向前回重心；

（13）快快：男左足横进一步，举左手，右足并左足，女左转270°右足横进一步，举右手，左足并右足；

（14）慢：男左足横进一步，女右足横进一步；

（15）快快：男右足横进一步，左足并右足，女左足横进一步，右足并左足；

（16）慢：男右足横进一步，女左足横进一步。

11. 组合练习：

基本动作（4小节）→扇步（4小节）→游泳步（4小节）→足对足（4小节）→椅步→换位步（4小节）→鸡仔步（2小节）→美式旋转（2小节）→陀螺转（2小节）→开式扭胯步。

第五节　体育舞蹈的运动价值

一、体育舞蹈与体育运动负荷

早在70年代，国外一些学者就对体育舞蹈进行了生理方面的研究，有关生理指标测定的数据如下表（表 8 - 1）。

表 8 - 1　体育舞蹈与体育运动负荷对照表

项目 运动负荷	能量代谢	能量消耗千焦/分钟	心律变化
华尔兹	高于网球	23.86	164.3 次/分钟
探戈	高于网球	24.2	153.5 次/分钟
伦巴	高于艺术体操	29.30	102.4 次/分钟
狐步舞	接近网球	21.77～29.30	148.9 次/分钟
恰恰	接近跑 1000 米以上距离	33.4	179 次/分钟
牛仔舞	高于艺术体操	29.30	172.8 次/分钟
快步舞	接近跑 1000 米以上距离	33.4	181 次/分钟

注：对运动者以体育舞蹈 5 个比赛舞种测定心律指数值，每个运动项目中间休息 30 秒，测定结果为：女子心律最高达 179 次/分钟；男子为 210 次/分钟。

二、体育舞蹈与人际关系

当代大学生有强烈的交友渴望，但不少学生在人际交往过程中存在一定的障碍，如害羞、孤僻、自卑、自我中心等。体育舞蹈运动具有不可替代的心理调整和疏导作用。在体育舞蹈练习过程中，舞蹈者会感到一种充分活动的振奋，忘却不愉快，热情与活力迸发，形成健康的心理。同时，它又是一项与人交往的活动，在练习过程中，需要两人协作配合，舞伴之间互相帮助，互相交流，互相促进，使学生在轻松愉快的气氛中加强情感交流，培养良好的人际交往能力，同时促进了异性之间的正常交往。

三、体育舞蹈与团队精神的培养

体育舞蹈是一项协作配合项目，在练习或表演的过程中，我们会发现即使个人表现得再好，但如果与舞伴不合拍，就会显得极不协调，而个人表现不佳同样也会影响到整体的表现，因而整体中的每一个成员都同样重要，这在集体表演过程中表现得更为突出。因此，体育舞蹈对大学生团队精神的培养有极为重要的价值。

第九章　体育舞蹈的基本知识与技巧

第一节　有关图表、术语介绍

一、舞程线、方位、朝向示意图

在跳交际舞时，为了有序进行，防止碰撞，舞者必须按规定的路线行进，特别是在舞步连续行进和旋转时。因此，国际标准交际舞规定，舞者必须逆时针方向行进。这个路线就叫作舞程线（图 9 - 1）。在大众体育舞蹈中也是如此。舞程线是指移动的方向，而并非指某一条固定的线（图 9 - 2）。

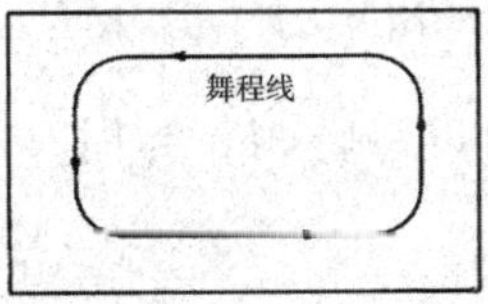

图 9 - 1　舞程线

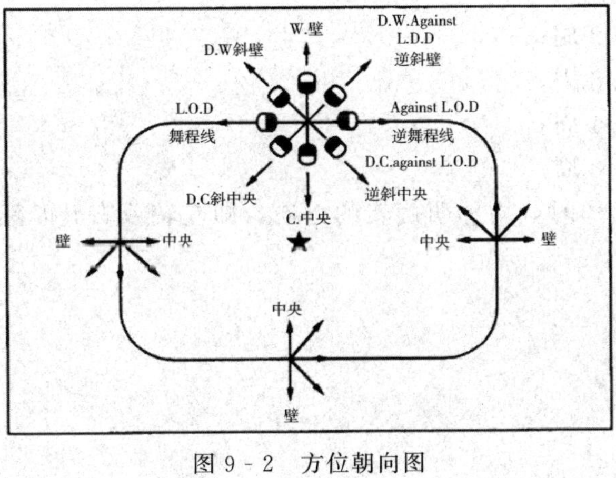

图 9 - 2　方位朝向图

注：上图中的符号，白的部分代表“面向”，黑的部分代表“背向”。

步位是舞者在运步过程中脚与身体的位置关系。图示如下（图 9 - 3）：

①左脚或右脚前进；

②左脚或右脚后退；

③左脚或右脚向侧；

④左脚或右脚斜进；

⑤左脚或右脚斜退。

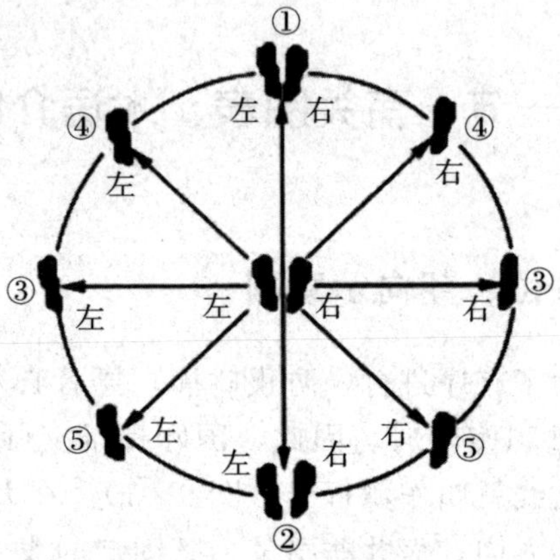

图 9 - 3　步位图

旋转角度的认定：旋转时以每转 360°为周。即

45°表示 1/8 周；

90°表示 1/4 周；

135°表示 3/8 周；

180°表示 1/2 周；

225°表示 5/8 周；

270°表示 3/4 周；

315°表示 7/8 周。

在做旋转动作时，均标明旋转的方向，即左转或右转，然后标明旋转的角度（图 9 - 4）。

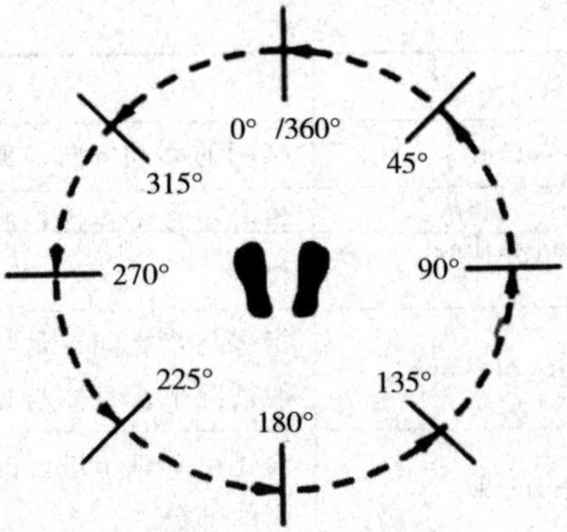

图 9 - 4　角度图

二、各种标识符号

1. 脚印标记（图 9 - 5）

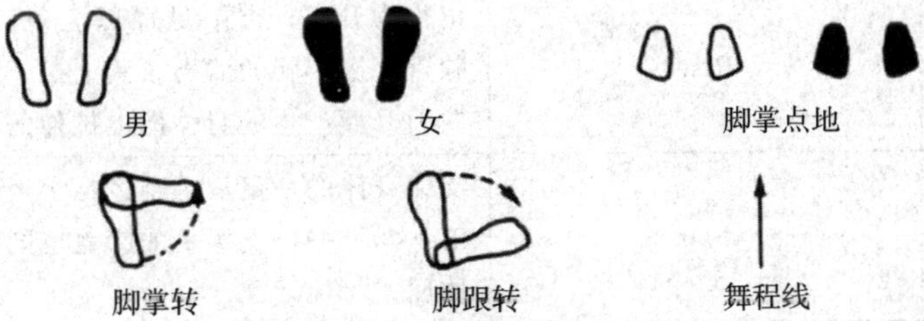

图 9 - 5　脚印标记

S 为英文 Slow 的缩写，意为慢，表示该动作要慢，一般跳两拍一步。
Q 为英文 Quick 的缩写，意为快，表示该动作要快，一般跳一拍一步。
& 意为前面所示的拍子的一半。

三、术语介绍（表 9 - 1）

表 9 - 1　术语介绍

术语	英文	注释
舞程线	Line of Dancing（L. O. D）	指舞者在舞路中行进的方向，即按逆时针方向绕舞场行进。
方位	Alignment	指该舞步在结束时足部（不是指身体）所对的方向与舞场形成的关系

续 表

术语	英文	注释
朝向	Direction	指脚的移动方向与舞场的关系。
步位	Position of Feet	指一个步子在进行时所表现出的双足的相关位置。
转度	Amounts of Turn	指步与步之间（足与足之间）的旋转度。一般情况下，身体与足同转。
足着点	Footwork	表述一个步子进行的过程中足或双足接触地面的部分。
反身动作	Contrary Body Movement（C. B. M.）	这是一种身体的动作。当足向前或向后移动时，与其相对一侧的身体也与之向同方向移动，即称为反身动作。
倾斜	Sway	指偏向于另一方向和角度。所有的旋转动作都必须用倾斜。
上升	Rise	也称为升起，指由足踝部上顶，足踵离地，膝盖上撑，腿的肌肉收紧上拉，并伴有躯干向上升而产生的身体向上扩伸的状态。
下降	Fall	支撑身体的一足从足趾经足掌至足踵缓慢地落下，下一步支撑足的膝盖也同时有控制地伸屈。

第二节　体育舞蹈舞姿的基本要求

一、现代舞舞姿介绍

现代舞中的华尔兹、维也纳华尔兹、狐步舞、快步舞的舞姿和握持都是一样的。

（一）闭式舞姿（Closed Position）

男女面部相对，两脚合并，脚尖正对前方。女伴身体向男伴右侧约偏1/3，男女右腰相互轻贴，上体均向后倾。两人的右脚尖均对着对方的两脚中间，脚尖的距离大约3寸。男女舞伴的头均向左转，女45°并稍向左倾斜，男25°越过对方右肩上方向前看，肩平，背直，腰挺拔，膝松弛。男士：用右臂围抱女士，右手五指并拢放在女士左肩胛骨下方。左上臂平抬，肘略低于肩，小臂内弯与上臂成 90°，或略大于 90°，手略高于左耳，将女士的右手握在拇指与食指间，其余四指并拢，相握的手在两人身体中间，不可前推或后拉，腕部不可屈折，掌心斜向地面，使女伴手臂自然弯曲成圆弧状。女士：左臂轻置于男士的右臂上，左手拇指与食指间的虎口绕成弧形，并将其他手指并拢，将虎口放在男士右上臂三角肌中央。右臂自肩至肘应稍稍倾斜向下，小臂自肘至手则上抬，并朝前倾斜至男士的左手处，右手拇指握于男士左手拇指外缘，与其拇指交叉相叠，其余四指并拢并弯曲轻置于男士左手拇指与食指间的虎口处。

（二）散式舞姿（Promenade position）

又称 PP 舞姿。两人的身体向同一方向分开，成 V 字形，故称 V 字形舞姿。两人的腰部与胯部依然相互贴住。男士的头部与上身略向左分开，女士的头部与上身略向右分开，面部均转同一方向，眼向前看。

（三）外侧舞姿（Outside partner）

外侧舞姿指男士走在女士的身体旁边的跳舞姿态。一般常用的是男士跳在女士右边外侧，所以又叫“右外侧舞姿”。

男士跳前进的“外侧舞姿”的时候，两人上身舞姿仍用“闭式舞姿”。男士向女士右边身体的旁边走过去，前进一步，步子交叉在身体的前面。女士则用左脚向后方后退一步，步子交叉在身体的后面。两人均做“反身动作”，身体的侧面仍须紧密地贴住，成并肩站立，右肩靠近。

探戈舞具有独特的风格和舞步要求，所以它的握持与姿势与其他舞种不一样。

（一）闭式舞姿

双脚不平行并合，舞伴皆把自己的右脚掌并到左脚内侧脚弓处，前后错开半个脚（双脚可不相并，只隔开一脚的宽度）。由于重心的下沉，膝部更为松弛，微微弯曲。男女相握的手肘部较为上抬，小臂内弯度数也略大。男伴的右手略向下斜插过女伴的脊椎骨略靠近右肩胛骨下方，女伴拇指贴向掌心，其余四指并拢，虎口部分抵住男伴上臂外侧靠下的地方（靠近腋部）。女伴站立位置，要向男伴右旁错过去 1/2。

（二）散式舞姿

在闭式舞姿基础上，男伴上身更向右拧，腰、腹部带动女伴腰胯向左拧，只是头及胸部稍向外打开一些，男女舞伴头均沿相握的小臂向前看。男以右脚，女以左脚为重心，男左脚、女右脚皆在身旁处弯膝用拇趾内缘点地，膝盖内合，男伴的左膝内侧轻轻压住女伴右膝外侧，重心稳定地落在一只脚上。

二、拉丁舞舞姿介绍

拉丁舞具有比较活泼的特点，因而它的握持姿势没有统一固定的模式，各种舞的握持姿势各异，同时随舞姿的变化而变换。恰恰的预备姿势：舞伴相对站立，男伴左手牵拉女伴右手，右腿直立，左腿侧前点地，重心在右脚上，右臂侧伸。女伴左腿直立，右脚侧后点地，脚尖内侧点地，重心落在左脚上，左臂侧伸。伦巴的预备姿势与之同，可两手在胸前相握。

第三节　体育舞蹈的技巧

体育舞蹈的技巧不仅指脚步的动作及重心转换等方面的技巧，仪表、体态、风度也是一种具有表现性的技巧，而且是比较重要的技巧，所以学习体育舞蹈必须注意这方面的训练。

一、引导（Leading）与跟随（Following）

在体育舞蹈中，男士的领舞与女士的跟舞是一个重要的环节。男士应始终居于主导地位，领舞的最高技巧就是运用整个身体的信息网进行引导，其次是锁住标准握持的“架子”，用整个身体的信息网去推动，高级选手除此之外还用心灵去领舞。领舞时男士必须做到在迅速、果断、主动而又准确的前提下，对女士进行暗示和引导，这是配合默契的先决条件，也是优美协调的重要因素。女士的任务是在节奏允许的前提下，处于一种比男士稍慢些的“待机式”被引导状态，以男士的乐感、节奏为基准进行运步，特别是现代舞，跟舞必须服从领舞。而拉丁舞与现代舞有很大区别，拉丁舞更注重寻找双方共同的舞感与合力。

1. 起步的引导与跟随

从静止预备姿势起步时，首先男士应暗示女士先起用哪只脚，如男士用左脚起步，则将右脚轻微向右，重心随着移至右脚，同时用腹部给女士传递感觉（竞技体育舞蹈），引导女士及时出右脚。国际上一般都是男士用左脚起步（女士右脚）。

2. 行进的引导与跟随

在舞蹈进行的过程中，大众体育舞蹈因男女身体之间的距离没有严格要求，所以男士只能用右手给女士以清晰明确的信号（提示），切忌用左手拉或推（除非女士离自己太远）。如果男士向后退，那么他应用右手整个手掌在女士的背部轻轻地压一下，以表示女士要跟上他前进。

3. 转动的引导与跟随

在做各种转身动作时，男士用腹部的转动引导女士迅速跟随。如在向右转时，男士右前臂应始终保持向内的轻微压力，同时以腹部引导女士转体。

二、仪表与风度

高雅的风度来自挺拔的体态，挺拔的体态标志着一个人的健康、教养、礼貌、自尊和内心的充实感。而猥琐的体态是无法与上述内涵相统一的。现代舞中不允许胯部的摇摆，即使舞步在轻快跳跃变化中，也不失高雅风度。拉丁舞则倾向展示生动活泼、自由奔放的生活气息，通过灵活的腰胯动作去展示人体的曲线美，女士在拉丁舞中较适合表现出婀娜多姿与柔媚灵巧，这些都属于展示舞蹈风格方面的技巧。

在自然状态下体现男女舞伴在力与柔度方面的对比即男刚、女柔，这样的区别是最美的。当然，无论表达什么、展现什么都不应是刻意的，而是让人感受到那是一种自然表现，这才是舞蹈中最高超的技巧。比如舞者应保持身体挺拔，可寻找一种头顶天花板的感觉，在练习时可将一本书放在头顶上行走保证不使其滑落。

在仪表方面，大众体育舞蹈要求不太严格，但要求服装整齐。男士忌穿短裤和赤脚穿凉鞋，女士则应穿裙子，但忌穿超短裙，要以大方、高雅、美观为主。

运步技巧

（一）相互配合与平衡

男女在舞蹈中相互配合默契的前提是舞者能始终保持自我重心的稳定，不能有一点依赖对方的感觉，舞蹈造型时必须保证重心稳定的相对独立性。女伴完全依赖对方是错误的，重心稳定是不需要对方帮忙的。双方的作用力与反作用力只存在于运动中的相互默契配合之中。

（二）重心的转移

一般重心转移时要尽可能地缩短双脚同时分担重心的时间，避免停留在双脚重心的状态上。现代舞中探戈舞步的重心交替是在并拢脚到位的最初一瞬间完成，当它静止下来时重心转移已经结束；华尔兹舞步的重心交替是在并拢脚到位的随后一刹那进行，从外形上看是双脚并拢，但实际上重心已经交替。

（三）流动感

正确的舞蹈流动应是跃动的，这种跃动主要应突出身体的流动感，而不是单一的脚的行走，也就是始终是上肢带动下肢的运动。流动感主要有三个因素：

（1）始终以身体的位置挪动为主，脚下只不过是跟着身体到某一位置而已；

（2）重视脚踝关节和脚趾关节的协调配合，使脚掌的推动力成为腰部推动力的辅助；

（3）膝关节有缓冲性柔韧。

（四）现代舞中的升降

现代舞中除探戈没有升降外，其他四种舞都有升降。升降动作主要是在膝、踝、趾关节屈伸动作的转换中完成的。为了保持身体重心的稳定和身体线条的流畅，必须要有好的升降动作。良好的升降动作必须有力度和速度，能够在升降动作的转换中把握住身体的重心。只有这样才能跳出各种变换节奏的花步，表现出最美的形体。

（五）旋转

旋转是体育舞蹈中最重要的一个技巧，也是最难掌握的技巧。旋转的动作很多，如左右转、一步旋转、撇转、轴转等等，几乎所有的动作都是在转动中完成的。转的要领首先是把握平衡和立点，上身的转动必须保持完整的一体感，也就是使腰、胯、肩、头向同一个方向转动。这样才能收缩体积减少阻力，旋转时要始终保持身体与地面垂直，重心集中在前脚掌上。

第四节　体育舞蹈与音乐

音乐是听得见的舞蹈，舞蹈是看得见的音乐。学习体育舞蹈必须深刻地认识到音乐的重要性，不断地提高音乐修养。无论是表现现代舞的绅士风度，还是拉丁舞的热情奔放，首先都应从对音乐的理解和准确的把握入手。体育舞蹈中音乐的节奏是均衡循环的，舞者依据节奏的变化调整舞步，从而可以展现不同风格特点的舞姿。另外，人的身体各部分的运动也是有节奏的，各种动作的起止、进退、旋转、快慢合拍等都要完全根据音乐来完成。所以，在体育舞蹈中，舞曲起着决定性的作用。

表 9-2 体育舞蹈各种舞步的节奏与情绪

种类 内容	节拍	速度	舞步与拍数	情绪
布鲁斯 （慢四步）	4/4	每分钟 28～30 小节	慢步二拍，快步一拍，SSQQ	文静
狐步 （中四步）	2/4、4/4	每分钟 30～36 小节	慢步一拍，快步二步一拍	轻柔
快步舞 （快四步）	4/4	每分钟 46～50 小节	慢步一拍，快步二步一拍	活泼
华尔兹 （慢三步）	3/4	每分钟 30～40 小节	每步一拍	典雅
维也纳华尔兹 （快三步）	3/4	每分钟 50～60 小节	每步一拍	轻快
探戈	2/4、4/4	每分钟 28～34 小节	SSQQ 或 SQQS，慢步一拍，快步半拍	爽快利落
伦巴	4/4	每分钟 27～31 小节	第一步一拍，第二步一拍，第三步二拍	缠绵
恰恰	4/4	每分钟 32 小节	第一步一拍，第二步一拍，第三、四、五步二拍	欢快

第十章　大众体育舞蹈舞种介绍

第一节　华尔兹（Waltz）

华尔兹舞起源于德国，素有“舞中皇后”的美称，男士的绅士风度在舞蹈中表现得尤为充分。舞蹈风格为旋转型，具有华贵典雅、回旋飘荡的浪漫情趣。同时它要求舞者的膝踝关节能柔韧地屈伸，这样才能保证身姿正确地升降与运步。

华尔兹常用舞曲：

（1）梦幻曲（Nocturne）；

（2）浪漫无名氏（Romance Anonymous）；

（3）月亮河（Moonriver）。

基本舞步介绍

1. 前进后退步（图 10 - 1）

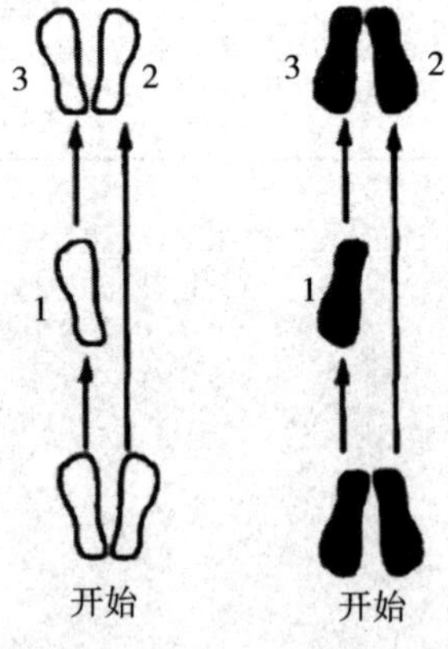

图 10 - 1　前进后退步

男步（女步动作与男步同，方向相反）

1 拍：左脚前进一步。

2 拍：右脚前进一大步。
3 拍：左脚向右脚并步。
4 拍：右脚后退一大步。
5 拍：左脚后退一步。
6 拍：右脚向左脚并步。
2. 方形步（图 10 - 2）

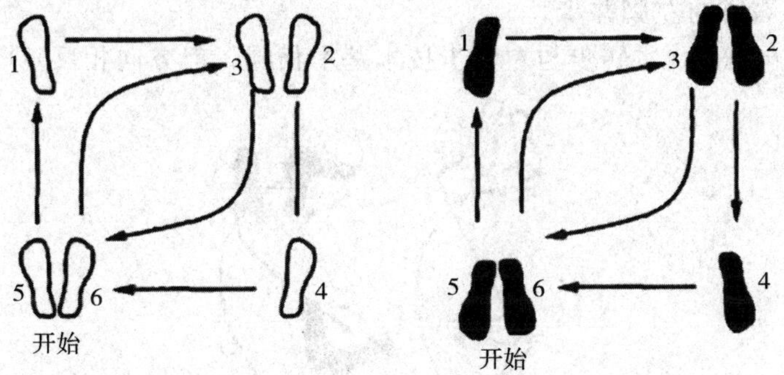

图 10 - 2　方形步

男步（女步动作与男步相同，脚的方向相反）
1 拍：左脚前进一步。
2 拍：右脚前进至左脚并步时，向右侧出一步。
3 拍：左脚向右脚并步。
4 拍：右脚后退一步。
5 拍：左脚后退至右脚并步时，向左侧出一步。
6 拍：右脚向左脚并步。
3. 左转 90°（右转步与左转步技术基本相同，但方向相反）（图 10 - 3）

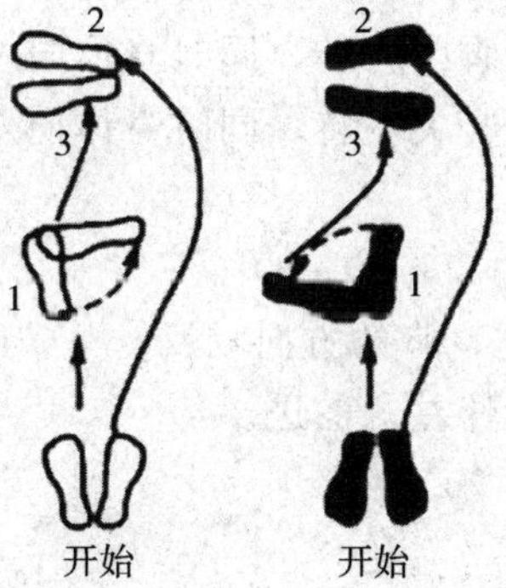

图 10 - 3　左转 90°

男步（女步动作与男步相同，脚的方向相反）
1拍：左脚前进一步，脚尖左转，同时身体向左转90°。
2拍：右脚前进一步，脚尖左转。
3拍：左脚向右脚并步。
4拍：右脚后退一步，脚跟右转，同时身体向左转90°。
5拍：左脚后退一步。
6拍：右脚向左脚并步。
4. 左转180°（右转步与左转步技术基本相同，但方向相反）（图10-4）

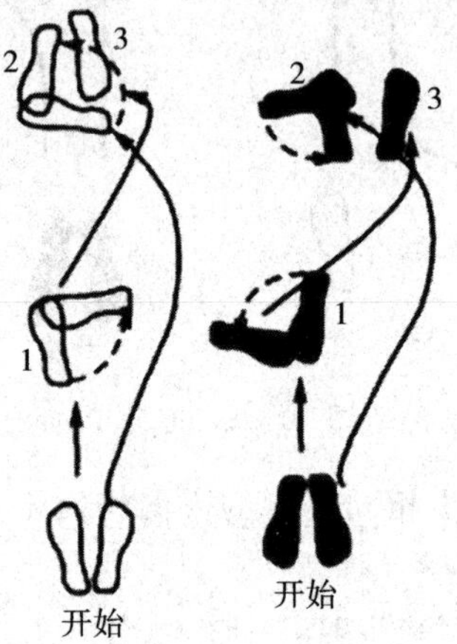

图10-4　左转180°

男步（女步动作与男步相同，脚的方向相反）
1拍：左脚前进一步，脚尖左转，同时身体向左转90°。
2拍：右脚前进一步，脚尖左转，同时身体向左转90°。
3拍：左脚向右脚并步。
4拍：右脚后退一步，脚跟右转，同时身体向左转90°。
5拍：左脚后退一步，脚尖左转，同时身体向左转90°。
6拍：右脚向左脚并步。
5. 前进交叉步（图10-5、10-6）
男步（女步同男步动作，脚的方向相反）
1拍：左脚向右前方女伴左侧前进。
2拍：右脚前进，左转90°。
3拍：左脚向右脚靠拢。

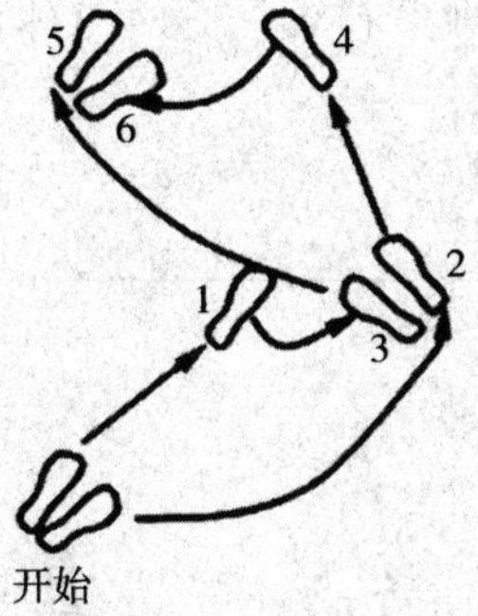

图 10 - 5　前进交叉步

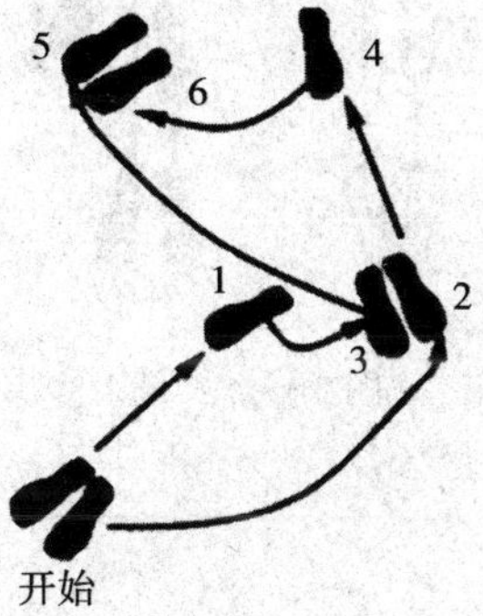

图 10 - 6　前进交叉步

4 拍：右脚向左前方女伴右侧前进。

5 拍：左脚前进，右转 90°。

6 拍：右脚向左脚靠拢。

基本套路组合

组合 1（以下为男步动作，女步动作与男步相同，脚的方向相反）

①前进后退步。

②前进步。

1 拍：左脚前进一步。

2 拍：右脚前进一大步。

3 拍：左脚向右脚并步。

③右转 180°。（图 10 - 4 相反方向）

1 拍：右脚前进一步，脚尖右转，同时身体向右转 90°。

2 拍：左脚前进一步，脚尖右转，同时身体向右转 90°。

3 拍：右脚向左脚并步。

4 拍：左脚后退一步，脚跟左转，同时身体向右转 90°。

5 拍：右脚后退一步，脚尖右转，同时身体向右转 90°。

6 拍：左脚向右脚并步。

④前进步。(同②)

⑤前进交叉步。

⑥左转 180°。

6. 帚形步（图 10 - 7）

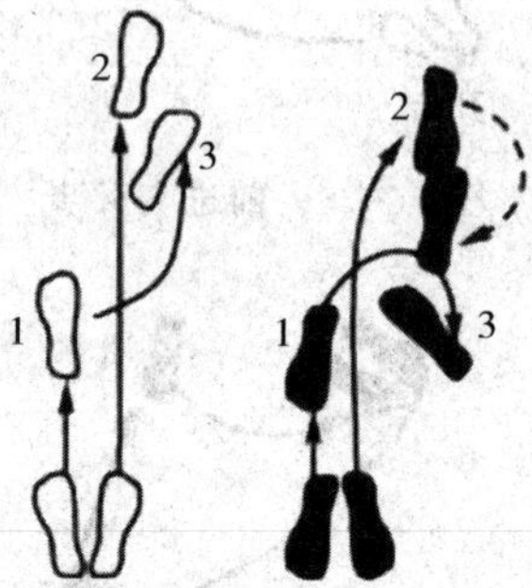

图 10 - 7　帚形步

男步

1 拍：左脚前进一步。

2 拍：右脚前进一步。

3 拍：左脚向右脚后交叉进步，双脚提踵立。

女步

1 拍：右脚后退一步

2 拍：左脚后退一步。

3 拍：右脚向右后绕摆，同时身体向右转 180°（到男伴右侧成 PP. 舞姿），右脚在左脚后交叉着地，双脚提踵立。

7. 前进追步（图 10 - 8）

男步（女步动作与男步相同，脚的方向相反）

1 拍：右脚前进一步。

2 拍：（前半拍）左脚前进一大步。

（后半拍）右脚向左脚后进一步，前脚掌着地。

3 拍：左脚前进一小步。

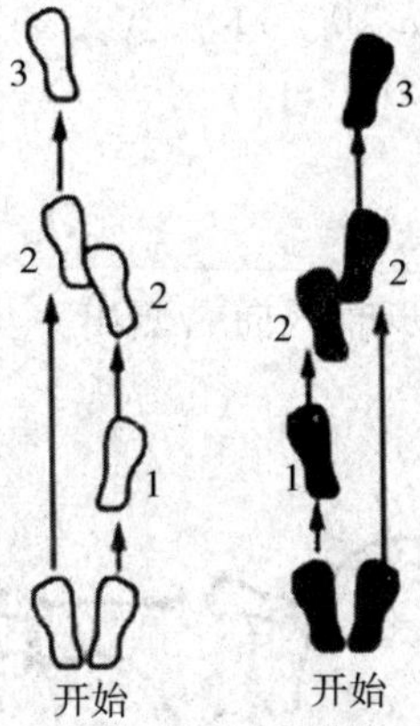

图 10 - 8　前进追步

8. 开位前进步

1 拍：右脚前进一大步。

2 拍：左脚前进一步。

3 拍：右脚前进一步。

9. 右手牵举女伴右转 360°

男步

1 拍：左脚前进一步，同时左手牵女伴右手前上举。

2 拍：右脚前进一小步。

3 拍：左脚前进一小步。

4 拍：右脚前进一步。

5 拍：左脚侧前进一小步。

6 拍：右脚并左脚（成闭式舞姿）。

女步

1 拍：右脚向前一步，脚尖右转，身体向右转体 90°，左手离开男伴肩部，自然放于体侧。

2 拍：左脚上前一步，脚尖右转，身体继续向右转体 90°。

3 拍：右脚向右旋转前进一小步，同时身体继续右转 180°。

4 拍：左脚前进一步，同时左手放于男伴肩上。

5 拍：右脚向侧后一步，同时身体左后转 180°。

6 拍：左脚并右脚。

组合 2

①前进方步。（图 10 - 10、10 - 11）

②右转 90°。（图 10 - 10、10 - 11）

③后退方步。(图 10 - 10、10 - 11)

④左转 90°。(图 10 - 10、10 - 11)

男步

1 拍：左脚前进一步。

2 拍：右脚前进至左脚并步时，向右侧出一步。

3 拍：左脚向右脚并步。

4 拍：右脚前进。

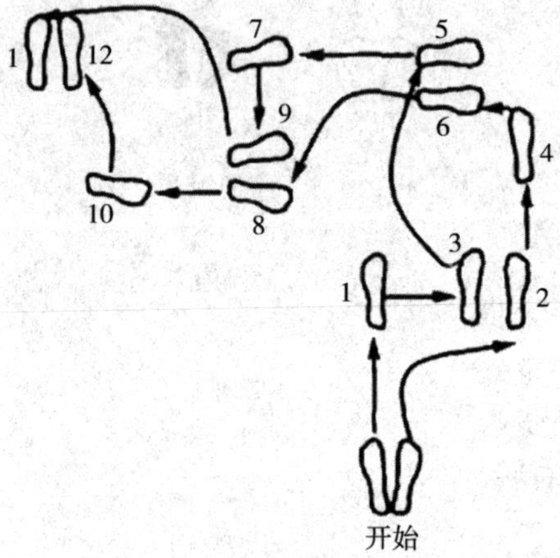

图 10 - 10　前进方步

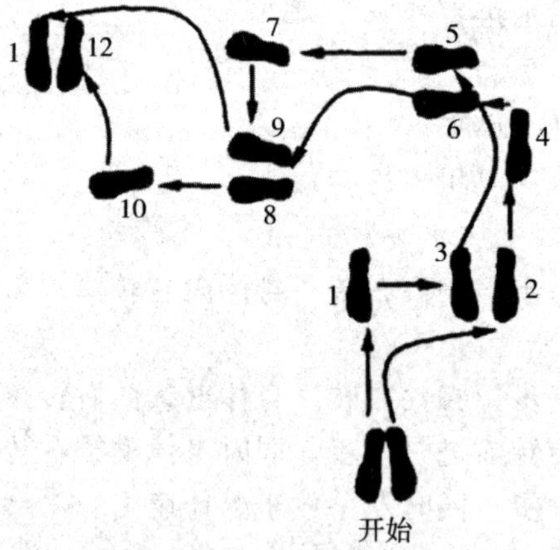

图 10 - 10　前进方步

5 拍：左脚经右脚侧向左横一步，同时身体向右转 90°。

6 拍：右脚并于左脚旁。

7 拍：左脚后退一步。

8 拍：右脚后退至左脚并步时向右侧出一步。

9 拍：左脚向右脚并步。

10 拍：右脚后退。

11 拍：左脚经过右脚旁向左横步，身体向左转 90°。

12 拍：右脚并于左脚旁。

⑤左转 180°。（图 10 - 4）

⑥帚形步。（图 10 - 7）

⑦追步转体。（图 10 - 12）

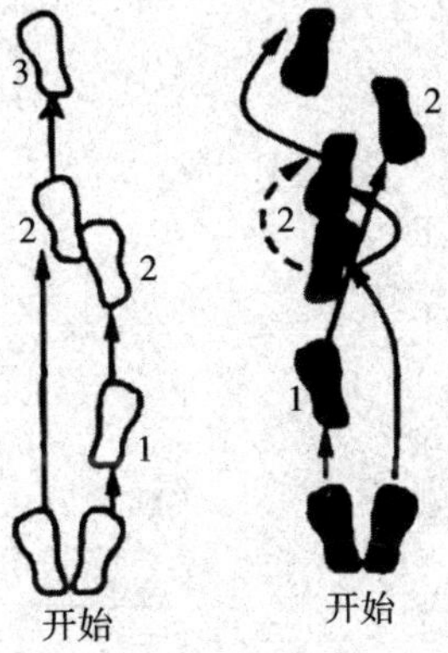

图 10 - 12　追步转体

男步（PP 舞姿）

1 拍：右脚前进一步

2 拍：（前半拍）左脚前进一大步。

（后半拍）右脚向左脚后进一步，前脚掌着地。

3 拍：左脚前进一小步。

女步

1 拍：左脚前进一步。

2 拍：（前半拍）右脚前进一步，脚尖左转，同时身体左转 180°。

（后半拍）左脚后退一步。

3 拍：右脚后退一小步（成闭式舞姿）。

⑧右转 180°。（在女伴右侧，成交叉位转）（图 10 - 4 的相反方向，前半部分）

⑨转身变换步。（图 10 - 13、10 - 14）

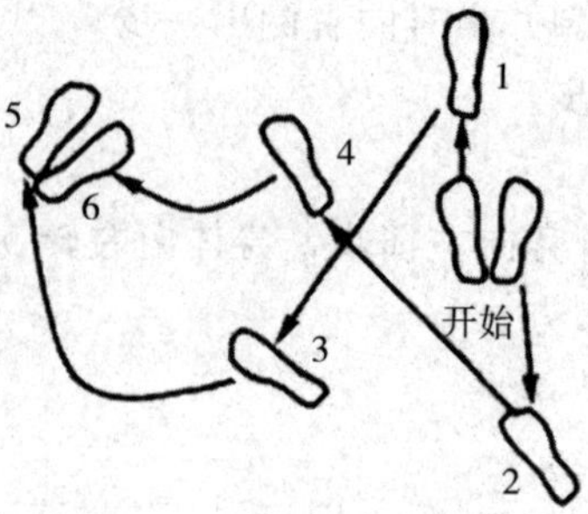

图 10 - 13　转身变换步

男步

1 拍：左脚前进一步。

2 拍：右脚小步后退，左转 45°。

3 拍：左脚大步后退，左转 45°。

4 拍：右脚大步前进。

5 拍：左脚前进，右转 90°。

6 拍：右脚右转 90°并步。

⑩左转 180°。（1～3 拍）

10. 弓步分身造型

男步

1～3 拍：右脚向侧一步，同时身体左转 90°，右腿屈膝成弓步，左脚向侧一步成脚尖点地，上体保持正直。

4～6 拍：右腿慢慢伸直起立，左脚并右脚。

女步

1～3 拍：左脚向侧一步，同时身体右转 90°，左腿屈膝成弓步，右脚向侧一步成脚尖点地，上体稍向右倾。

4～6 拍：左腿慢慢伸直起立，上体保持正直，同时左转 180°，右脚并左脚。

组合 3

①前进交叉步。

②左旋转 180°。

③倒体下腰造型。

男步

1～3 拍：左脚左前进一步，屈膝成左弓步，上体向左 45°，重心前移，挺胸立腰，眼视女伴。

4 拍：左腿伸直起立。

5 拍：右脚向左脚并步。

6 拍：左脚向侧一步脚尖点地，同时身体右转 90°成散式舞姿。

女步

1～3 拍：右脚右后退一步，同时身体左转 90°，左脚向侧画弧至后，脚尖点地，屈膝成右弓步，上体稍向后仰左转，眼视左侧下方。

4 拍：右腿伸直起立。

5 拍：左腿慢慢收起向右脚并步上体正直。

6 拍：右脚向侧一步脚尖点地，同时右转 90°成开位。

④横并步。

1 拍：右脚向左侧横出一步。

2 拍：左脚向左侧横出一步。

3 拍：右脚并左脚

⑤犹豫步。（图 10 - 14）（成交叉位）

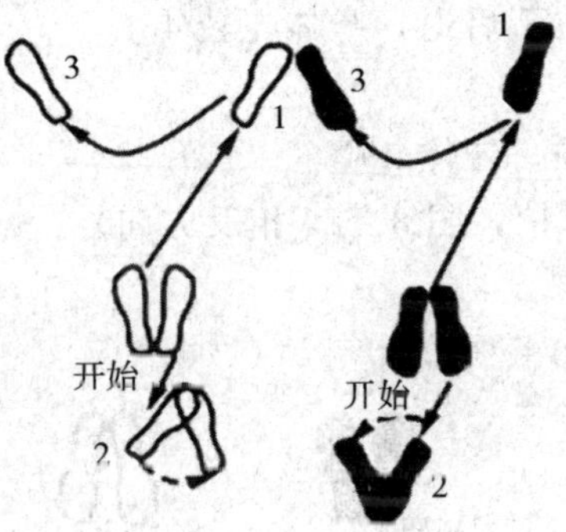

图 10 - 14　犹豫步

男步

1 拍：左脚向女伴左侧前进一步，重心移至前脚。

2 拍：右脚原地一步，重心移至右脚。

3 拍：左脚向女伴右侧一步，同时身体左转 90°。

⑥纺织步。（图 10 - 15）

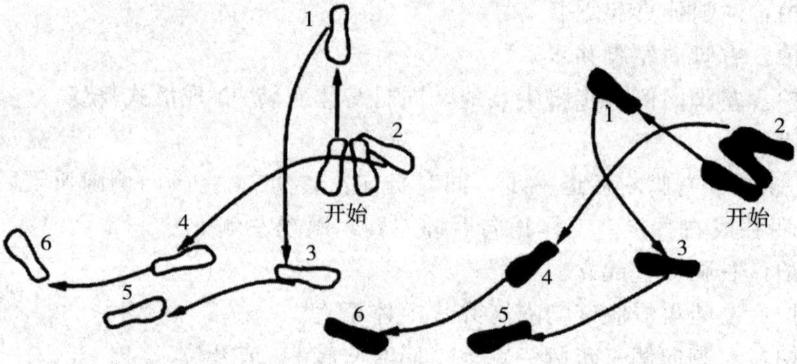

图 10 - 15　纺织步

男步

1 拍：右脚后退，身体转向左。

2 拍：左脚前进，身体继续左转。

3 拍：右脚向侧，左转 45°。

4 拍：左脚在反身位下后退，身体左转 45°。

5 拍：右脚后退。

6 拍：左脚向侧稍前，转体 90°。

⑦右转 180°。（前 3 拍，图 8 - 14 相反方向）

⑧转身变换步。

⑨前进锁步。（图 10 - 16）

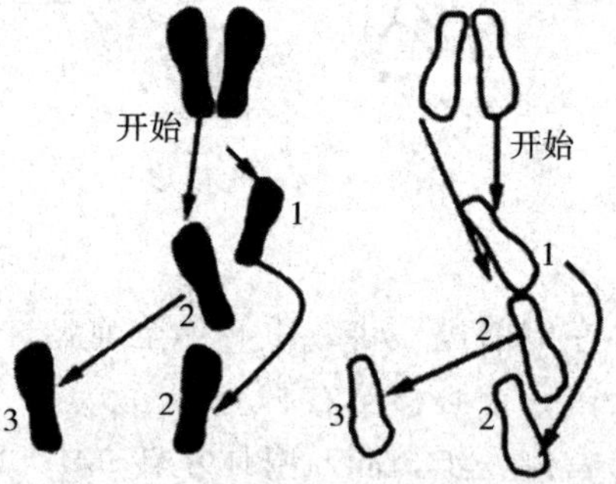

图 10 - 16　前进锁步

男步

1 拍：左脚向左前方进一步，前脚掌着地。

2 拍：（前半拍）右脚向左脚后交叉进步，前脚掌在左脚外侧着地。

（后半拍）左脚前脚掌在原地踏一步。

3 拍：右脚向右侧出一步。

⑩右轴转步

男步（女步动作先做男步后 3 拍，再做前 3 拍）

1 拍：左脚后退一步。

2 拍：右脚跟为轴，脚尖右转，同时身体向右转 180°。

3 拍：左脚向右脚并步。

4 拍：右脚前进一步。

5 拍：左脚前进一步，脚尖右转，同进身体右转 180°。

6 拍：右脚并左脚。

第二节　维也纳华尔兹（Viennese Waltz）

维也纳华尔兹最早起源于奥地利，在现代舞中历史最为悠久，风行在奥地利的首都维也纳，因此得名。又因为维也纳华尔兹与一般华尔兹的最大区别在于维也纳华尔兹节奏快，所以又称为快华尔兹（Quick Waltz）。舞步步型被严格地限制在 6 个：右转步、左转步、向前换步、向后换步、向右和向左原地碎步转。维也纳华尔兹舞曲飞扬流畅，舞步翩跹回旋。因为是在旋转中运步，舞蹈风格华丽而优雅。由于它的乐曲速度很快，所以 2 小节有 1 次起伏（升降），不同于慢华尔兹舞每小节只有 1 次起伏。

维也纳华尔兹常用舞曲：

（1）蓝色的多瑙河（Blue Danube）。

（2）意大利人（Italian）。

（3）在银色的月光下（By the light of the moon）。

一、基本舞步介绍

（一）引导步（图 10 - 17（1）、（2））

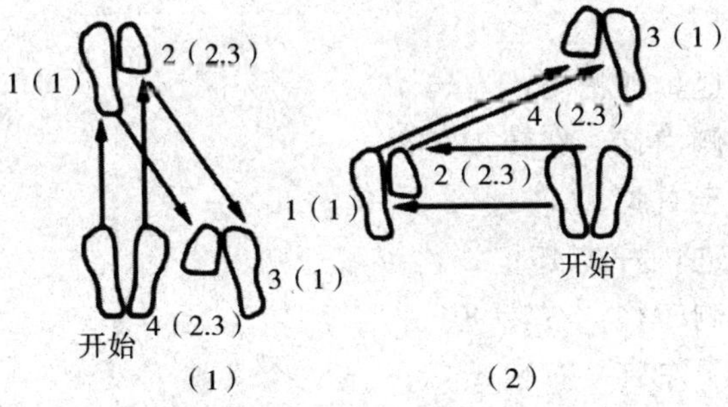

图 10 - 17　引导步

男步（女步与男步动作相同，但方向相反）

1～3 拍：左脚向前一步或向左横出一步，接着右脚向左脚并步，脚尖点地。

4～6 拍：右脚向右后一步或向右前横出一步，左脚并右脚，脚尖点地。

（二）右转步（图 10 - 18）

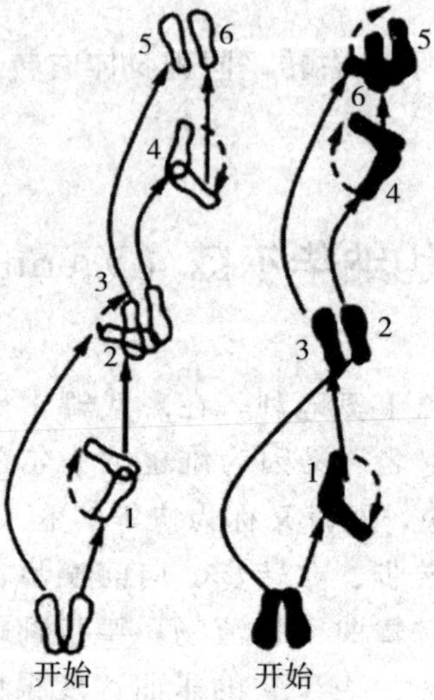

图 10 - 18　右转步

男步

1 拍：右脚前进，右转 45°。

2 拍：左脚向侧横移，右转 90°。

3 拍：右脚并至左脚，右转 45°。

4 拍：左脚后退，并稍侧，右转 45°。

5 拍：右脚向侧横移，右转 90°。

6 拍：左脚并至右脚，右转 45°。

女步

1 拍：左脚后退，并稍侧，右转 45°。

2 拍：右脚向侧横移，右转 135°。

3 拍：左脚并至右脚。

4 拍：右脚前进，右转 45°。

5 拍：左脚向侧横移，右转 90°。

6 拍：右脚并至左脚，右转 45°。

（三）左转步（图 10 - 19）

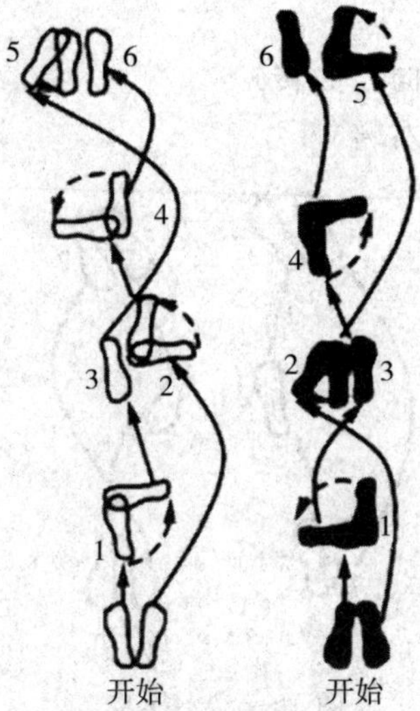

图 10-19 左转步

男步

1 拍：左脚前进。

2 拍：右脚向侧横移，左转 90°。

3 拍：左脚交叉于右脚前，左转 90°。

4 拍：右脚后退，并稍侧，左转 45°。

5 拍：左脚向侧横移，左转 135°。

6 拍：右脚并至左脚。

女步

1 拍：右脚后退，并稍侧。

2 拍：左脚向侧横移，左转 90°。

3 拍：右脚并至左脚，左转 90°。

4 拍：左脚前进，左转 45°。

5 拍：右脚向侧横移，左转 90°。

6 拍：左脚并至右脚，左转 45°。

（四）前进换步（向前、右转→左转换步）［图 10-20（1）］

男步与女步动作相同，但方向相反。

1 拍：右脚前进。

2 拍：左脚弧线前进（向右曲转）。

3 拍：右脚并至左脚，右转 45°。

（五）后退换步（向后、右转→左转换步）［图 10-20（2）］

1 拍：左脚后退。

2 拍：右足弧线后退（向左曲转）

3 拍：左脚并至右脚，右转 45°。

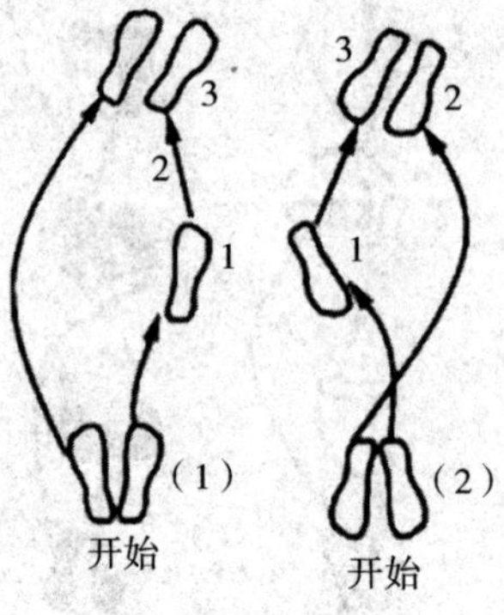

图 10 - 20　换步

二、基本套路组合

1. 引导步

2. 右转步

重复几次。

3. 前进并换步

4. 左转步

重复几次。

5. 后退并换步

6. 右转步

重复几次。

第三节　探戈（Tango）

探戈起源于拉丁美洲的阿根廷，带有西班牙舞和印第安舞的特点。它的舞姿辽阔挺拔、刚劲顿挫，有“舞中之王”之称。它的音乐华丽激情，带有梦幻般的色彩，其风格洒脱优雅，舞步稳健锐利，富于造型性，具有特殊的魅力。探戈舞在运步时双膝微屈，脚下用力抵住地面，有一股拧劲。它特有一种内在的含蓄力量，动作时欲左却右，欲右却左。慢步为 2 拍一步，快步为 1 拍一步。

在探戈舞中常常通过反身动作（Contrary Body Movement Position，简称CBMP.）来进行转身，也常用到侧行位或并进位（散式舞姿 Promenade Position，简称 PP.），须特别强调。

探戈舞在竞技表演中，其舞姿、技法都与其他现代舞种不同，动作讲究规范化，甩头是其特有的风格，而舞厅探戈则较简单，动作要求也较低。

探戈常用舞曲：

（1）蓝色的探戈（Blue tango）；

（2）单身贵族（Single of the Year）

（3）温柔的探戈（Dolce Tango）。

一、基本舞步介绍

（一）常步（Walk）（图 10 - 21）

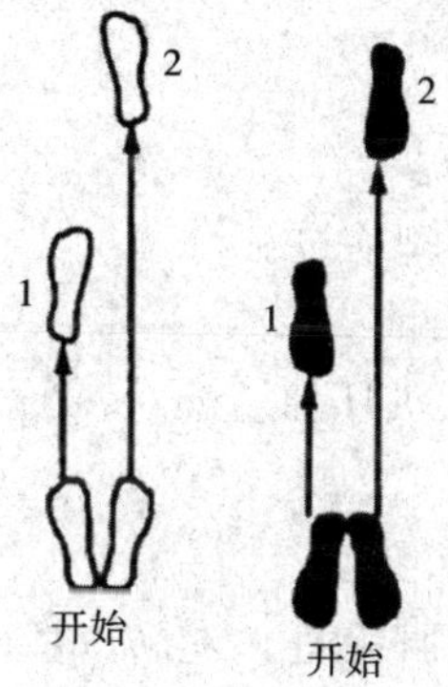

图 10 - 21 常步

男步（女步动作相同，方向相反）

1 拍（S）：右脚前进。

2 拍（S）：左脚前进。

（2）行进连接步（Link）（图 10 - 22）

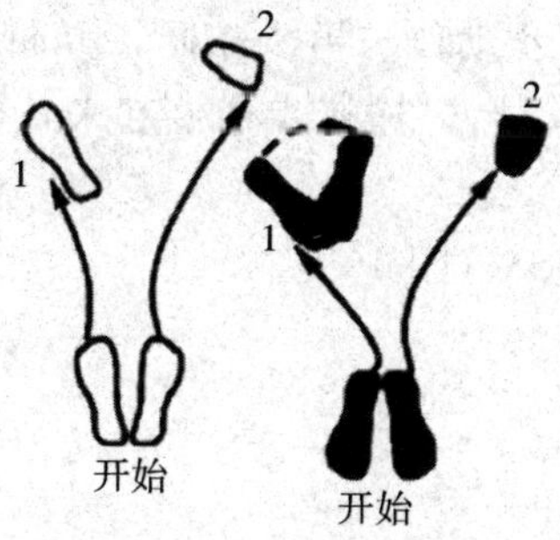

图 10 - 22 行进连接步

男步（女步动作相同，方向相反）

1拍（Q）：左脚前进。

2拍（Q）：右脚横步稍后，左脚虚点地（掌内缘），左膝弯曲内收，身体向右转正，头左看（PP.）。

（三）侧行并步（图10-23）

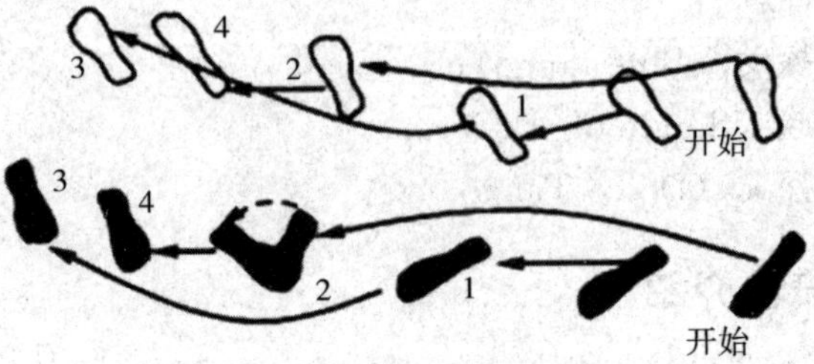

图10-23 侧行并步

男步

1拍（S）：（PP.）左脚旁步。

2拍（Q）：（CBMP.）右脚前进。

3拍（Q）：左脚旁步稍向前。

4拍（S）：右脚并左脚，头还原。

女步

1拍（S）：（PP.）右脚旁步

2拍（Q）：（CBMP.）左脚前进，左转90°。

3拍（Q）：右脚旁步稍向后，头还原。

4拍（S）：左脚并右脚。

二、基本套路组合：

组合1

（以下为男步动作，女步动作与男步相同，方向相反）

1. 旁步分向（即常步、行进连接步连接起来）（SSQQ）
2. 侧行并步（SQQS）
3. 后退左转步（SQQS）（图10-24）

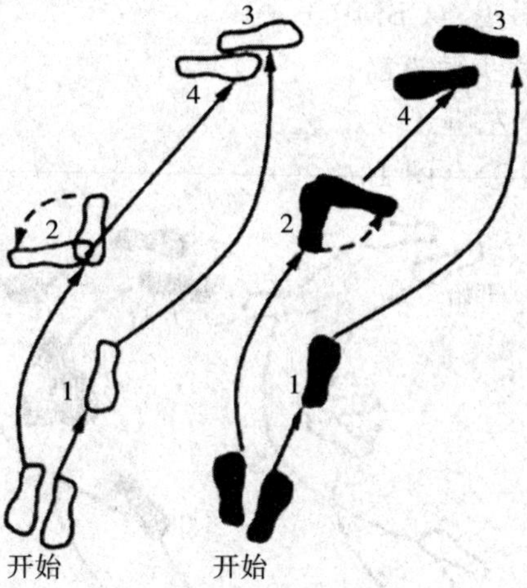

图 10 - 24　后退左转步

1 拍（S）：左脚后退，左肩向后引导。
2 拍（Q）：右脚后退（CBMP.）。
3 拍（Q）：左脚旁步稍靠前。
4 拍（S）：右脚并左脚。
4. 左转步（QQSQQS）（图 10 - 25）

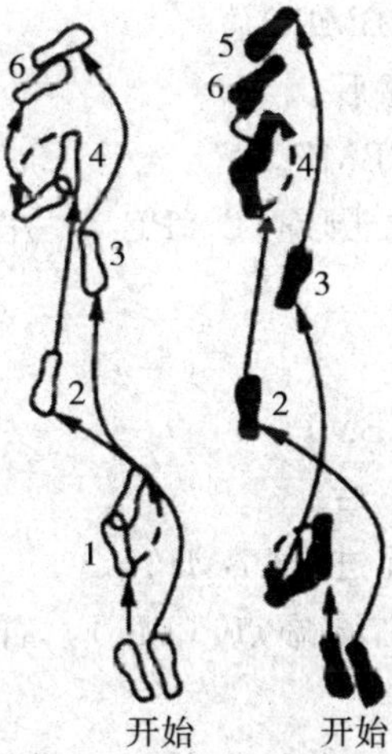

图 10 - 25　左转步

1 拍（Q）：左脚前进（CBMP.）。
2 拍（Q）：右脚旁步稍靠后。
3 拍（S）：左脚后退，左肩向后引导。

4 拍（Q）：右脚后退（CBMP.）。

5 拍（Q）：左脚旁步稍靠前。

6 拍（S）：右脚并左脚。

5. 四快步（QQQQ）（图 10 - 26）

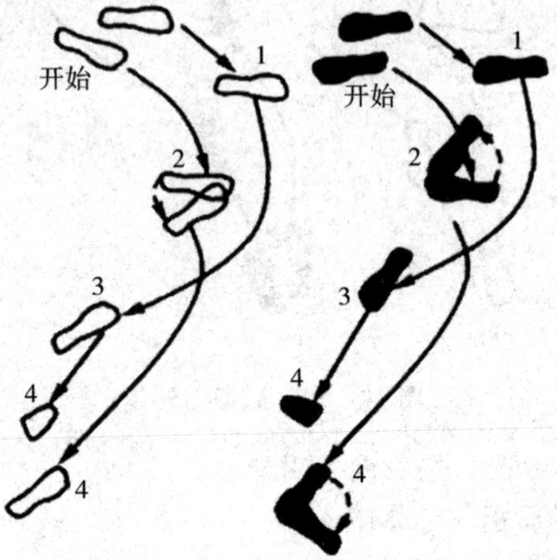

图 10 - 26　四快步

男步

1 拍（Q）：左脚前进（CBMP.）。

2 拍（Q）：右脚旁步稍靠后。

3 拍（Q）：左脚后退（CBMP.）。

4 拍（Q）：右脚后退，左脚虚点（PP.），左膝弯曲内收，右转头看手臂延长线。

女步

1 拍（Q）：右脚后退（CBMP.）。

2 拍（Q）：左脚旁步稍靠后。

3 拍（Q）：右脚右外侧前进（CBMP.）。

4 拍（Q）：左脚前进，右脚虚点（PP.），右膝弯曲内收，左转头看手臂延长线。

6. 并进外侧步（SQQS）（图 10 - 27）

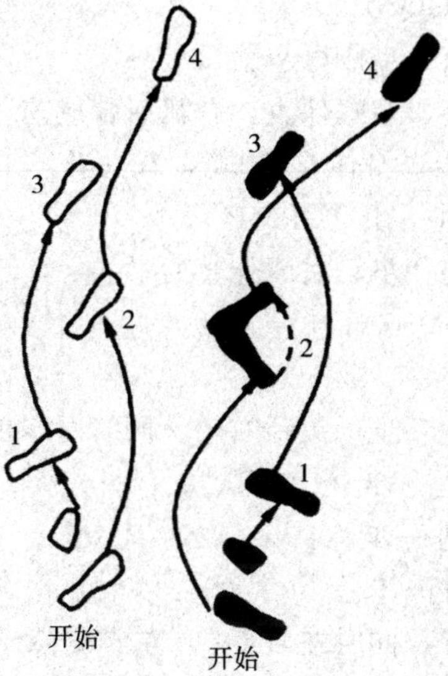

图 10－27 并进外侧步

男步

1 拍（S）：左脚旁步。

2 拍（Q）：右脚并进步（CBMP.）。

3 拍（Q）：左脚旁步稍靠前。

4 拍（S）：右脚右外侧前进（CBMP.），头还原。

女步

1 拍（S）：右脚旁步。

2 拍（Q）：左脚并进步（CBMP.）。

3 拍（Q）：右脚旁步稍靠后，头还原。

4 拍（S）：左脚后退（CBMP.）。

7. 侧行并步（SQQS）

男步

见图 10－23

女步

1 拍（S）：右脚后退。

2 拍（Q）：左脚后退，右转 90°。

3 拍（Q）：右脚旁步稍向后。

4 拍（S）：左脚并右脚。

组合 2

1. 弓步前进步（SSQQS）

1拍（S）：左脚后退一步成弓步。

2拍（S）：重心前移，左腿伸直，右腿屈膝成前弓步。

3拍（Q）：左脚旁步，身体左转90°，头左看。

4拍（Q）：右脚前进一步（CBMP.）。

5拍（S）：左脚前进一步，右腿伸直后举。

2. 斜向前进步（SQQSS）

男步

1拍（S）：右脚前进一步，提踵右转，同时左腿前摆，身体右转180°。

2拍（Q）：左脚前进一步（CBMP.）。

3拍（Q）：右脚前进一步。

4拍（S）：左脚前进一步。

5拍（S）：右脚旁步，同时左转90°，左脚虚点于侧，左膝弯曲内收，头左看（PP.）。

女步

1拍（S）：左脚前进一步，右腿伸直向前摆起。

2拍（Q）：右腿后摆退一步（CBMP.）。

3拍（Q）：左脚退一步。

4拍（S）：右脚退一步。

5拍（S）：左脚旁步，同时左转90°，右脚虚点地，右膝弯曲内收，头右看（PP.）

3. 并进外侧步（SQQS）（男步与女步交换动作）

男步

1拍（S）：左脚旁步。

2拍（Q）：右脚并进步（CBMP.）。

3拍（Q）：左脚旁步稍靠后，头还原。

4拍（S）：右脚后退（CBMP.）。

女步

1拍（S）：右脚旁步。

2拍（Q）：左脚并进步（CBMP.）。

3拍（Q）：右脚旁步稍靠前。

4拍（S）：左脚左外侧前进（CBMP.），头还原。

4. 外侧滑旋步（QQQQ）

男步

1 拍（Q）：左脚前进（CBMP.）。

2 拍（Q）：右脚横步，虚点于左脚侧，左转 180°，膝盖弯曲内收。

3 拍（Q）：右脚上前一步。

4 拍（Q）：左脚虚点于右脚侧，膝盖弯曲内收（PP.）。

女步

1 拍（Q）：右脚后退（CBMP.）。

2 拍（Q）：左转 180°，左脚并右脚。

3 拍（Q）：左脚后退（CBMP.）。

4 拍（Q）：右转 180°，右脚虚点于左脚侧，膝盖弯曲内收（PP.）。

5. 侧行并步（SQQS）

6. 摇转步（QQSQQS）（图 10－28）

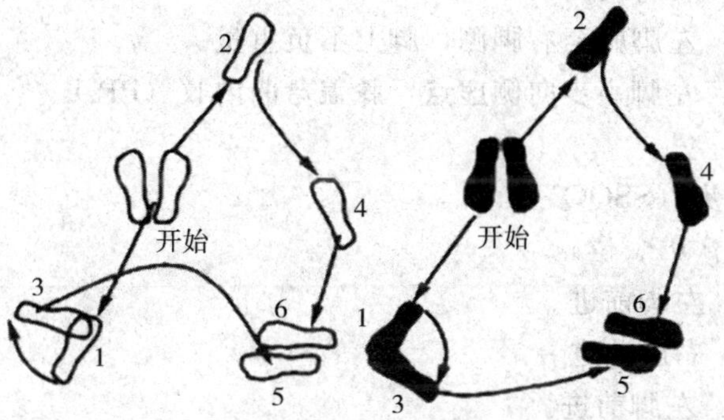

图 10－28　摇转步

1 拍（Q）：左脚后退。

2 拍（Q）：右脚横步稍前，右转。

3 拍（S）：重心移向左脚，1～3 拍身体右转 90°。

4 拍（Q）：右脚后退。

5 拍（Q）：左脚横步稍后，左转 90°。

6 拍（S）：右脚并左脚。

7. 刷点步（SQQQ）（图 10－29）

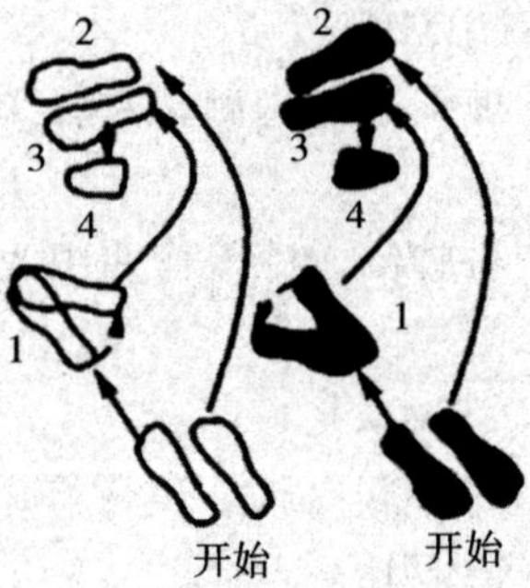

图 10－29　刷点步

1 拍（S）：左脚前进（CBMP.）。

2 拍（Q）：右脚向侧横步。

3 拍（Q）：左脚刷至右脚侧，脚上不负重量。

4 拍（Q）：左脚小步向侧虚点，膝盖弯曲内收（PP.）。

组合 3

1. 前进常步（SSQQ）

男步（始于 PP. 位）

1 拍（S）：左脚前进。

2 拍（S）：右脚前进。

3 拍（Q）：左脚前进。

4 拍（Q）：右脚原地一步，重心后移，左脚前点地。

女步

1 拍（S）：右脚前进。

2 拍（S）：左脚前进。

3 拍（Q）：右脚前进

4 拍（Q）：左转 180°，重心前移，右脚后点地（CBMP.）。

2. 左旋转 360°（SSQQ）

男步

1 拍（S）：左脚后退（CBMP.）。

2 拍（S）：右脚前点地，不动。

3 拍（Q）：左脚弧形上一步，从女伴两腿之间穿入。

4 拍（Q）：右脚横步稍后，左转 180°。

女步

1 拍（S）：右脚前进（CBMP.）。

2 拍（S）：左脚前摆，同时右转 180°，左脚上步（PP.）。

3拍（Q）：右脚后侧横步，同时左转180°。

4拍（Q）：左脚并右脚，继续左转180°。

3. 弓步右转（SSQQ）

1拍（S）：左脚后退，重心后移成后弓步。

2拍（S）：重心前移成前弓步。

3拍（Q）：左脚向左前方横步稍前。

4拍（Q）：身体右转，右脚向右前方前进一小步（CBMP.）。

4. 摆步转身、后退锁步（SSQQQQ）

男步

1拍（S）：左脚前进。

2拍（S）：右脚撩步，左转180°，右脚从女伴左侧上前一步（PP.）。

3～6拍（QQQQ）：左脚在右脚前一步成锁步，右脚后点，连续2个锁步。

女步

1拍（S）：右脚后退。

2拍（S）：左脚前点地，随男伴上步，重心前移。

3～6拍（QQQQ）：右脚在左脚前一步成锁步，左脚后点，连续2个锁步。

5. 前进后蹲步（SSQQ）

1拍（S）：左脚上前一小步。

2拍（S）：右脚上前一大步，左脚前举。

3～4拍（QQ）：左腿侧摆至右腿后，下蹲，两膝交叉，起立。

6. 分身踢腿（SSQQ）

男步

1拍（S）：左腿侧出一步成左弓步，右腿与身体成斜线，右手抱住女伴右腰向内牵拉，左手握住女伴右手下拉至胸前。

2拍（S）：重心回移右脚，身体直，左手侧上举，牵拉女伴左转后踢腿。

3～4拍（QQ）：左手上举，牵拉女伴右后转成闭式位置。

女步

1拍（S）：重心移至左脚，并起踵，右腿侧摆，身体靠向男伴。

2拍（S）：左脚左转180°，右腿从男伴右侧向后踢出，上体稍向后仰。

3～4拍（QQ）：右手上举，右脚起右后转360°，左脚并右脚。

7. 弓步下腰造型（SQQ）

男步

1 拍（S）：左脚横步，成弓步，上体右拧转，右手抱住女伴后腰，左手与女伴右手分开，侧上举。

2～3 拍（QQ）：上体还原，左腿伸直，左腿并右腿。

女步

1 拍（S）：右脚横步成弓步，上体左后拧转，向后下腰，右手与男伴左手分开，抱住男伴左肩。

2～3 拍（QQ）：上体起，还原，右腿伸直，并左腿。

第四节　布鲁斯（Blues）

布鲁斯是 20 世纪初流行于欧洲的一种社交舞，它的舞曲来源于美国黑人带有忧伤感的乐曲，传入英国后被改编为慢速的舞厅音乐。布鲁斯的特点是缓慢、稳重，身体不能左右摇摆，也不能有很多的上下起伏。其风格为文静、庄重、大方，是体育舞蹈中最根本的舞种。它的音乐节奏为慢、慢、快、快，慢为 2 拍，快为 1 拍，形成 4 步 6 拍一个循环。它的起步都固定在同一足上（男左、女右）。布鲁斯的基本舞步是由常步、横步及并步所组成的“滑动型”舞步。

1. 常步（前进常步和后退常步）

常步从正步开始，左脚用脚后跟沿着地面向前进一步（脚基本不离地），全脚掌着地，重心移至左脚前半脚掌上，右腿留在后面，膝盖自然弯曲，用脚尖点地。然后用右脚尖沿地面（脚不离地）拖到左脚内侧旁边，膝盖弯曲，半脚掌着地。然后换右脚做上述两拍动作。后退常步即向后做。

2. 横步

从正步开始，左脚用全脚掌向左旁迈一步（脚不离地），重心移至左脚，左膝基本伸直，右脚用半脚掌在旁边着地。

3. 并步

有向前、后、旁并步。向前并步是指后面的那条腿向前面的腿靠拢，成正步；向后并步是把前面的那条腿向后面的腿靠拢，成正步；向旁并步是指将左腿或右腿向支撑身体重量的那条腿靠拢，成正步。

一、基本舞步介绍

1. 前进并步（见图 10 - 30）（后退并步的动作技术路线与前进并步相同，但方向相反）

男步（女步动作与男步相同，脚的方向相反）

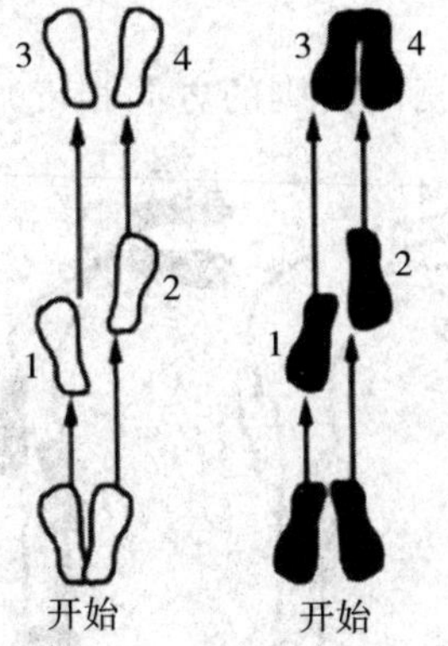

图 10 - 30　前进并步

1～2 拍：左脚前进。

3～4 拍：右脚前进。

5 拍：左脚前进。

6 拍：右脚并左脚。

2. 横并步（图 10 - 31）

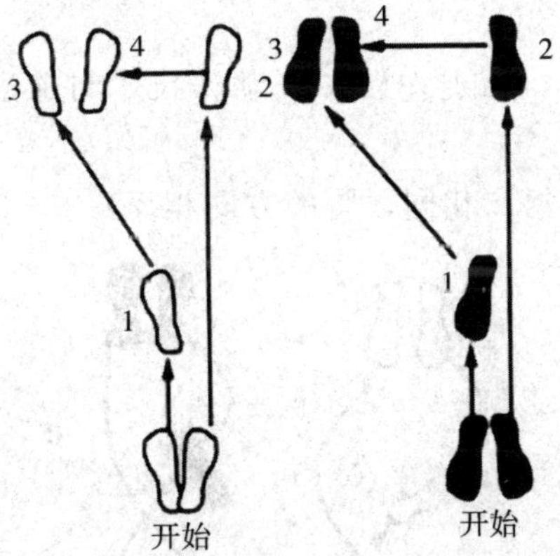

图 10 - 31　横并步

男步（女步动作与男步相同，脚的方向相反）

1～2 拍：左脚前进。

3～4 拍：右脚前进。

5 拍：左脚旁迈一步。

6 拍：右脚并左脚。

3. 左转步（右转步与左转步动作技术同，但方向相反）

(1) 前进左转 90°(后退左转 90°动作技术与前进左转 90°相同，但方向相反)(图 10 - 32)

男步(女步动作与男步相同，脚的方向相反)

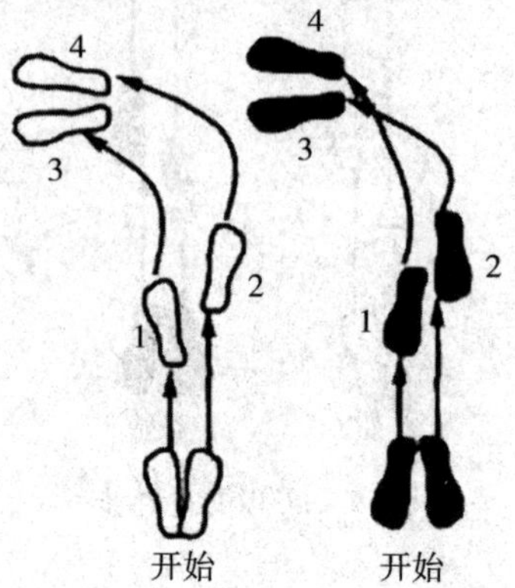

图 10 - 32　前进左转 90°

1～2 拍：左脚前进一步。

3～4 拍：右脚前进一步。

5 拍：左脚前进，左转 90°。

6 拍：右脚左转 90°并步。

(2) 前进左转 180°(后退左转 180°动作技术与前进左转 180°相同，但方向相反)(图 10 - 33)。

男步(女步动作与男步相同，脚的方向相反)

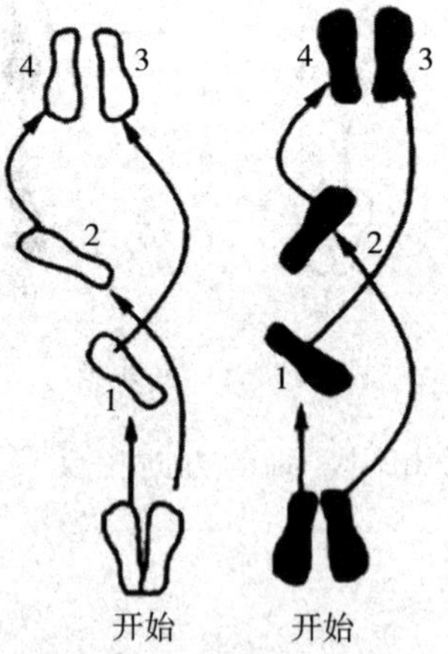

图 10 - 33　前进左转 180°

1～2 拍：左脚前进一步，脚尖左转，同时身体向左转 45°。

3～4 拍：右脚前进一步，脚尖左转，同时身体向左转 45°。

5 拍：左脚向右后方退一步，脚尖左转，同时身体迅速左转 90°。

6 拍：右脚向左脚并步。

二、基本套路组合

组合 1

1. 前进并步
2. 横并步
3. 前进左转 90°
4. 横并步
5. 后退右转 90°
6. 前进左转 180°
7. 后退左转 180°
8. 横并步

组合 2

1. 前进并步
2. 向左前进步（PP.）（图 10 - 34）

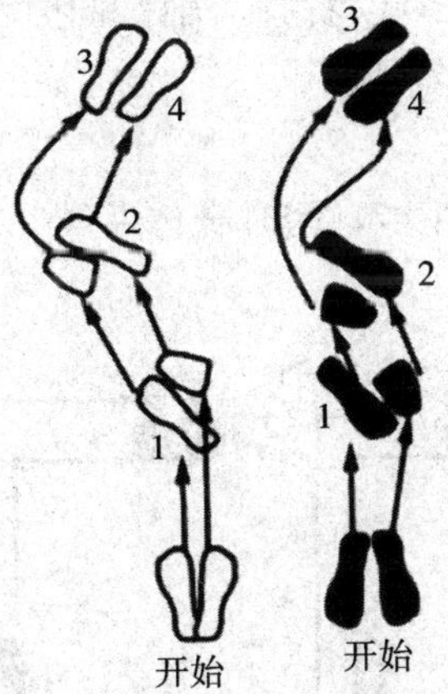

图 10 - 34　向左前进步

1～2 拍：左脚向左前方进一步，右脚向左脚并步，脚尖着地。

3～4 拍：右脚前进一步，左脚向右脚并步，脚尖着地。

5 拍：左脚向前进一小步，同时身体向右转 45°。

6 拍：右脚向左脚并步。

3. 向右前进步

1～2 拍：左脚向右前方进一步。右脚向左脚并步，脚尖着地。

3～4 拍：右脚前进一小步，左脚向右脚并步，脚尖着地。

5 拍：左脚向前进一步，同时身体向左转 45°。

6 拍：右脚向左脚并步。

4. 侧行连环步

1～2 拍：左脚向右后方退一步，同时身体左转 45°。

3～4 拍：右脚向右侧进一步，同时身体右转 45°。

5 拍：左脚向右脚右前方进一步，同时身体稍右转 45°。

6 拍：右脚向右侧进一步，同时身体左转 45°。

5. 交叉步外侧摆腿转体 180°

男步

1～2 拍：左脚向右脚后方交叉退步。

3～4 拍：两脚不动。

5 拍：左脚前进一步。

6 拍：右脚前进与左脚并步，同时右转 90°还原成闭式舞姿。

女步

1～2 拍：右脚向左脚后方交叉进步。

3～4 拍：左脚向前摆起，以右脚为轴，同时身体向右转 180°，接着左腿再向前摆，与男伴右脚并步着地。

5 拍：右脚前进一步。

6 拍：左脚前进与右脚并步，同时身体左转 90°。

6. 直方步（图 10－35）

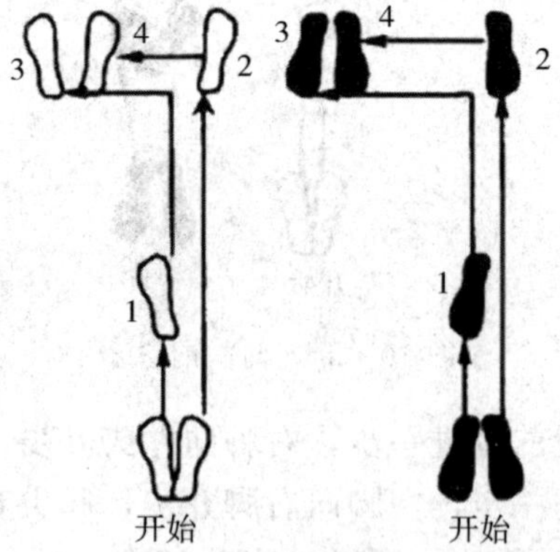

图 10－35　直方步

男步

1～2 拍：左脚前进。

3～4 拍：右脚前进。

5 拍：左脚向前经右脚旁向侧横迈步。

6 拍：右脚并左脚。

女步

女步动作与男步相同，脚的方向相反。

7. 左旋转 360°（图 10－36）

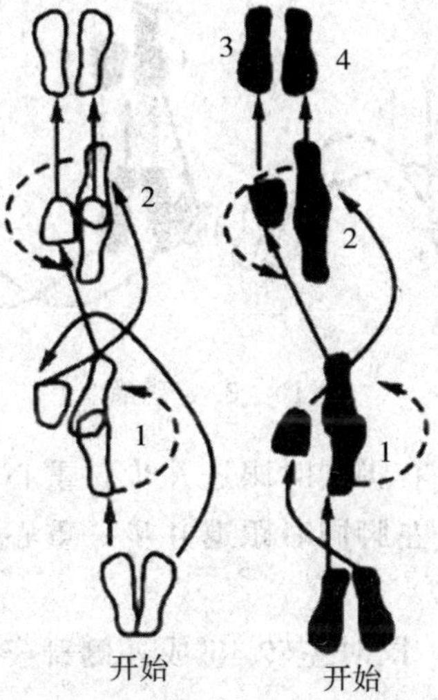

图 10－36　左旋转 360°

1～2 拍：左脚上前一步，脚尖左转 180°，右脚脚尖点于左脚旁。

3～4 拍：右脚后退一步，脚尖左转 180°，左脚脚尖点于右脚旁。

5 拍：左脚上一步。

6 拍：右脚上一步。

8. 左旋转 360°（同上）

9. 左手牵举女伴顺转 360°

男步

1～2 拍：左脚前进一步。

3～4 拍：右脚前进一步。

5 拍：左脚前进一小步，左手牵举女伴右手上举，右手在女伴背后暗示向右转身。

6 拍：右脚与左脚并。

女步

1～2 拍：右脚后退一步。

3～4 拍：左脚后退一步。

5 拍：右脚后退，脚尖着地，同时身体向右转 180°。

6 拍：左脚向右脚并步，脚尖着地，同时身体继续右转 180°。

10. 后退右转 180°

组合 3：

1. 犹豫步（图 10－37）

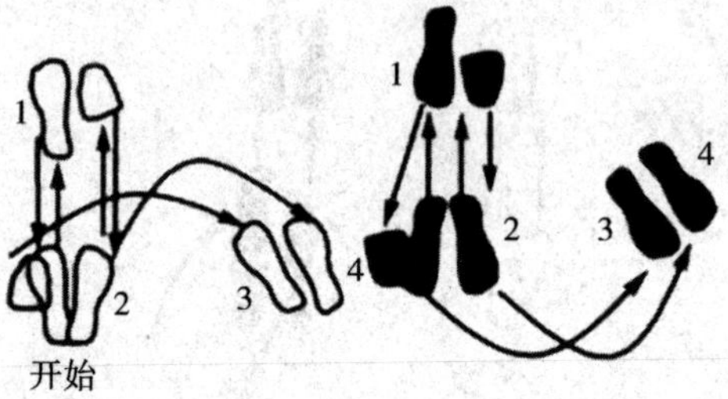

图 10－37　犹豫步

1～2 拍：左脚前进，右脚同时跟进并步，重心在左脚。

3～4 拍：右脚后退，左脚同时跟退并步，重心在右脚。

5 拍：左脚向左横步。

6 拍：右脚并于左脚，同时左转 45°成外侧舞姿。

2. 向右前进步

3. 右旋转步

4. 右旋转步（同上）

5. 交叉步外侧摆腿转体 180°

男步

1～2 拍：左脚向右脚后方交叉退步。

3～4 拍：两脚不动。

5 拍：左脚前进一步。

6 拍：右脚前进一步，脚尖着地，同时右转 45°，与女伴成“V”字形站立（散式舞姿）。

女步

1～2 拍：右脚向左脚后方交叉进步。

3～4 拍：左脚向前摆起，以右脚为轴，同时身体向右转 180°，接着左腿再向前摆，与男伴右脚并步着地。

5 拍：右脚前进一步。

6 拍：左脚前进一步，脚尖着地，同时身体左转 45°与男伴成“V”字形站立。

6. 侧行后退步

1～2 拍：左脚上前一步，重心前移，右脚后点地。

3～4 拍：重心后移，左脚前点地。

5 拍：左脚向侧弧形摆动后退一步。

6 拍：右脚后退并左脚。

7. 侧行前进步

男步

1～2 拍：左脚后退一步，重心后移，右脚前点地。

3～4 拍：重心前移，左腿后摆。

5 拍：左脚上前一步。

6 拍：右脚并左脚。

女步

1～2 拍：右脚后退一步，重心后移，左脚前点地。

3～4 拍：重心前移，右腿后摆。

5 拍：左脚上前一步，同时脚尖左转 90°。

6 拍：继续左转 90°，左脚并右脚成闭式舞姿。

8. 连续前进平衡步（图 10 - 38）

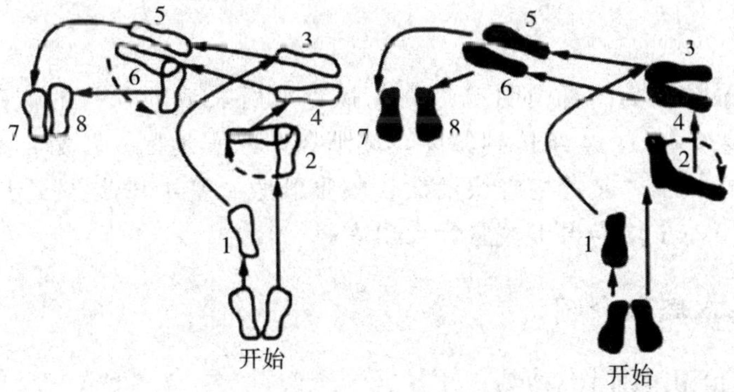

图 10 - 38 连续前进平衡步

1～2 拍：左脚向前方迈一步。

3～4 拍：右脚向前方迈一步，同时向右转 90°。

5 拍：左脚弧线向右脚左侧上一步，同时右转 90°。

6 拍：右脚向左脚靠拢，并步。

7～8 拍：左脚向左后退一步。

9～10 拍：右脚向左脚靠拢，并步，同时右拧 90°。

11 拍：左脚向左绕弧形退一步，同时左转 90°。

12 拍：右脚向左脚并步。

9. 侧弓步舞姿造型

男步

1～2 拍：左脚向左侧出一步，脚尖左转，屈膝成弓步，同时上体向左转 45°，左手握女伴右手至右侧上举，右手扶托女伴腰背部，挺胸，目视女伴。

3～4 拍：造型停留。

5 拍：左腿伸直起立，右手托女伴起立。

6 拍：左脚向右脚并步。

女步

1～2 拍：右脚向右侧出一步，脚跟右转，右腿屈膝重心在右脚上，左腿伸直，脚尖着地，同时上体稍后倒，向左稍转，挺胸，头稍左转目视左侧，左手放在男伴右肩上。

3～4 拍：造型停留。

5 拍：右腿伸直起立，同时身体右转与男伴相对站立。

6 拍：右脚向左脚并步直立。

第五节　狐步（Foxtrot）

狐步舞最初由美国喜剧明星哈利·福克斯所表演的独特的似跑非跑的快步舞演变而来，于 1914 年传到舞厅，逐渐风靡欧美地区。该舞运步圆滑，灵敏流畅，步幅较小，其风格轻快活泼，幽雅洒脱。基本舞步为 4 步一个循环，两慢两快，第一步均为男出左脚，女出右脚。

一、基本舞步介绍

1. 前进正步（图 10 - 39）

男步、女步动作相同，脚的方向相反。

1 拍：左脚前进。

2 拍：右脚前进。

3～4 拍：左脚前进，右脚并左脚。

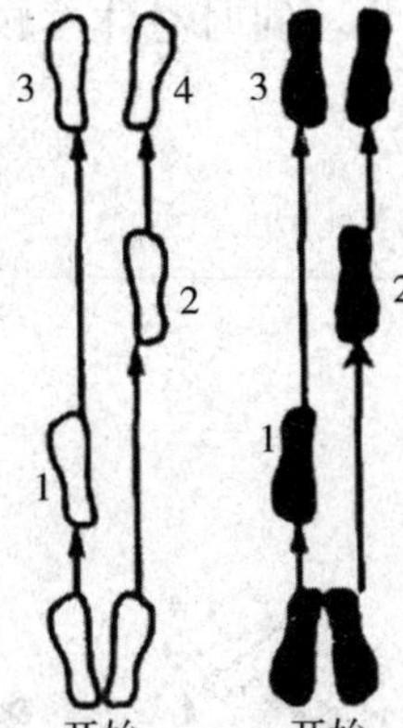

图 10－39　前进正步

2. 后退正步（动作同前进正步，方向相反）

3. 斜向前进步（图 10－40）

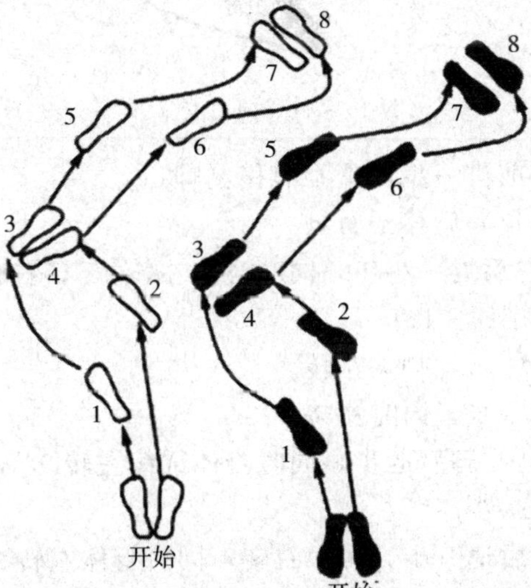

图 10－40　斜向前进步

男步、女步动作相同，脚的方向相反。

1 拍：左脚向左前方前进。

2 拍：右脚向左前方前进。

3～4 拍：左脚向左前进一步，同时身体右转 45°，右脚并左脚。

5 拍：左脚向右前方前进。

6 拍：右脚向右前方前进。

7～8 拍：左脚向右前进一步，同时身体左转 45°，右脚并左脚。

二、基本套路组合

1. 前进正步
2. 斜向前进步
3. 向左斜向前进步
4. 向右交叉步（图 10 - 41）

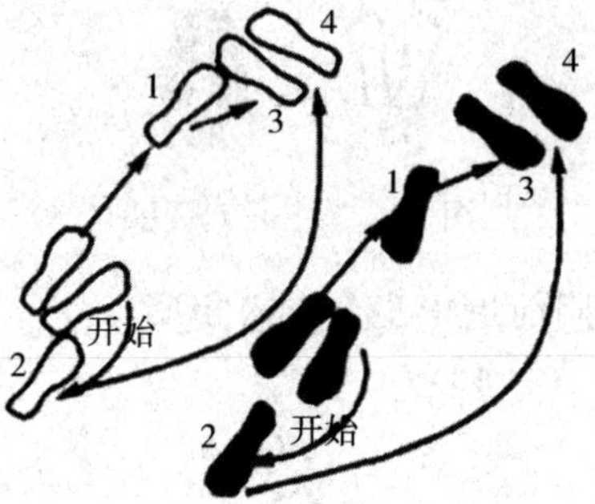

图 10 - 41　向右交叉步

1 拍：左脚向右前进一步，重心前移左脚。

2 拍：两脚不动重心后移至右脚。

3～4 拍：左脚左后退一小步，同时身体左转 45°，右脚并左脚。

5. 左旋转步（图 10 - 42）

1 拍：左脚前进一步，脚尖左转。

2 拍：右脚前进一步，同时左转 90°。

3～4 拍：左脚向右脚后退步，同时身体继续左转 90°，右脚并左脚。

5 拍：左脚后退一步。

6 拍：右脚向右后退一步，脚跟右转，同时身体左转 90°。

7～8 拍：左脚向左前进一步，脚尖左转，同时身体继续左转 90°，右脚并左脚。

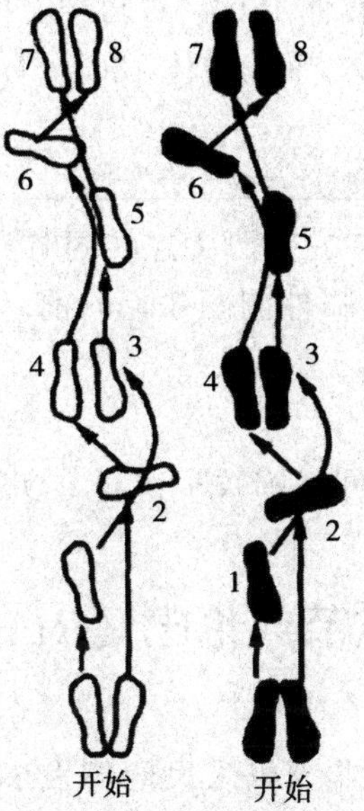

图 10－42　左旋转步

6. 右旋转步

右旋转步的动作技术与左旋转步同，但方向相反。

7. 前进正步

8. 向左轴转步（图 10－43）

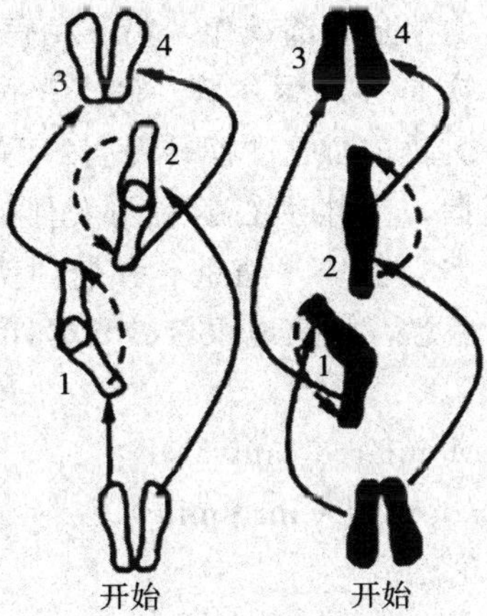

图 10－43　向左轴转步

男步

1 拍：左脚前进一步，脚尖左转。

2 拍：右脚前进一步，转体 180°，右腿在女伴左腿外侧画弧线。

3～4 拍：左脚前进一步，继续转体 180°，右脚并左脚。

女步

1 拍：右脚后退一步，脚尖左转。

2 拍：左脚向前一步稍向左，脚尖左转同时身体向左转 180°。

3～4 拍：右脚在男伴左腿外侧画弧，向前一步，继续左转 180°，左脚并右脚。

9. 向右轴转步

向右轴转步动作技术与向左轴转步相同，方向相反。

第六节　伦巴（Rumba）

伦巴舞由古巴土著人和非洲黑人民间舞发展而来，有“拉丁舞之魂”的美称。它的特点是胯部的韵律动作，是由腰部扭动带动胯部向两侧扭动，韵律平，上体与头部保持正直。其风格柔和浪漫、热情，富于表达内在的情感。音乐节拍是 4/4 拍，带有抒情的切分音旋律，节奏为快、快、慢。快为一拍，慢是两拍。左右足交替起步。

国际伦巴与舞厅伦巴有较大区别。根据竞技规则，国际伦巴的舞姿技法都有严格的要求和规范，舞步有其独特的风格。在节奏上，它要求空掉第 1 拍而重在第 2 拍上，即第 1 拍是胯部动作，第 2 拍再迈出起步足，故常把第 4 拍与第 1 拍连在一起。其次是强调臀、胯、膝、足的有机配合，胯部动作不是单一的左、右、前、后摆动，而是“摆转”。舞厅伦巴的舞姿是：男、女伴相对站立，屈肘于胸前互握，男伴手心朝上与女伴四指松握。其运步要点是多用横步，步幅较小，足掌先着地，随重心移胯，头与上体不能摇晃，松紧交替。女伴要根据男伴的示意，敏捷地跟着做与男伴相反的动作。

伦巴舞曲：

(1) 文雅的狂欢会（Mannered canival）；

(2) 微笑的影子（Shadow of your smile）。

这里所介绍的是舞厅伦巴。

一、基本舞步介绍

1. 左右侧行并点步（图 10 - 44）

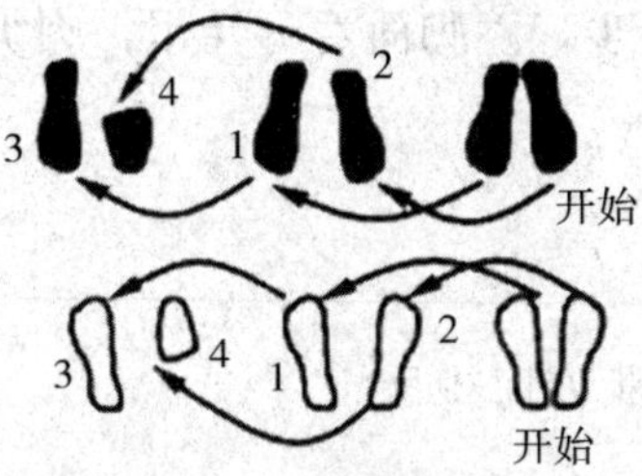

图 10-44　左右侧行并点步

男步（女步动作方向相反）

1拍：左脚向左侧一步。

2拍：右脚向左脚并步，前脚掌着地。

3～4拍：左脚向左再进一步，右脚拖向左脚并步，脚尖点地，重心移至左脚。

5拍：右脚向右侧一步。

6拍：左脚向右侧并步，前脚掌着地。

7～8拍：右脚再向右侧进一步，左脚拖向右脚并步，脚尖点地，重心移至右脚。

2. 前进后退步（图10-45）

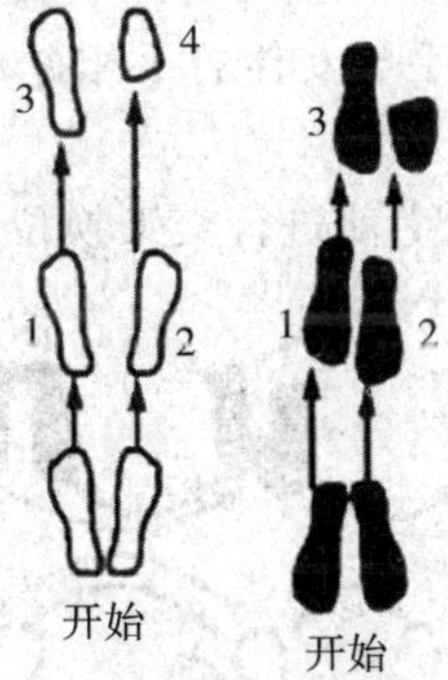

图 10-45　前进后退步

男步（女步动作方向相反）

1拍：左脚前进一步。

2拍：右脚前进向左脚并步，脚前掌着地。

3～4拍：左脚前进一步，右脚向左脚并步，脚尖点地。

5拍：右脚后退一步（图10-45的相反方向）。

6拍：左脚向右脚并步，前脚掌着地。

7～8 拍：右脚后退一步，左脚向右脚并步，脚尖点地。

二、基本套路组合

组合 1

以下为男步动作，女步方向相反。

1. 左右侧行并点步

2. 左侧行并点步右转（图 10 - 46）

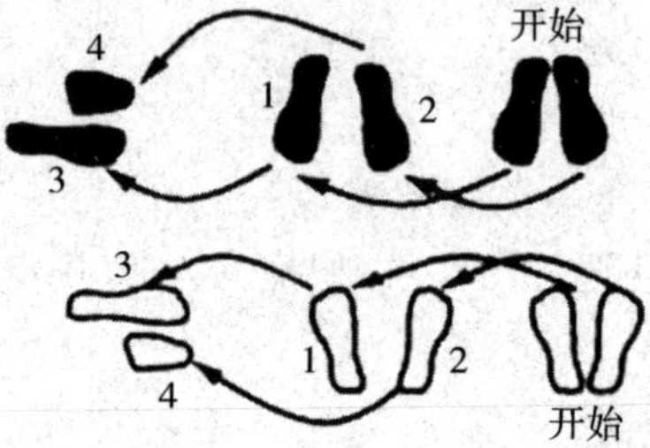

图 10 - 46　左侧行并点步右转

1 拍：左脚向左侧一步。

2 拍：右脚向左脚并步，前脚掌着地。

3～4 拍：左脚向左再进一步，同时身体右转 90°，右脚拖向左脚并步脚尖点地，重心移至左脚（男伴左手与女伴右手相握）。

3. 前进步

4. 左右交叉步（男生在女生前进行交叉换位）（图 10 - 47）

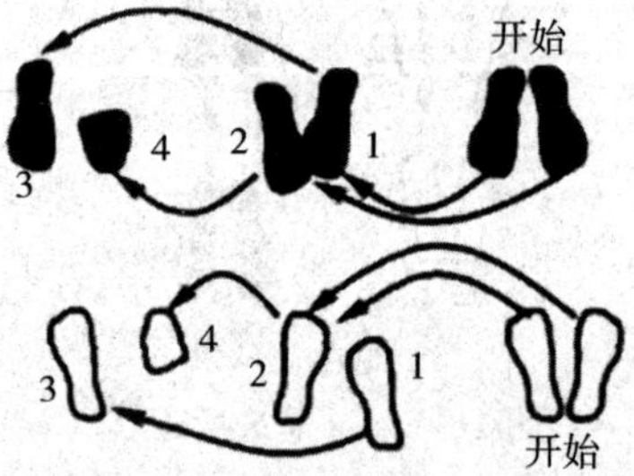

图 10 - 47　左右交叉步

1 拍：左脚向左侧进一步。

2 拍：右脚向左脚左前侧交叉进一步，前脚掌着地。

3～4 拍：左脚向左侧进一小步，右脚拖向左脚，脚尖点地。

5 拍：右脚向右侧进一步。

6 拍：左脚向右脚右前侧交叉进一步，前脚掌着地。

7～8 拍：右脚向右侧出一小步，左脚拖向右脚，脚尖点地。

5. 女右转 360°成抱腰位（图 10 - 48）

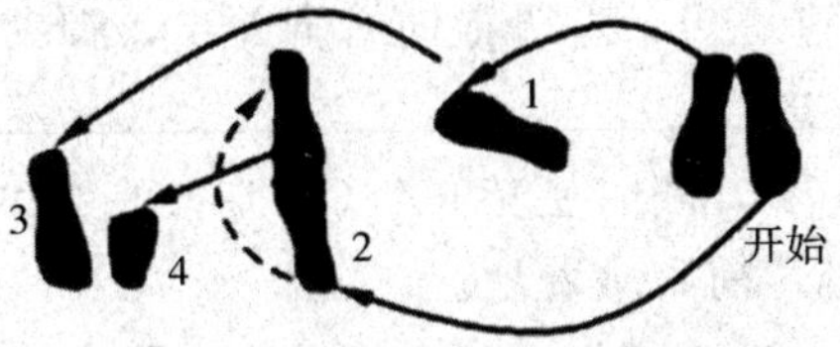

图 10 - 48 女右转 360°成抱腰位

男步

原地并点步。

女步

1 拍：右脚向右侧一步，同时身体右转 90°。

2 拍：左脚向右侧一步，身体继续右转 90°。

3～4 拍：右脚向侧一步，身体右转 180°，左脚拖向右脚，脚尖点地。

6. 后退步

7. 右转换位

1 拍：左脚侧出一步。

2 拍：右脚并左脚，前脚掌着地。

3～4 拍：左脚侧出一步，同时右转 90°，在女伴左侧，右脚拖向左脚并步，脚尖点地。

5 拍：右脚侧出一步。

6 拍：左脚并右脚，前脚掌着地。

7～8 拍：右脚侧出一步，同时右转 90°，换成女伴右侧，左脚拖向右脚并步，脚尖点地。然后重复 1～8 拍动作，共转体 360°，换位 4 次。女伴脚的动作相反，但转度与男伴相同。

8. 左右侧行并点步

男伴左手与女伴右手松开，同时左转 90°还原成开始姿势进行左右侧行并步。

组合 2

1. 前进后退步

2. 斜向前进步

1 拍：左脚向左前方进一步，同时身体左转 45°。

2 拍：右脚向前进一步，身体在女伴右侧。

3～4 拍：左脚前进一小步，右脚向左脚并步，脚尖点地。

5 拍：右脚向右前方进一步，同时右转 45°。

6 拍：左脚向右前方进一步，同时身体在女伴左侧。

7～8 拍：右脚再进一步，左脚拖向右脚并步，脚尖点地。

3. 左转侧行并点步

1 拍：左脚侧出一步，同时左转 90°（男伴右手与女伴左手相握）。

2 拍：右脚并左脚，前脚掌着地。

3～4 拍：左脚出一步，右脚拖向左脚并步，脚尖点地。

4. 同向侧行并点步

女步与男步动作、方向均一致。

1～4 拍：右脚起向右侧行并点步，同时身体向右转 45°，第 4 拍左脚跟在右脚前擦踏地。

5～8 拍：左脚起向左侧行并点步，第 8 拍右脚跟在左脚前擦踏地。

5. 右转侧行并点步（同左转侧行并步，向右转 90°，还原成开始姿势）

6. 牵手交叉换位

1～4 拍：左脚起向右侧前进交叉步，从女伴身后向右走至女伴右侧，同时左转 180°与女伴相对，男伴左手在女伴左肩上与女伴右手相牵，右手在女伴背后与女伴左手相牵。

5～8 拍：右脚起向右侧前进交叉步，从女伴身后还原到起始位置。

女步

1～4 拍：右脚起向右前进交叉步，同时身体右后转，右手与男伴在肩上相牵，左手与男伴在背后相牵，眼视男伴。

5～8 拍：左脚起向右侧前进交叉步，从男伴前还原到起始位置。

7. 单手牵举转体 360°

男伴左手牵握女伴右手，男伴每次左转 90°，女伴每次右转同时围绕男伴转 90°，与男伴对望。共重复 2×8 拍。

男步

1～4 拍：左脚起向右前方前进并点步，同时身体向左转 90°，左手上举牵动女伴前进，与女伴相对互望。

5～8 拍：右脚起向右侧行并点步，同时身体向左转 90°，与女伴相对互望。

女步

1～4 拍：右脚起向右前方踏转并点步，身体右后转同时脚步绕逆时针行 1/4 圈，与男伴相对互望。

5～8 拍：左脚起向左踏转并点步，身体右后转同时脚步继续绕逆时针行

1/4 圈，与男伴相对互望。

8. 左右侧行并点步

组合 3

1. 左右侧行并点步

2. 左进、右进开式旋转 360°

1 拍：右脚向左侧进一步，同时身体左转 90°，男伴右手与女伴左手相握。

2 拍：左脚原地踏一步，同时身体继续左转 180°，与女伴背对，右手与女伴左手脱离。

3～4 拍：右脚上前一步，身体继续左转 90°，左脚拖向右脚并步，脚尖点地，与女伴平行牵手。

5 拍：左脚向右侧进一步，脚尖右转同时与女伴左手脱开，身体向右转 90°。

6 拍：右脚原地踏一步，同时身体继续右转 180°，左手与女伴右手脱开。

7～8 拍：左脚前进一步，身体继续右转 90°，右脚拖向左脚并步，脚尖点地，与女伴平行牵手。

3. 逆转绕圆走

1～4 拍：右脚起左绕圆圈走 1/4 圈。

5～8 拍：左脚起向左继续绕圆弧走 1/4 圈。

第二个 8 拍同第一个 8 拍动作，走至一圈到原位。

4. 分身错背步

男步

1×8 拍：

1～4 拍：左转 90°，右脚起向右后侧行并点步，同时左手换握女伴左手，与女伴背对背，眼视女伴。

5～8 拍：左脚起向前并点步，同时身体向左转 180°，面对女伴背部，左手与女伴在背部相握。

2×8 拍：

1～4 拍：右脚起向前并点步，右转 180°还原成与女伴左手相握，背对背位置，眼视女伴。

5～8 拍：左脚起侧行并点步，背对女伴，左手在背后与女伴左手相握，眼视女伴。

女步

1×8 拍：

1～4 拍：左转 90°，右脚起向右后侧行并点步，同时左手与男伴左手相牵，与男伴背对背，眼视男伴。

5～8 拍：左脚起向侧并点步，背对男伴，左手在背后与男伴左手相握，眼视男伴。

2×8 拍：

1～4 拍：右脚起向左侧行并步，还原成与男伴左手相牵，背对背姿势。

5～8 拍：左脚起前进并点步，同时身体向左转 180°，左手在男伴背后握男伴左手，眼视男伴。

5. 绕圈转走一周扶臂

男步

1 拍：左脚向左前进并点步，同时身体向左转 90°，左手与女伴左手相握，屈臂于肩侧举。

2 拍：右脚向左侧进步，脚尖左转，同时身体继续左转 90°，迅速绕女伴左转圈走。

3～4 拍：左脚左转前进一步，右脚点于左脚旁，与女伴成左手相握的旁式舞姿。

5～8 拍：右脚起继续向右前进并点步，走至女伴右后侧，右手与女伴右手相牵，眼视女伴。

女步

1～4 拍：右脚起原地并点步，同时左臂侧举与男伴左手相握。

5～8 拍：左脚起侧行并点步，同时右臂向右下侧伸，上体稍向左侧倾斜，眼视男伴。

6. 背对交叉换位

1～4 拍：左脚起向左侧行并点步，与女伴换位，在女伴左侧，眼对视。

5～8 拍：右脚起向右侧行并点步，与女伴换位，在女伴右侧，眼对视。

7. 前进步

1～4 拍：左脚起前进步，同时男伴左手与女伴右手相握。

8. 侧行并步

1～4 拍：左转 90°，右脚起侧行并点步。

第七节　恰恰（Cha—Cha）

恰恰舞最早由非洲黑人传入拉丁美洲，后在古巴发展兴起。它在伦巴舞的基础上变化而来。其风格活泼欢快，舞步轻盈灵活，没有跳跃动作，下肢关节及臀部在运步时非常放松，转体时臀部的扭动和膝踝关节辗转摆动，与其他舞种形成了明显的对比。在恰恰舞中，胯部与音乐的配合比脚与音乐的配合更为重要。

舞步以4拍5步为一个循环，即二慢、三快，两个慢步占二拍，三个快步占二拍。

恰恰舞曲：

(1) 再见，牙买加（Jamaica，Farewell）

(2) 带我飞上月球（Fly me to the Moon）

一、基本舞步介绍

以下均为男步（男女舞步相同，出腿方向相反）。

1. 左右横并步

前段舞步

1拍：左脚前进一步，重心前移，出左胯。

2拍：重心移回右脚，出右胯。

恰：左脚横步。

恰：右脚向左脚并步，双膝稍弯。

恰：左脚横步，直膝。

后段舞步

1拍：右脚后退一步，向后移重心。

2拍：左脚原地踏一步，向前移重心。

恰：右脚横步。

恰：左脚向右并步，双膝稍弯。

恰：右脚横步，直膝。

2. 前进后退步

前段舞步

1拍：左脚前进一步，胯向左前侧顶送。

2拍：右脚在后踏一步，胯向右后侧顶送。

恰：左脚后退一步，前脚掌着地，胯向左后侧顶送。

恰：右脚在左脚前后退交叉磋步，前脚掌着地。

恰：左脚再后移一小步，胯向左侧顶送。

后段舞步

1拍：右脚后退一步，胯向右后侧顶送。

2拍：左脚在前踏一步，胯向左侧顶送。

恰：右脚向前方进一步，胯向右侧顶送。
恰：左脚在右脚后前进交叉磋步，前脚掌着地。
恰：右脚再前移一小步，胯向右侧顶送。

二、基本套路组合

组合 1
1. 左右横并步
2. 前进后退步
3. 连续后退步
1 拍：左脚前进一步，胯向左前侧顶送。
2 拍：右脚在后踏一步，胯向右后侧顶送。
恰：左脚后退一步，前脚掌着地，胯向左后侧顶送。
恰：右脚在左脚前后退交叉磋步，前脚掌着地。
恰：左脚再后移一小步，胯向左侧顶送。
恰：右脚后退一步，前脚掌着地，胯向右后侧顶送。
恰：左脚在右脚前后退交叉磋步，前脚掌着地。
恰：右脚再后移一小步，胯向右侧顶送。
恰：左脚后退一步，前脚掌着地，胯向左后侧顶送。
恰：右脚在左脚前后退交叉磋步，前脚掌着地。
恰：左脚再后移一小步，胯向左侧顶送。
4. 连续前进步
1 拍：右脚后退一步，胯向右后侧顶送。
2 拍：左脚在前踏一步，胯向左侧顶送。
恰：右脚向前方进一步，胯向右侧顶送。
恰：左脚在右脚后前进交叉磋步，前脚掌着地。
恰：右脚再前移一小步，胯向右侧顶送。
恰：左脚向前方进一步，前脚掌着地，胯向左侧顶送。
恰：右脚在左脚后前进交叉磋步，前脚掌着地。
恰：左脚再前移一小步，胯向左侧顶送。
恰：右脚向前方进一步，胯向右侧顶送。
恰：左脚在右脚后前进交叉磋步，前脚掌着地。
恰：右脚再前移一小步，胯向右侧顶送。
5. 叉形步（手接手）
前段舞步

1 拍：左转 90°，左脚后退，左手向旁打开。

2 拍：右脚原地踏一步，在后半拍时准备右转。

恰：右转 90°，左脚横步，左手与女伴右手相拉。

恰：右脚向左脚并步。

恰：左脚横步。

后段舞步

1 拍：右转 90°，右脚后退，左手与女伴相拉，右手向旁打开。

2 拍：左脚原地踏一步，后半拍准备左转。

恰：左转 90°，右脚横步，右手与女伴相拉。

恰：左脚并右脚。

恰：右脚横步。

组合 2

1. 左右横并步

2. 正反并进步（纽约步）

前段舞步

1 拍：右转 90°，左脚前进，左肩并肩位。

2 拍：右脚原地踏一步，后半拍准备左转。

恰：左转 90°，左脚横步。

恰：右脚并左脚。

恰：左脚横步，直膝，准备左转。

后段舞步

1 拍：左转 90°，右脚前进，右肩并肩位。

2 拍：左脚原地踏一步，后半拍准备右转。

恰：右转 90°，右脚横步。

恰：左脚并右脚。

恰：右脚横步，直膝。

3. 点转

点转指动力脚交叉在主力脚前面，以双脚掌为轴的转身，转动时重心主要在前脚，男女舞伴同时转。

前段舞步

1 拍：左脚进右脚前交叉，脚跟离地，双脚掌为轴右转，转时重心偏左。

2 拍：继续右转，重心在右脚。

恰：右转一周完成与女伴相对，左脚横步。

恰：右脚并左脚。

恰：左脚横步。

后段舞步

1 拍：右脚进左脚前交叉，脚跟离地，双脚掌为轴左转，转时重心偏右，由肩引导。

2 拍：继续左转，重心在左脚。

恰：左转一周完成与女伴相对，右脚横步。

恰：左脚并右脚。

恰：右脚横步。

4. 左转 90°连续前进步（第 1 拍时左转 90°与女伴肩并肩，两手分开）

5. 连续后退步

6. 左转步

1 拍：左脚后退一步，重心后移。

2 拍：右脚原地一步，重心前移，同时身体左转 180°。

恰：左脚横步，同时身体继续左转 90°，面朝女伴。

恰：右脚并左脚。

恰：左脚横步。

7. 左右扭胯步

前段舞步

1 拍：右脚向左脚前一小步，脚尖左转，胯向左扭。

2 拍：左脚并在右脚旁，同时胯向右扭，脚尖同时右转。

恰：右脚向左脚前一小步，脚尖左转，胯向左扭紧。

恰：左脚并右脚，同时胯向右扭，脚尖右转。

恰：右脚向左脚前一小步，脚尖左转，胯向左扭紧。

第三篇　体育价值篇

第十一章　形体训练

第一节　概　述

罗丹曾说过："完美是不存在的，但人应该尽可能地追求完美。"爱美、追求美是全人类的共同心愿，是人的天性。人对形体美的追求是在生存条件得到极大改善的基础上发展而来的一种审美需要。这是健康进取的表现，是社会兴旺发达、国家经济稳定发展的标志。人体的形体美包括人体的体形之美和人体的姿态美两个方面。

一、体形之美

体形之美包含均衡、对称、曲线、对比这四要素。其中均衡是指身体各部分的大小要符合一定的比例。比如，上、下身的比例一般为5∶8。对称是指人体左右对称，从正面或背面看身体左右两侧要平衡发展。对比是指人的体形要符合性别的特征，这是一种隐形的对比。男子需符合男性的阳刚之美，女子需符合女性的阴柔之美。人体躯干与四肢的对比：躯干是枢轴，应该给人稳定的感觉；四肢是人的运动器官，应该给人灵活的感觉。人体关节和肌肉部位的对比：肌肉粗说明发达，关节部位细说明关节外附着的脂肪少、灵活。人体上、下肢的对比：由于功能不同，下肢要有粗线条和稳定的结构，上肢则要求有细线条和多变的结构。曲线指人体形态，曲线不仅要流畅、鲜明，还要线条起伏对比恰到好处。如胸要挺，腹要收，背要拔，腰要立，肩要宽，等等。

姿态就是形，是形体艺术的最基本特征。姿态包括形、力、停、呼吸四要素。

（一）形

优美的动作，离不开对形的规范。

1. 人体整体的基本动作；

2. 身体各部分的基本姿势；

3. 身体各部分静态时常在的位置；

4. 身体各部分运动中的基本要求，尤其是由一种姿势向另一种姿势过渡时的运动方式等。

（二）力

保持一个姿态或使姿势和动作的性质发生变化都离不开肌肉用力。力包括正确的用力方法和不同的力度。

正确的用力方法包括以下几个方面：第一，不该参与动作的肌肉不参与；第二，参与动作的肌肉应该按照一定的顺序进行收缩；第三，在静态中肌肉应达到保持正确姿势所必需的紧张程度；第四，在动态中则要求相对于协同肌的对抗肌保持适度的紧张，有控制地用力。

肌肉紧张的程度即是力度。肌肉紧张程度高，力度则大，反之，则力度小。力度大致分为大、中、小三种，由此动作就表现出刚、劲、韧、柔。力度的变化关系到动作的性质，受音乐制约。善于运用程度不同的肌肉紧张做动作，不仅能养成合理运用力量的习惯，而且能富有表情地完成动作。

用力方法和力度的关系是密切的。用力方法是否正确，关系到形是否正确，力度的变化则关系到动作的性质。因此，在掌握正确的用力方法的同时，还必须把握好力度。

（三）停

形体表演是动与静相结合的艺术，两组动作之间必然有一个停顿，通过必要的停顿将动作分割成若干段落，并展示优美的造型。这种由动转为静时停止动作的方法叫停。停不能没有，也不可滥用。一般说来，停主要有三种形式，即急停、缓停和远端急停。

1. 急停。急停是指快速运动中的突然停止。要求运动中的身体各部分同时停止动作。要求急停之后有明显的停顿，动作则刚劲迅猛，干净利索，动静分明。

2. 缓停。缓停是指慢速运动中的渐渐停止，停顿的时间可长可短。要求风格柔和、流畅、舒缓。

3. 远端急停。远端急停又称端停，多指头、手和前臂在短暂的加速运动中的突然停止，端停之后通常有明显的停顿。要求动作棱角分明，抑扬顿挫。

无论何种停法，都应将每一次停顿当作前一个动作的结束和后一个动作的开始。这时肌肉也始终保持着必要的紧张，不要有任何懈怠。

（四）呼吸

形体表演多以胸式呼吸为主。胸式呼吸一呼一吸的转化来得快，肌肉紧张的调节快，重心的波动小。胸式呼吸可以使胸廓扩大、上提，深吸气时锁骨、肩部都会向上，上体更加挺直……这些胸式呼吸时身体外形的变化可以大大增加动作的表现力。那么在形体表演时对呼吸有哪些具体要求呢？

呼吸与动作必须协调配合。展体、向上举臂、踢腿时吸气；下蹲、体前屈、臂或腿下落时呼气；腿由屈缓缓伸直时均匀地呼气；做平衡动作时有短暂的屏气或是极浅表的呼吸；做跳步时，起跳的瞬间猛地吸气，紧接着屏气；做很用力的动作和落地站稳时需要屏气，同时关闭声门，加大腹压，似欲呼而又呼不出去等等。总之，呼吸与动作的配合实质上是胸廓的提沉和固定与形体动作的上下、开合、停止相一致。

2. 减少呼吸对动作完成质量的影响。在运动中，采用浅表的呼吸能最大限度地减少呼吸对完成动作的影响。但是，最重要的还是通过大强度的训练来提高机体对缺氧的耐受力，使呼吸能自动调节。

以吸气动作作为表演的开端。做好第一个动作或者做好由静向动的转换，在一定程度上反映了表演者的艺术修养。以吸气动作作为开端的吸气不同于安静时自然的吸气，它必须是有意识的、非常投入的。在一吸之间，表演者的身体姿态、外在神情、内在情绪全部进入了规定的情景，这样就紧紧抓住了观众的眼球，引人入胜。

总之，形、力、停、呼吸是有形与无形的绝对配合。它们是形体美的基础，只有相互间制约、内外结合，才能使形体富有神韵。

二、形体训练

形体是人体结构的外在表现，是一门艺术。人体只有在四肢、躯干、头部及五官的合理配合下才能显示出姿态优美、体形匀称的形体美。随着人类社会文明程度的不断提高，人们对姿态的要求不再是简单的正确与否，社会文明呼唤着人们姿态美水平的不断提高。而这些，只有通过量力而行而又持之以恒的形体训练才可成就。那么，什么是形体训练？形体训练包括哪些内容？形体训练有什么特点呢？

形体训练是以生理学理论为基础，利用各种器械或通过徒手，运用科学的动作方法改变人的形体的原始状态，使之更加完美的有目的性的形体素质练习。它可以提高和改善人的形体表现力，使人体以它生动、柔和的线条与轮廓，有力的体貌与匀称的形态成为大自然中完美的一分子。

形体训练采用的方法有许多。例如，徒手姿态操、徒手健美操、器械健美操、徒手韵律操、器械韵律操以及各种舞蹈动作。也可利用纯器械来练习，如哑铃、杠铃、健身器械、特别的练习架等等。总之，形体训练就是利用不同方法进行基本功训练和基本形态训练。

形体练习不仅使人健康，更使人美丽。生命之美是任何人都追求的，所以，形体训练具有群众性和针对性。从形体训练的形式看，形体训练又具有内容多样、方法灵活的特点。

由于音乐可以丰富人的想象力和表现力，使那些枯燥单调的身体练习变得有趣，所以形体训练离不开音乐。人们可以通过不同风格的乐曲，创造出不同特色的形体动作，增加形体表演的感染力，愉悦身心，陶冶情操。音乐是形体训练的灵魂，艺术性是形体训练不变的主题。

形体训练对人体的健康大有好处，健康是美的基础。它不同于球类、游泳等运动，也与健美、技巧、体育舞蹈等项目有区别。它一方面能锻炼身体，另一方面又可以有重点地雕塑人体的形态，培养良好的姿态。它使练习者在掌握形体锻炼的基本知识、技能和技术的同时，提高形体的美感，培养良好的气质。因此，在形体训练中，练习者一定要遵循全面锻炼身体的原则，适宜负荷、循序渐进的原则，培养良好形态的原则，科学的针对性原则，练习内容多样化、理论结合实践的原则，等。

另外，在形体训练的前后一定要做好准备活动和整理运动。注意预防运动损伤，避免过度的疲劳，给肌肉充分的休息时间。只有关注自己的身体状况，防患于未然，才能使形体练习达到事半功倍的效果。

第二节　基本技术

形体的基本技术包括形体的基本素质练习和形体的基本姿态控制练习两方面。形体的基本素质练习是形体训练的基本技术，是形体姿态控制的基础。通过科学的各类身体动作练习，掌握基本动作的正确做法，可以对人体的肩、胸、腹、腿等部位进行强化训练，加强腿部支撑的力量，有效改善关节的灵活性，增加动作的协调性、节奏感和表现力，从而达到姿态优美的目的。

一、形体基本素质练习

进行基本素质练习时要注意练习应由易到难，内容避免单一化，要加强对称动作的练习，要全面发展，这样才能为改善形体打下良好的基础。

（一）腿部力量和柔韧性练习

1. 脚面柔韧性练习。脚面柔韧性是体现形体美、姿态美的不可忽视的因素，一般采用单人练习和双人配合练习。

（1）跪坐压脚背练习。

预备姿势：练习者双腿跪坐在地毯上，双脚双腿靠拢夹紧，脚面绷直贴在地毯上，收腹，立腰，双手放在大腿两侧撑于地，臀部坐在踝关节上。

动作方法：1×8 拍的 1～4 拍，一拍一动压脚踝，5～8 拍，臀部坐在踝关节上停 4 拍。

2×8 拍，两膝盖打开，臀部上下一拍一动，压在踝关节上，5～8 拍臀部在踝关节停 4 拍。

3×8 拍、4×8 拍同前两个八拍动作。

动作要求：脚面绷直，收腹，压踝关节时动作柔和，切忌猛烈。

（2）勾、绷脚面练习。

预备姿势：直角坐在地板上，双臂置于体侧，中指尖点地。

动作方法：1×8 拍的第 1～2 拍，用力勾起双脚脚趾。3～4 拍，勾起脚面，脚跟用力前蹬，使脚面与小腿的角度越小越好。5～6 拍动作同 1～2 拍。7～8 拍绷脚面还原成开始姿态。2×8 拍重复一次。

3×8 拍的 1～2 拍，勾右脚。第 3～4 拍，双脚交换。5～8 拍动作同 1～4 拍。4×8 拍重复一次。

5×8 拍的 1～4 拍，双脚勾。5～8 拍绷脚尖。6×8 拍重复一次。

7×8 拍的 1～2 拍，双脚勾。3～4 拍，双脚外分开至最大限度。第 5～6 拍，双脚外侧向前。第 7～8 拍绷脚尖。

8×8 拍的 1～2 拍同 7×8 拍的 5～6 拍。3～4 拍同 7×8 拍的 3～4 拍。5～6 拍同 7×8 拍的 1～2 拍。7～8 拍同 7×8 拍的 7～8 拍。

动作要求：保持紧臀、立腰、挺胸、立颈、微抬头的姿态，双腿并拢、伸直，绷好脚面。

（3）举腿勾，绷脚练习。

预备姿势：平躺在地板上，收腹，挺胸，绷脚面，双手心向下置丁体侧。

动作方法：1×8 拍的第 1 拍，左脚向正上方绷脚面并举起。2 拍勾脚面。3 拍绷脚面。4 拍还原成预备姿势。5～8 拍双脚向正上方向绷脚面并举起，动作同 1～4 拍。

2×8 拍同 1×8 拍，动作相同，换脚练习。

动作要求：勾、绷脚面练习时，双腿伸直，控制好身体形态。

（4）弹踢腿绷脚面练习

预备姿势：平躺于地毯上，挺胸，收腹，双腿伸直，双手心向下置于体侧。

动作方法：1×8 拍的 1 拍迅速向正上方收左腿。2 拍左吸腿弹直成举腿状态。3 拍屈膝回收成第 1 拍状后，迅速弹踢至斜上方。4 拍还原。5 拍左侧收左腿，大小腿紧贴地面。6 拍左小腿弹直，使大小腿、脚尖成一条直线。7 拍屈膝回收成第 5 拍姿势后，迅速弹踢至斜下方。8 拍还原。2×8 拍同 1×8 拍，方向相反，动作相同。

动作要求：保持身体的基本形态，收腿时大小腿要夹紧，绷腿的脚面脚尖点地，弹踢时，大腿不动小腿弹直，在侧弹踢时，骨盆固定紧贴地面。

（5）提踵练习。

预备姿势：面对把杆站立，双手轻轻扶住把杆，立正站好。

动作方法：1×8 拍的第 1 拍，双脚提踵立。2 拍落下。3 拍同 1 拍。4 拍同第 2 拍。5 拍双脚提踵立。6～8 拍控制提踵。

2×8 拍的 1～2 拍双脚提踵，屈膝下蹲。3～4 拍回到预备姿势。5～6 拍同 1～2 拍。7～8 拍同 3～4 拍。

动作要求：保持上体的基本形态，立腰，立背，提踵，以趾关节着地。

（6）双人配合练习。

预备姿势：练习者直角坐在地板上，帮助者跪于练习者的对面，双手按在练习者的脚趾关节上。

动作方法：一拍一压做 4×8 拍，最大限度压，控制 20 秒，帮助者动作由轻压逐渐加力，练习者保持身体的正确形态，配合帮助者进行练习。

动作要求：练习者要夹紧双腿，绷脚面，紧臀，立腰，立背，肩放松后夹，挺胸，立颈，略抬头。

2. 腿部练习。腿部练习是基本功训练不可缺少的部分，重点是练习髋关节、膝关节、踝关节的坚固性和灵活性，以提高站立时姿态的优美程度。

（1）直腿屈体压腿练习。

预备姿势：练习者立正站好，双臂伸直，手心向下。

动作方法：1×8 拍的第 1 拍前半拍，上体屈用力下振，后半拍上体稍抬起。

2×8 拍两腿分开直腰，双手经跨下后穿，上体屈用力下振，一拍一动。

3×8 拍的 1～2 拍，屈髋展膝，蹋腰前压上体。3～4 拍直立还原，分腿立。5～8 拍同 1～4 拍。

4×8 拍重复 1×8 拍的动作。

动作要求：做动作时，双腿并拢伸直，腰发力向前下振，动作幅度逐渐增大，蹋腰挺胸做动作时，要抬头。

（2）坐姿压腿练习。

预备姿势：直角坐在地毯上，立腰，立背，头向上顶，双手屈臂放在大腿两侧。

动作方法：1×8 拍，一拍一动，双脚并拢，上体前压，前压时稍抬头，用胸腹部尽量贴近大腿面，双小臂贴近地面。

2×8 拍的 1～2 拍，两腿分开，上体左侧压，右手三位，左手一位。3～4 拍上体还原直立。5～8 拍同 1～4 拍，方向相反。

3×8 拍，一拍一动，两腿分开，上体前压，慢慢前压至最大限度。

4×8 拍，二拍一动，1～4 拍两腿一屈一直分腿坐，上体侧压，5～8 拍方向相反。

动作要求：做动作时，应双腿伸直，脚面绷直，上体前压时，胸腹应贴近大腿面，侧压时应双肩水平侧倒，带动上体完成动作。

（3）坐姿屈膝后压腿练习。

预备姿势：左腿向后伸直，右腿大小腿折叠跪坐，上体正直，双手体侧指尖扶地。

动作方法：1×8 拍的 1～2 拍，左手臂带动上体后振。3～4 拍上体略回，含胸，左手臂摆至体前。5～8 拍同 1～4 拍。

2×8 拍头向后仰，双手体后抓住左脚踝关节，控制 1 个 8 拍。右膝屈，头向后仰，右脚尖尽量贴近地面。

3×8 拍、4×8 拍同 1×8 拍、2×8 拍，方向相反。

动作要求：回腰时，动力腿屈膝，脚面绷直。

（4）站姿压腿练习

正压腿。

预备姿势：面对把杆站立，上体正直，双手叉腰，左腿支撑，右腿放在把杆上。

动作方法：1×8 拍的第 1～2 拍，上体前倾压腿。3～4 拍还原成准备姿势。5～8 拍同 1～4 拍，方向相反。

做 4×8 拍后再前倾压腿继续控制 2×8 拍。

动作要求：双腿伸直，抬头，挺胸，立腰，立背，前倾压腿时腹部尽量贴近大腿。

侧压腿。

预备姿势：侧对把杆，上体直立，左脚支撑脚一位，右脚脚面绷直，放在把杆上，右手扶杆，左手三位。

动作方法：1×8 拍的第 1～2 拍，上体向右侧倾压腿。3～4 拍还原成预备姿势。反复练习。

4×8 拍后，侧倾压腿控制 2×8 拍。

动作要求：抬头，挺胸，立腰，立背，侧压腿时上体侧屈，双腿伸直，不要后仰。

后压腿。

预备姿势：上体正直，右侧对把杆，左脚支撑，右腿伸直向后放在把杆上，右手扶把杆，左手三位姿态。

动作方法：1×8 拍的 1～2 拍，上体后侧压右腿。3～4 拍还原成预备姿势。5～8 拍同 1～4 拍。

2×8 拍的 1～2 拍，上体后侧压右腿的同时屈左膝，3～4 拍还原成预备姿势。5～8 拍屈左膝，后侧压右腿 4 拍。

反复练习，换腿练习。

动作要求：抬头，挺胸，立腰，立背，动作舒展，支撑腿屈膝，上体不前倾，后压腿时上体后倾至最大限度。

（5）双人配合练习。

预备姿势：练习者平躺在地板上，双手根据需要平放或侧撑。帮助者面对或侧对练习者站立，练习者将左腿向正前方或左上方抬起，帮助者一脚压在练习者大腿上，一手扶住练习者左腿。

动作方法：练习者按照单人练习的方法，做前压、侧压练习，帮助者用适当力量推练习者左腿。

动作要求：练习者双腿伸直，脚面绷直，抬头，挺胸，立腰，帮助者一手按住练习者膝关节处，以保证练习时动力腿充分伸直，一手推练习者的踝关节处。

3. 弹踢腿练习。

（1）正踢腿。

预备姿势：练习者平躺在地毯上，双手直臂于体侧，手心向下，双腿并拢伸直，绷直脚面。

动作方法：1×8 拍的 1 拍，左脚向上踢起，2 拍慢回落至预备姿势。反复练习 4×8 拍，然后向上举腿控制 4×8 拍，两腿交换练习。

动作要求：双腿伸直、绷直脚面，动力腿踢脚迅速，回落控制，制动。

（2）侧踢腿。

预备姿势：身体侧卧成一直线，右肘撑地，手指向前，手心向下，大臂垂直于地面，左手体前撑地。

动作方法：1×8 拍的 1 拍，左腿向侧上方踢出。2 拍回落成预备姿势。3～4 拍同 1～2 拍，5～8 拍同 1～4 拍。反复练习 4×8 拍，然后侧举左腿控制 4×8 拍，两腿交换练习。

动作要求：抬头，挺胸，立腰，绷脚尖，踢腿动作迅速有力，制动。

（3）后踢腿。

预备姿势：双手臂伸直，手心向下，身体俯卧。

动作方法：1×8 拍的 1～2 拍，左腿向后上踢，右手直臂向上摆起。3～4 拍还原成预备姿势。5～8 拍同 1～4 拍。

2×8 拍同 1×8 拍，方向相反。

3×8 拍、4×8 拍为一拍一动的练习。

5×8 拍的 1 拍，两手臂和双脚向后摆起后控制 4×8 拍。

动作要求：双腿伸直，绷脚尖，后踢腿时挺胸、抬头、反背弓。

（4）跪撑踢腿。

预备姿势：双手直臂撑地，双腿跪立，同时抬头，挺胸。

动作方法：1×8 拍的 1 拍，左腿向后上方踢出。2 拍左腿还原成直膝点地。

5×8 拍的 1 拍，左腿向左侧直腿踢出。2 拍还原成预备姿势。

反复练习两个 8 拍，换另一腿练习。

动作要求：踢腿时要抬头、挺胸，塌腰至最大反背弓，侧踢时膝盖、脚尖要绷直。

（5）正弹踢腿。

预备姿势：练习者直腿坐撑于地面，脚尖绷直，抬头挺胸。

动作方法：1×8 拍的 1 拍踢左腿。2 拍屈膝右侧点地。3 拍弹踢左腿。4 拍还原成预备姿势。5 拍收双腿成双点地。6 拍弹踢双脚。7 拍上、下剪腿。8 拍还原成预备姿势。

动作要求：在整个动作过程中要抬头挺胸，弹踢时要绷脚尖，双臂一直保持直臂撑的状态。

（6）侧卧弹踢腿。

预备姿势：身体侧卧成一直线，右肘撑地，手指向前，掌心向下，大臂垂于地面，左手体前撑地。

动作方法：1×8 拍的 1 拍左脚向左上侧踢出。2 拍左脚屈膝在右腿前点地。3 拍左脚弹踢至左侧前上。4 拍还原成预备姿势。5 拍左脚前踢。6 拍左脚后踢。7 拍同第 5 拍。8 拍后踢至最大幅度后，左手前上伸控制 4×8 拍。

动作要求：弹踢时，大腿保持不动，以膝为轴，弹踢小腿且绷脚尖，控制时成最大的反弓，上体保持抬头挺胸的姿势。

(7) 站立踢腿。

预备姿势：身体左侧对把杆站立，右手叉腰，左手扶杆。

动作方法：1×8 拍的 1 拍左腿用力向正前方踢出。2 拍有控制地回落至前点地的位置。3～4 拍擦地收回左腿成预备姿势。5～8 拍同 1～4 拍。2×8 拍的第 1 拍左腿用力向正侧方踢出。2 拍回落在正侧点地。3～4 拍擦地收回左腿成预备姿势。5～8 拍同 1～4 拍。

3×8 拍的 1 拍用力向正后方踢出左腿。2 拍回落至后点地的位置。3～4 拍擦地回收成预备姿势。5～8 拍同 1～4 拍。

4×8 拍同 2×8 拍，交换腿练习。

动作要求：抬头，挺胸，立腰，立背，踢腿时脚尖绷直，膝盖伸直，侧踢时，髋关节不能晃动，收胯或送胯。

(8) 站立弹腿。

预备姿势：身体左侧对把杆站立，前收右腿，右手叉腰，左手扶把杆。

动作方法：1×8 拍 1 拍弹踢右小腿约 25°。2 拍回收右小腿成预备姿势。3～4 拍、5～6 拍同 1～2 拍。7 拍快速两次弹踢。8 拍还原成侧收腿。

2×8 拍动作同 1×8 拍的动作。

动作要求：上体保持正直，不要乱晃。弹踢时，以膝关节为轴，快速制动，脚尖绷直。

(9) 小踢腿。

预备姿势：身体左侧对把杆，右手叉腰，左手扶杆。

动作方法：1×8 拍的 1 拍左腿迅速踢出，约 30°左右，制动。2 拍左脚擦地收回成预备姿势。3～4 拍、5～6 拍同 1～2 拍。7 拍外压脚踝两次。8 拍收回。

2×8 拍同 1×8 拍，方向变为侧向。

3×8 拍同 1×8 拍。

4×8 拍的 1～4 拍同 2×8 拍的 1～4 拍。5 拍向正前方小踢腿。6 拍向侧画 90°弧。7 拍前半拍为侧收腰，后半拍正前小踢。8 拍擦地回收。

动作要求：上体保持正直，小踢腿快速、有力，制动。压踝有弹性，踢腿时保持脚面外展，膝盖、脚尖绷直。

(10) 蹲的练习。

预备姿势：身体左侧对把杆站立，右手叉腰，左手扶杆。

动作方法：1×8 拍的 1～2 拍左腿屈膝的同时右脚擦地出去成点地。3～4 拍身体向前移重心，成两腿屈膝前后半蹲，重心在两脚之间。5～6 拍继续向前移重心成右弓步。7～8 拍左腿擦地收回。

2×8 拍的 1～2 拍右腿向侧擦地出去成右侧点地。3～4 拍右腿向侧移重心成左右开立半蹲。5～6 拍保持 3～4 拍姿势，提踵立。7～8 拍擦地回收成一位站立。

3×8 拍的 1～2 拍屈膝半蹲。3～4 拍还原。5～6 拍提踵屈膝半蹲。7～8 拍还原成一位站立。

4×8 拍同 1×8 拍，方向相反。

动作要求：上体保持正直，下蹲时重心保持垂直升降，移重心时，上体保持平稳，不能前倾后仰。

（二）髋部柔韧性练习。

髋部柔韧性是影响形体的基本因素之一，是增强身体柔韧性和全身协调性的关键。髋部柔韧性的好坏，直接影响形体动作的舒展大方的程度，通过髋部的柔韧性练习还可以塑造臀部的优美曲线。

1. 开胯练习之一。

预备练习：练习者含胸坐在地板上，屈双膝，脚尖绷直点地，两手放于膝关节处。

动作方法：1×8 拍的 1～2 拍双手外下方压膝关节成开胯姿势。3～4 拍双膝还原成预备姿势。5～8 拍同 1～4 拍。

2×8 拍一拍一动，下压开胯时，脚心相对，侧屈膝，保持状态并一拍下压一次。

3×8 拍、4×8 拍同 1×8 拍、2×8 拍。

动作要求：立腰，挺胸，下压有力。

（2）开胯练习之二。

预备姿势：双腿屈膝，脚心相对，俯撑在地板上。

动作方法：1×8 拍的 1～2 拍提臀，提腰，低头含胸。3～4 拍下压胯关节，塌腰，抬头挺胸。5～8 拍同 1～4 拍。

2×8 拍保持 3～4 拍动作，同时一拍一动下压胯关节。

3×8 拍、4×8 拍，把胯关节下压至最大限度，控两个 8 拍。

动作要求：脚心贴紧，有意识地下沉臀部，双腿尽最大限度打开。

（3）坐姿双腿外分练习。

预备姿势：分腿坐在地上，立背，挺胸，收腹，双手扶大腿内侧。

动作方法：1×8 拍的 1～4 拍，腰以上部位挺直，塌腰，挺胸，抬头，上体下压。反复练习 4×8 拍。

动作要求：头部和腰脊椎保持在一条直线上，并用力挺直，膝盖和脚趾始终保持向上的姿态。

（4）平躺开跨练习。

预备姿势：仰卧平躺在地板上，双腿并拢伸直，绷脚尖，手臂伸直，手心向下置于体侧。

动作方法：1×8 拍的 1～2 拍左脚向上方屈腿，左脚尖点地。3～4 拍左屈腿外翻 90°落在地板上。5～6 拍同 1～2 拍。7～8 拍左腿伸直还原。

2×8 拍的 1～2 拍左腿上举至最大限度。3～4 拍从上举向旁侧落下，贴于地面，髋充分打开。5～6 拍同 1～2 拍。7～8 拍还原成预备姿势。

动作要求：骨盆固定，贴紧地板，绷脚尖，髋关节放松，举腿的幅度越大越好。

（5）坐姿向内压胯练习。

预备姿势：分腿屈膝坐在地毯上，两手体后撑地。

动作方法：1×8 拍的 1～2 拍左脚屈膝点地，向右下压胯以左膝内侧点地。3～4 拍还原成预备姿势。5～6 拍右腿重复左腿动作，方向相反。7～8 拍还原。

2×8 拍双膝同时向内压髋，二拍一动。

3×8 拍、4×8 拍重复 1×8 拍、2×8 拍。

5×8 拍控制双膝内压动作 1～8 拍。

动作要求：臀部要尽量不离开地面，上体保持正直，抬头挺胸，做动作时速度不要太快，幅度由小至大，慢慢加大。

（6）平躺扫腿绕跨练习。

预备姿势：仰卧平躺在地毯上，双脚并拢，绷脚尖，双手掌心朝下放在体侧。

动作方法：1×8 拍的 1 拍左腿向上举至最大限度。2 拍左腿从上举落，贴于地面。3 拍左脚向右脚方向踢出。4～8 拍左脚从右侧自胸前至左侧绕环扫腿，然后还原成预备姿势。

2×8 拍同 1×8 拍，方向相反，换腿练习。

动作要求：双腿伸直，开肩平躺，身体紧贴地面，动力腿尽量围绕髋关节做最大幅度的匀速转动。

（7）顶髋练习。

预备姿势：仰卧、平躺在地毯上，挺胸，收腹，立腰，双腿并拢向正上方屈膝，双手手心向下平放在体侧。

动作方法：1×8 拍的 1 拍用力顶髋展腹，然后 2～7 拍控制，8 拍还原成分膝分腿。

2×8 拍的 1 拍用力顶髋展腹，然后 2～7 拍控制，8 拍还原成预备姿势。

动作要求：顶髋时，肩、头部着地，向上顶至最大限度。

（8）坐姿分腿压胯。

预备姿势：屈膝分腿坐于地板上，收腹，挺胸，脚心相对，帮助者跪立在练习者的背后。

动作方法：1×8 拍帮助者跪立在练习者的体后，两手轻轻压大腿内侧，一拍一振动。

2×8 拍用力加重，二拍一振动。

3×8 拍、4×8 拍，压下后控制两个 8 拍。

动作要求：练习者上体放松，头颈部与腰椎保持在一条直线上，帮助者按压时注意用力必须从小到大，直到练习者感到大腿内侧有绷紧感。

（三）腰背部力量和柔韧性练习

站立姿势的优美度与腰背部力量的强弱及柔韧性的好坏有着直接关系。良好的腰背部力量和柔韧性，使得形体优美，曲线充满动感，富有活力。因此，形体训练中，腰背部的力量和柔韧性是必不可少的。

（1）坐式背部伸展动作。

预备姿势：坐在地板上，背部挺直，收腹，挺胸，双手在两侧偏后方的地板上支撑，屈右膝，右脚平踏在左腿上侧的地板上。

动作方法：1×8 拍的 1～2 拍右手微屈放在身后，尽量靠近身体，左前臂放在右膝外侧。3～8 拍右膝慢慢收向身体的中轴线，头和上半身从腰部开始向右臂方向扭曲到最大限度。

动作要求：在做动作时保持正常的呼吸，并使头部与脊椎骨保持在一条直线上，两眼盯肩后侧。

（2）双膝跪地双手撑地弓背练习。

预备姿势：双膝跪地与臀部成一直线垂直地面，双手撑地，双手与肩在一平面上，保持背平直，收腹。

动作方法：1×8 拍，吸气，背部尽量向上拱起，收紧腹部，骨盆前倾。

2×8 拍，保持拱背姿势。

3×8 拍，呼气，背部下沉，胸部尽量向地面靠，抬头，挺胸，臀部向前移。

动作要求：头部和脊椎保持在一条直线上，呼吸与动作协调配合。

（3）趴式身后双手交叉双臂抬起练习。

预备姿势：练习者脸朝下趴着，髋骨紧贴地面，收腹，双手放在臀部上并相互交叉，微微屈肘。

动作方法：1×8 拍，放松肩胛骨并慢慢向上抬起双臂。

2×8 拍，双臂抬高至最高点控制 1 个 8 拍，重复练习。

动作要求：动作中，身体保持成一条直线，保持正常呼吸。

(4) 坐姿胸腰练习。

预备姿势：直角坐在地板上，双腿并拢伸直，绷脚尖，双手放于体侧，中指点地。

动作方法：1×8 拍的 1～4 拍向后下腰。5～8 拍控制不动。

2×8 拍的 1～2 拍举双手。3～4 拍体前屈，胸贴大腿。5～8 拍双手带动上体向后下腰。

动作要求：抬头，挺胸，立腰，用力下腰，上、下体尽量折叠。

(5) 背飞。

预备姿势：俯卧在地毯上，双腿伸直分开，双手置于体侧平举。

动作方法：1×8 拍的 1 拍上体和双腿两头翘。2～7 拍控制不动。8 拍还原。反复练习。

动作要求：背尽量成反弓，抬头，挺胸。

(6) 站立背部伸长练习。

预备姿势：两腿分开直立，身体的右侧对着墙壁，离墙大约 60 厘米，微微屈膝，右手平放在墙上，指尖向前。

动作方法：1×8 拍，右手掌用力压墙。

2×8 拍，右肩逆时针慢慢扭向墙壁。

3×8、4×8 拍同前两个 8 拍，方向相反。

动作要求：背要平直，挺胸收腹，并与肩同高或略低。头上顶，腰背拉长。

(7) 坐姿甩腰练习。

预备姿势：上体正直，分腿坐，双手侧举，手朝下。

动作方法：1×8 拍的 1～2 拍上体向右倾斜，下侧腰。3～4 拍上体向左倾斜，下侧腰。5～8 拍双手带动腰左——前——右——后绕环。重复练习，左、右交替进行。

动作要求：抬头，挺胸，立背，用腰发力，带动上体移动环绕。

(8) 含展胸练习。

预备姿势：上体直立，双手头上举相握，右脚前点弓步。

动作方法：1×8 拍的 1～2 拍含胸低头，腕关节交叠前屈。3～4 拍展胸抬头，腕关节后屈。5～8 拍同 1～4 拍动作。

动作要求：下肢动作不动，含胸、展胸动作尽可能加速。

(9) 侧向吊胸腰练习。

预备姿势：上体正直，双手上举成三位手位，双腿跪立。

动作方法：1×8 拍的 1～4 拍上体侧下腰，一腿侧伸，一腿跪立，回侧手伸向脚背。5～6 拍还原后，转体成正向侧面，体前屈，胸贴大腿。

2×8 拍的 1～2 拍双臂带动上体直立。3～8 拍下胸腰，一手上举一手下举。

动作要求：收腹，髋部不能前倾后仰，上体正直。

(10) 双人侧拉练习。

预备姿势：两人并排而立，双脚尽量贴近，拉好双手，里侧手自然下垂，外侧手头上举。

动作方法：1×8 拍的第 1 拍两人均向里侧做侧屈，外侧手拉直。2～6 拍控制不动。7～8 拍还原。反复练习 4×8 拍。

动作要求：抬头，挺胸，立腰，上体侧屈，手臂拉紧。

(四) 胸、腹部力量练习

胸、腹部力量决定人体形体控制能力的好坏，控制能力好则体形的优美度高，因此，胸、腹部力量的练习非常重要，方法也是多种多样。

(1) 俯撑。

预备姿势：面对墙分腿站立，或跪撑，俯撑，两手距离比肩宽约 6 厘米。

动作方法：1×8 拍 1～4 拍屈肘，同时上体接近支撑面，与肘关节高度在一平面上。5～8 拍双臂用力将身体推离支撑面。根据胸、腹力量大小，选择练习形式。

动作要求：背部平直，收腹，吸气，头、颈、腰在一直线上。

(2) 平躺举哑铃（重物）。

预备姿势：脸朝上平躺在凳上，双腿屈膝分开踩在地板上，双手屈肘分开比肩宽，握紧哑铃。

动作方法：1×8 拍，呼气，同时举起哑铃，手臂伸直。

2×8 拍，保持上举姿态，吸气。

3×8 拍，肘外顶屈降至胸部中间部位上方，反复练习。

动作要求：上体保持正直，快上、慢下，制动。

(3) 平躺两侧举哑铃练习。

预备姿势：仰卧在凳上，双腿屈膝平放地上，双手握哑铃放在大腿前面。

动作方法：1×8 拍的 1～2 拍双手握哑铃提至胸部附近。3～4 拍双手上举，微屈肘部和腕部，指关节相对。5～8 拍吸气，双臂分别伸向身体两侧，屈肘降。

2×8拍，控制不动，反复练习。

动作要求：上体保持正直，体侧屈肘举哑铃时，臂、肩、胸保持在一个平面上。

(4) 扭腰仰卧起坐。

预备姿势：仰卧平躺在地板上，双膝并拢屈膝，手臂屈肘抱头。

动作方法：1×8拍的1～2拍用力收腹至上体斜后倾45°角，内右扭腰。3～4拍上体左扭转。5～8拍回落至预备姿势。

反复练习4×8拍。

动作要求：抬头，挺胸，立背，收腹，腰发力转体，转体时头与身体动作要一致。

(5) 仰卧起。

预备姿势：仰卧平躺在地板上，双腿屈膝平踏地面，双手体侧上举。

动作方法：1×8拍的1拍收腹上体直立，向右转体90°，左手向右腿方向延伸，右手向左后方伸直。2拍控制上述动作。3～4拍还原成预备姿势。5～8拍同1～4拍，方向相反。

动作要求：抬头，挺胸，立腰，收腹，同时发力转体。

(6) 两头起。

预备姿势：仰卧平躺在地板上，双腿伸直并拢，绷脚尖。

动作方法：1×8拍的1拍用力收腹，上体与下肢同时抬起相同角度，双手触脚背。2拍还原成预备姿势。

反复练习4×8拍。

动作要求：抬头，挺胸，立腰，收腹，同时两头起，脚背绷直，双腿控力。

(7) 收腹剪腿。

预备姿势：仰卧平躺在地板上，绷脚尖，双臂上举并伸直贴紧耳朵。

动作方法：1×8拍，双腿略抬离地面15°～25°，双腿上下交替打腿，两拍一换，脚面绷直。

2×8拍，双腿略伸直抬起15°～25°，左右交替平移。

动作要求：开肩，抬头，挺胸，立腰，双腿绷直，收腹，举腿，吸气。

(8) 模拟骑车练习。

预备姿势：仰卧平躺在地板上，分腿屈膝，双手抱头。

动作方法：1×8拍的1～2拍呼气，左膝紧提向胸部，右肩向左膝方向靠，同时右脚离地前蹬。3～4拍吸气，右膝、右肩降落于地面。5～8拍同1～4拍，方向相反。

动作要求：动作流畅，收腹控腿，肩、脚不碰地面。

（9）击推双脚练习。

预备姿势：练习者仰卧平躺在地板上，双腿并拢，伸直绷脚尖，双手抓住帮助者的踝部，帮助者分腿立于练习者肩两侧，双臂伸直前平举。

动作方法：1×8 拍的 1 拍练习者双腿上举，触及帮助者的双手。2 拍帮助者用双手推练习者的双脚。3～4 拍练习者用腹肌的控制力量使双腿伸直，有控制地缓缓落下，脚不着地。反复练习 4×8 拍。

动作要求：练习者双腿伸直，绷脚尖，收腹，举腿，当双脚触及帮助者双手时，控制落下，加大收腹力度。

（10）收腹起上体练习。

预备姿势：练习者仰卧平躺在地板上，双腿并拢伸直，绷脚尖，双手平放身体两侧。帮助者跪在练习者的双脚前，用双手按住练习者的双脚趾关节。

动作方法：1×8 拍的 1 拍练习者用力收腹抬上体成 45°，胸部展开控制 2～4 个节拍。5～8 拍还原成预备姿势。

2×8 拍的 1 拍练习者用力收腹成直角坐。2～4 拍控制。5 拍身体后倾 45°。6～8 拍控制。反复练习 4×8 拍。

动作要求：练习者抬头，挺胸，立腰，展背，腹部发力拉长腹肌。帮助者按住练习者的双脚。

（11）挺下腹练习。

预备姿势：练习者平躺在地板上，双腿屈膝分腿，两手放于体侧，帮助者背向练习者分腿跪立于练习者两侧。

动作方法：1×8 拍的 1 -4 拍练习者呼气，慢慢上抬下腹，使髋骨折向身体，帮助者此时双手托其髋部上提，使练习者的背部上半部始终紧贴地面。5～7 拍控制。8 拍还原成预备姿势。反复练习 4×8 个节拍。

动作要求：上体紧贴地面，收腹提髋，快起慢下。

（五）手臂、肩部力量和柔韧性练习

手臂、肩是上体的主要组成部分，肩宽适度，与人体总身高比例匀称，可显得形体美，如果肩太窄，则影响形体美，对内脏器官也有害。因而提高肩部力量及其控制能力非常重要。练习动作刚中有柔，柔中有刚，可促进血液循环，增进胸部各内脏器官的营养吸收与机能水平。所以采用科学的方法训练手臂、肩部力量和柔韧性非常必要。

（1）后提臂夹肩练习。

预备姿势：立正站好，双手臂在体后握好伸直。

动作方法：1×8 拍的 1～4 拍匀速后提双臂至最大限度。5～8 拍双臂匀速回落至预备姿势。

2×8 拍的 1～2 拍体前屈同时双手臂后举伸长。3～6 拍控制不动。7～8 拍还原成预备姿势。

反复练习 4×8 拍。

动作要求：手臂伸直，肘关节尽量靠拢，抬头，挺胸，吸气，肩胛骨内收。

(2) 手臂上举练习。

预备姿势：两脚开立比肩稍宽，两臂自然放于体侧，挺胸收腹。

动作方法：1×8 拍的 1～2 拍两臂向上举起，手掌心向上，一手拉住另一手手指。3～7 拍一拍一动，下压拉上头顶的手。

2×8 拍一手上顶，一手下压至最大限度处停 1 个 8 拍，换另一手练习。如此反复练习 4×8 拍。

动作要求：手臂上举时，挺胸、收腹、立腰，一手下拉时，一手用力上顶，肘关节挺直，肩胛骨内收。

(3) 手臂前后摆动绕环。

预备姿势：两脚靠拢，两臂自然下垂。

动作方法：1×8 拍的 1～4 拍左手向前，右手向后绕环摆动。5～8 拍重复一次。

2×8 拍的 1～4 拍左手向后，右手向前绕环摆动。5～8 拍重复一次。

3×8 拍双手同时向前绕环 2 周。

4×8 拍双手同时向后绕环 2 周。

动作要求：抬头，挺胸，收腹，立腰，肩关节放松，绕环时手臂尽量垂直于身体的平面，手臂摆至最高点时，人的重心也要提到最高点。

(4) 手臂波浪练习。

预备姿势：盘腿坐在地板上，两臂侧下举，手心向下。

动作方法：1×8 拍的 1～2 拍头向左看，左手高，右手低，左臂做波浪一次。3～4 拍头向右看，右手高，左手低，右臂做波浪一次。5～8 拍双臂同时做小波浪上举至头上。

2×8 拍双臂后振展肩，两拍一动。重复练习 4×8 拍。

动作要求：抬头，挺胸，立腰，立背，肩发力带动手臂做波浪动作。

(5) 压肩韧带。

预备姿势：面对肋木上体前倾，手臂伸直握住肋木，双脚开立比肩稍宽。

动作方法：1×8 拍的 1 拍上体用力向下压，将肩关节拉开，一拍一压，反复练习，压至最大限度。重复练习 4×8 拍。

动作要求：抬头，挺胸，塌腰，压肩时头上抬，上、下体折叠90°左右。

(6) 下拉肩练习。

预备姿势：背对肋木站立，两手体后正握肋木。

动作方法：1×8拍的1拍双手与肩同宽握杆，上体前倾。2～7拍控制拉肩不动。8拍还原成预备姿势。

重复练习4×8拍。

动作要求：脚离肋木距离不变，后拉肩时，用力挺胸，抬头，收腹。

(7) 侧反拉肩韧带练习。

预备姿势：两脚左右开立，身体侧向肋木站立，一手握比肩稍高的肋木。

动作方法：1×8拍的1～2拍右手扶肋木，身体向左扭转。3～4拍还原成预备姿势。5～8拍同1～4拍。

2×8拍同1×8拍，方向相反，换手臂练习。

动作要求：扭转身体时，脚跟不能离地，不要突然用力，动力手的肘关节挺直。

(8) 俯撑推起。

预备姿势：面对肋木站立，距肋木80～90厘米，双手直臂撑肋木，前脚掌着地，身体成一斜面。

动作方法：1×8拍的1拍双手屈臂。2拍推起还原，两拍一动。反复练习4×8拍。

动作要求：屈臂时，胸部贴近肋木，快起慢下，身体成一斜面。

(9) 双臂悬垂练习。

预备姿势：立正站好（在杠下）。

动作方法：跳上，两手握杠，握杠距离比肩稍宽，两腿并拢，全身绷直，双肩下沉，控制悬垂。

动作要求：悬垂时，不要憋气，肘关节拉直。

(10) 拉皮筋练习。

预备姿势：面对肋木站立，把皮筋穿过肋木，双手拉向胸前。

动作方法：1×8拍的1～4拍前腿弯曲，后腿蹬直，手拉皮筋上举，然后往后振动，抬头，挺胸。5～8拍还原成预备姿势。

反复练习4×8拍。

动作要求：后拉皮筋时，全身要伸展开，头上顶，收腹，立腰。

(11) 双臂持哑铃练习。

预备姿势：两脚同肩宽开立，两臂伸直握住哑铃。

动作方法：1×8拍的1～2拍两臂用力屈肘，将哑铃举至肩侧。3～4拍两臂用力将哑铃举至头上方。5～6 拍两臂握哑铃头后屈肘。7～8 拍两臂用力伸肘，还原成预备姿势。

反复练习 4×8 拍。

动作要求：收腹，挺胸，抬头，肩发力。

(12) 踩拉皮筋。

预备姿势：双脚并拢，踩在皮筋中间，双手握皮筋两端。

动作方法：1×8 拍的 1～2 拍双手拉皮筋至体侧举。3～4 拍还原。5～6 拍双手拉皮筋至斜上举。7～8 拍还原。

2×8 拍的 1～4 拍拉成侧平举。5～7 拍控制不动。8 拍还原。

反复练习 4×8 拍。

动作要求：身体直立，抬头，挺胸，收腹，直臂练习。

二、形体的基本姿态控制练习

形体美是一个由多种要素有机组合而成的整体性的动态系统。它表现为人体肢体比例适度、肌肉均衡、曲线优美、体态优雅等。对身体基本素质的训练是为形体美打基础，是身体各部位形态训练的前奏，只有身体各部位素质提高了，才能谈得上改变身体形态，提高形体的优美度。而形体美的根本是要行得美、立得美、坐得美。规范正确的站、立、行、坐的姿态离不开基本形态控制练习，这需要经过认真而严格的训练才能做到。

(一) 站立姿势的训练

站立姿势的训练是提高练习者在各种情况下，保持良好的站立姿势的能力。

1. 站姿优美的标准。

颈部和躯干自然挺直，身体重心放在两脚之间，头、颈、躯干、腿在同一垂直线上。

身体各部位尽量舒展，头正，脖正，背直，胸挺，肩放松，膝不曲。双脚“T”字立，两臂自然下垂或体前交叉。

2. 站姿的不良习惯。站立时拱背，弯腰，斜肩，前伸脖子，挺腹，有时一腿立、一腿抖动，斜着眼，等。

3. 控制站姿的练习。

靠墙立。

目的：培养训练者站立时上体的挺拔度，保持头、躯干和腿在一条直线上的良好习惯。

方法：在立正姿态的基础上，两膝夹紧，挺胸，收腹，立腰，拔背，紧臀，双肩后张下沉，下巴内收，头上顶，脚跟、腿肚、臀、肩胛骨和头骨紧靠墙。

分腿立。

目的：训练臀、腹及上体的正确感觉。

方法：在小八字立的基础上，两腿分开与肩同宽，双手后叉腰，双肘微前扣，挺胸，收腹，立腰，立背，双肩后张下沉，头上顶。

单腿立。

目的：训练腿的挺直与控制力。

方法：在立正的基础上，一腿支撑，另一腿屈膝上抬绷脚背，贴于支撑腿膝盖处，双手叉腰，上体微向侧转。

双手叉腰，前、侧、后点地练习。

目的：训练腿的控制能力和重心的稳定性。

方法：在基本站姿的基础上，上体挺直不乱晃，双腿伸直；前、后点地时脚尖绷直，外翻脚背；侧点地时脚尖绷直，侧翻脚背，脚尖要擦地换向。

移重心站立姿势练习。

目的：训练在移动时腿的控制能力和身体的正确姿态。

方法：1×8 拍的 1～2 拍双腿屈膝向前移重心。3～4 拍成右脚在前直立，左脚后点地姿态。5～8 拍控制 4 拍动作。

2×8 拍同 1×8 拍，方向相反。

3×8 拍的 1～2 拍左脚向侧擦动或侧点地。3～4 拍成左脚直立，右脚侧点地。5～8 拍控制 4 拍动作。

4×8 拍同 3×8 拍，方向相反。

（二）坐姿的训练

坐姿美是良好的个性、气质、修养的一种表征，对健美的形体也大有好处。

1. 坐姿优美的标准。轻松自如地落座。坐下后，上体自然挺直，肩放松，两臂自然下垂，高度相同，屈放在桌面或扶手上，也可轻放在两膝上。头颈部梗直微前倾，两膝自然弯曲，两脚均匀着地。臀部坐在椅子中后部，腰部挺直，保持端正。

2. 坐姿的不良习惯。入座过重，坐下后耷拉着肩、含胸驼背、两腿伸得又直又远，双手叉于其中，半躺半坐，跷着二郎腿，不停地抖动、摇晃。

坐姿控制练习。

盘腿坐。

目的：固定坐时上体的姿态，稳固重心。

方法：重心落在臀部，挺胸收腹，立腰提气，头颈上伸，微收下巴，脚心相对，肩肘放松。

正步坐。

目的：固定坐时上体的姿态，稳定重心。

方法：挺胸收腹，立腰提气，上体正直微向前倾，两脚并拢，脚尖正对前方，两手自然扶于大腿处，双肩放松。

侧坐。

目的：端正坐姿。

方法：挺胸收腹，立腰提气，上体微向侧转，双膝稍移向一边，靠外侧的脚略放在前面，两臂自然放松扶于大腿处。

（三）步态练习

行走是人体最自然、最频繁的一种周期性平移运动，具有节奏感和流动感。

1. 优美步态的标准。

迈步时，大腿带动小腿，脚跟先着地过渡到前脚掌，身体重心落在前脚掌上，步子要快、轻、柔。头颈部自然挺直，下巴内收，目光平视。两肩放松下沉，双臂自然摆动，前摆稍屈肘，后摆幅度保持在30°左右。挺胸、收腹、迈步，重心与前进的路线在同一直线上。

2. 步态的不良习惯。

迈步大小不一，重心不稳，轻重不一。两肩高低不同，上体左右乱晃。臀部扭动幅度过大，翘臀。

步态控制练习。脚踝的稳固、灵活、有力，对优美的步态极其重要，因为脚踝对人体起着支撑、维护平衡和缓冲的作用。所以加强脚踝的力量和灵活性练习是步态美的关键。

坐在椅子上，用脚趾夹起地上的小石子甩向远处。

站立提踵或负重提踵练习。

足尖、足跟、足外侧交替走的练习。

脚背屈伸练习。

脚踝绕环练习。

平衡感练习。在头上顶一物件，眼看前方行走。

修正线条训练。“一字步”练习，要求脚内侧走成“一”字形。

第三节　形体训练动作组合

人类在创造美好生活的同时，也在不断追求和表现自身的完美。人们的审美意识越来越强，对人体美的认识也越来越成熟，而且对姿态美越来越重视。人的姿态具有较强的可塑性和弹性，通过科学的训练，不仅可以改善姿态，美化形体，更可以使身体健康，愉悦身心。姿态还具有稳固性，优美的姿态一旦形成，只要不人为地改变，就会永远保持下来。所以在基本技术动作的基础上，进行综合的组合练习，可以全面发展形体素质，强化优美的形态。形体的组合练习形式多样，一般分为徒手和持器械两种。

一、姿态操组合

通过形体姿态的组合练习，培养头颈部、手臂、躯干、腿部的控制力，提高姿态的表现意识和柔韧性，规范、美化身体姿态。

预备姿势：规范的立姿，两臂自然下垂，目视左前方。

1×8 拍，1～2 拍右脚向右前斜方上步，经屈膝移重心至右脚站立，左脚后点地，同时右手臂小波浪一次，头看左手。3～4 拍经屈膝向前移重心成右脚站立，左脚前点地，同时手臂经侧向前绕环至头上举，眼看左脚尖。5～6 拍经屈膝向前移重心的同时抬头，双手向前推手臂，波浪至上举位置。7～8 拍两脚前后开立，左脚后点地，双手至体侧。

2×8 拍，1 拍右脚向右侧方一小步，同时双手胸前交叉。2 拍右脚起踵立，下旁腰，双手拉开。3 拍同 1 拍。4 拍大幅度右脚起踵立，右手右斜上举，左手左斜下举。5～8 拍双手从体侧至胸前插上，上举，同时转 360°。

3×8 拍，1 拍右脚在前，屈双膝向前移重心，双手体侧摆动，左手向前，右手向后。2 拍右脚在前，左脚后点地直立，双手摆成左手在前的前后七位手。3～4 拍同 1～2 拍，方向相反。5～8 拍右脚开始向侧，足尖走两步成右脚在前，左脚后点地，双手在体侧，右手向后，左手向前自然圆成六位手。

4×8 拍同 3×8 拍，方向相反。

5×8 拍，1 拍右脚开始向右后方迈步，同时右手带动，左手叉腰，向右侧下腰，屈左膝。2 拍右手继续画弧（平行于胸前）至上举位置. 同时右脚起踵立，左脚在旁收腿。3～4 拍、5～6 拍同 1～2 拍。7～8 拍右脚向右迈步成右弓步，左手前平举，右手侧平举。

6×8 拍，1～2 拍绷脚、屈膝、并立，双手臂从左侧经胸前带动腰摆动至右侧成右手叉腰，左手点右肩。3～4 拍动作同 1～2 拍，方向相反。5～7 拍左脚屈膝，右脚一侧点地，左手点肩，右手侧平举下旁腰，以左脚为轴，一拍转动 90°。8 拍还原成立正姿势。

7×8 拍，1～2 拍左转 90°，同时左脚向前一步，右脚后点地，左臂经前绕至侧举，掌心向上，跟随左臂而动，目视左侧方。3～4 拍同 1～2 拍，方向相反。5～6 拍两腿微屈，两臂摆至腹前下举，含胸低头。7～8 拍直立，两臂摆至侧举，挺胸抬头，目视正前方。

8×8 拍，1～4 拍左腿经侧收腿，接着两脚立踵，脚尖碎步后退，两臂经后向下绕至上举至三位，立手臂，上体经前含胸至直立，目视前方。5～8 拍脚尖碎步右转 360°，右臂左肩前立掌，左臂侧上举，掌心向外，上体右侧屈，目视右后下方。

9×8 拍、10×8 拍、11×8 拍、12×8 拍重复做 5×8 拍、6×8 拍、7×8 拍、8×8 拍动作。

13×8 拍，1～2 拍右脚绷脚尖擦地出去，同时向前移重心成右脚直立，左脚后点地，双手置于体侧，头看右侧。3～4 拍同 1～2 拍，方向相反。5～8 拍一拍一步柔软步。

14×8 拍，1～4 拍左转 45°面向左前方，左腿前举向前上一大步。右腿屈膝半蹲向左脚并一步成两脚起踵立，两臂经侧后举绕至上举成三位，上体挺胸抬头至含胸低头，接着上体直立，收腹，立腰，目视前上方。5～8 拍左腿屈膝半蹲，右腿前伸，腿尖点地，两臂前举成二位，上体前屈，臂部后坐，挺胸抬头，目视前方。

15×8 拍，1 拍左手体侧波浪，右手从左侧至上举。2 拍以手做小波浪，同时双脚起踵立。3～4 拍向左侧碎步快速移动，双手在右侧小波浪。5～8 拍起踵立，同时转体 360°，双手一拍一动上下大波浪，眼看下举的手。

16×8 拍，1～2 拍右脚前点地，左脚直立，双手左六位手。3～4 拍右脚后点地，左脚直立，双手右六位手。5 拍右脚在前的足尖步，双手直臂摆动。6 拍左脚在前的足尖步，双手直臂摆动。7～8 拍同 1～2 拍。

17×8 拍同 16×8 拍，方向相反。

18×8 拍，1 拍左脚从右侧屈脚，右脚屈膝立，双手从左侧绕环。2 拍左脚起踵立，右收腿，双手绕环至右上举，下侧腰。3～4 拍右脚向左侧一步成右弓步，双手臂侧上举。5 拍双手臂侧波浪. 同时带动上体下压一次。6 拍同 5 拍。7～8 拍右脚收回至左脚后面成双屈膝，双手经胸前屈肘，内绕环至上举，右手微屈肘，左手直臂在上。

19×8 拍、20×8 拍、21×8 拍、22×8 拍、23×8 拍、24×8 拍分别同 13

×8 拍至 18×8 拍。

动作要领：动作要尽量伸展、优美，凡是有含胸的动作，必须先挺胸至含胸；凡是有双脚立踵的动作，要收腹、立腰、挟臂，有力度；凡是有拖步动作，幅度要大，刚劲有力；凡是以胸肩带动做姿态动作，要充分开肩挺胸，舒展开。

二、形体操组合

本组合主要是利用节奏的变化，通过练习身体自控力和表现力，有效活动身体各部分关节、肌肉、韧带，培养正确的体态。

预备姿势：规范的站立姿势。

1×8 拍，1 拍双脚并拢直立，双手掌心相对前平举，五指并拢。2 拍身体姿势不变，屈双肘前举，掌心向内。3 拍向上屈双肘，侧平举，掌心相对。4 拍向下屈双肘，侧平举，掌心相对。5～6 拍双手胸前交叉后，分开至侧面双点肩。7 拍双手掌心相对，斜上举。8 拍还原至预备姿势。

动作要求：抬头，挺胸，提臀。2×8 拍至 4×8 拍同 1×8 拍。

5×8 拍，1～2 拍两脚开立，双手点肩向内绕环两周。3 拍右脚左前点地，右腿屈膝，左手斜下举，右手斜上举。4 拍右腿后下举点地，左腿直立，左手斜上举，右手侧平举。5 拍左手不动，右手斜下屈肘，同时收右脚成右脚在前的歇步。6 拍，伸直右手，屈左肘。7 拍同 5 拍。8 拍还原。

6×8 拍同 5×8 拍，方向相反。

7×8 拍，1～2 拍两腿分开成马步，双手屈肘至大腿，同时上体前倾，塌腰，挺胸抬头。3 拍上体右转，沉右肩，保持上体倾，塌腰，挺胸姿势。4 拍上体右转，沉左肩，保持上体前倾，塌腰，挺胸姿势。5～6 拍内扣右脚，右手经体前至左点左肩，左手置于体侧。7 拍内扣左脚，左手经体前至右点右肩，右手置于体侧。8 拍，还原成立正姿势。

8×8 拍同 7×8 拍。

9×8 拍，1 拍左脚直立，向左侧收右脚，同时屈左肘，与右膝相对，右手斜上举。2 拍分腿站立与肩同宽，双手侧平举，掌心朝下。3 拍同 1 拍，方向相反。4 拍同 2 拍。5 拍左脚直立，右脚向左后屈膝后踢，屈左肘与左脚尖相对，右手斜上举。6 拍同 4 拍。7 拍同 5 拍，方向相反。8 拍还原成立正姿势。

10×8 拍，1 拍前半拍，两脚开立同肩宽，同时两手合掌前平举；后半拍，两手侧平举。2 拍右膝内扣屈膝，身体左转，右手经前至左侧与左手靠拢会掌。3 拍左膝内扣屈膝，同时左手屈肘抱头，右手右侧斜上举。4 拍还原成立正姿势。5～8 拍同 1～4 拍，方向相反。

11×8 拍、12×8 拍分别同 9×8 拍、10×8 拍。

13×8 拍，1 拍双脚并拢屈膝，右手上举，掌心朝前，左手屈肘，头后拉右手肘关节。2 拍双脚直立，右手体侧屈肘握拳，左手侧平举，掌心朝下。3～4 拍同 1～2 拍，方向相反。5 拍左脚向左一步成左侧弓步，左手叉腰，右手屈肘上插至与右脚在一斜线上。6 拍还原。7～8 拍同 5～6 拍。

14×8 拍同 13×8 拍。

15×8 拍，1 拍右脚小跳一次，左脚屈膝后踢，同时左手胸前平屈，掌朝下，右手屈肘立小臂，掌心向内。2 拍跳成预备姿势。3～4 拍同 1～2 拍，方向相反。5 拍双手直臂经胸前交叉至双手斜上举。6 拍跳成预备姿势。7～8 拍同 5～6 拍。

16×8 拍，1 拍左脚小跳，收左脚，右腿支撑同时双手胸前平屈肘。2 拍小跳成预备姿势。3～4 拍同 1～2 拍，方向相反。5 拍左脚小跳，右脚弹踢，双手胸前屈肘，握拳，拳心朝内。6 拍右脚小跳，左脚向后屈膝后踢腿，同时双手体侧平屈肘。7 拍同 5 拍，方向相反。8 拍同 6 拍，双手侧平举，掌心朝下。

18×8 拍同 17×8 拍。

19×8 拍，1 拍两腿分开，右手慢慢从体侧拉起，向右下侧腰。2 拍还原。3～4 拍同 1～2 拍，方向相反。5 拍双脚并拢，双手侧平举后振。6 拍并腿屈膝，同时含胸低头，双手体前交叉。7 拍同 5 拍。8 拍还原。

20×8 拍同 19×8 拍。

动作要求：节奏要跟上，练习时控制好节奏和呼吸，注意肢体的协调配合，力求动作姿态规范。

三、形体雕塑训练

健美训练可以有效改善体形，可以塑造和培养完美的体形和优雅的气质。健美的形体、健康的身体、优美的姿态、协调的动作、高雅的气质及翩翩的风度都不是与生俱来的，都能通过形体健身运动来获得。因此，以下的塑身训练就是本着简单、易行、高效的原则，使练习者能根据自身的形体状况，有针对性地进行徒手或轻器械练习，科学地制定训练组数、次数及锻炼的密度，以改善身体各部位的围度比例，弥补形体的缺陷和不足，使肩、胸、臂、腰、臀、腿等得到匀称协调的发展，体态变得优美，举止变得优雅，身体变得健美迷人。

（一）塑胸训练

要想拥有丰满而曲线鲜明的胸部，就必须把胸大肌、胸小肌练起来，尽量做有氧训练，燃烧脂肪。

1. 站立拉力器夹胸。用门式拉力器把左、右滑轮调到与肩同等的位置，拉住绳索，腰部则微微向前挺。手臂微屈，这样可避免三头肌用力。然后握住钢绳手柄，在身体前面画一个优美的弧线，直到两手相碰，同时充分夹紧胸肌。然后还原。可选用轻负荷，快速有力地做，一般初练者可练 3 组，每组 20 次左右。

2. 哑铃仰卧推举。仰卧在长凳上，两臂沿一条弧线向上举起哑铃，直到两手几乎接触。慢慢还原到手臂与肩在一个平面时，控制住哑铃。一般初练者可练 2 组，每组 20 次左右。

3. 平卧推举。两脚牢牢踏在地上保持身体平衡，上体仰卧躺在长凳上，用臀部、肩部和头部接触凳面。双手分开的距离稍宽于肩，握紧杠铃。屈肘时一般屈到直臂的一半高度，然后深吸一口气，将杠铃高高举起，在举到最高点时肌肉用力收缩。初练者可练 2 组，每组 15 次。

4. 仰卧飞鸟。仰卧在长凳上，小腿自然下垂，两脚踏地，两手各拿一个 5 公斤重的哑铃，向身体两侧伸展手臂，再慢慢向上举起哑铃，路线呈弧形，在伸到最高点时按原路慢慢返回。在手臂抬起和放下的过程中不要弯曲背部，注意控制升降的速度。初练者可练 3 组，每组 15 次。

（二）腹训练

1. 仰卧起坐。成半仰卧姿势，肩峰离开垫子，屈膝，下背部平放在地上，双手支撑着头，蜷起上体。这就是最简单易练的腹部锻炼的方法。要增加运动的难度，可将双脚放在凳子或墙上。每次练 2 组，每组 25 次。

2. 侧卧起坐。一条腿侧放于地上，另一条腿弯起，膝盖上顶，脚平放于地面，双手置于头后，弯曲身体，并不是侧弯起。这样可以直接锻炼腹斜肌。要增加难度，可使双腿同时离开地面，动作同前。每次练 2 组，每组 20 次。

3. 侧卧弯起。先侧卧在健身垫上，双腿交叠，左手贴放体侧，右手放在腰间。用腰部力量使上半身向下弯起，这样可以直接锻炼腹外斜肌，完成一侧后再换另一侧重复，每次 2 组，每组 30 次。

4. 直臂仰卧起坐。把胳膊伸直于头上，做 1～2 组仰卧起坐，每组 25 次。在不能轻松完成仰卧起坐的前提下，不要做此练习。

5. 屈膝收腹。平躺在地上，双手抱头，肘部前伸，双膝弯曲，将一条腿抬起，膝盖顶入双肘之间。接着身体上下同时弯起，像“两头起”做法一样。做此练习时，第一组可将右膝屈起，第二组将左膝屈起，每组练 20 次左右。

（三）塑腿训练

人体的腿部是非常具有魅力和性感的，拥有一双修长、匀称、健美的腿，是形体美的关键。

1. 确认自己的腿型。把重心压在两腿上，然后用力绷紧腿肌肉，用双手触摸大腿，确认自己的腿型。

用力的部位僵硬，只能捏起表皮的是“象腿型”。

即使用力，表皮依旧松软，能一把抓起来的是“棉花型”。

肌肉显得扩张膨胀，很难抓起，但又不僵硬的是“水肿型”。

2. 正确的锻炼方法。

芭蕾式的侧压腿。两腿分开站立，两脚间的距离大于髋部，足尖略向外翻。双手放在胯上或扶住椅子背，臀部向下坐。膝盖分别向身体两侧弯曲，直至臀部与膝盖在一条水平线上。身体可略向前倾，保证身体重心落在脚后跟上，然后收紧臀部和大腿内侧的肌肉，恢复站立状态。

单腿踮脚练习。单脚站立于体重仪上，脚跟不要接触体重仪的边缘，另一只脚悬空。收缩腹部，挺胸，肩向后收，每只手握住一只哑铃，两臂垂放在身体两侧。逐渐抬高脚跟，保持身体的平衡和直立。放低脚跟，回到原位置。

胫前肌力量练习。坐在椅子上，脱下鞋和袜子，然后在身前铺一条毛巾，把脚放在毛巾上，用脚趾的力量将它拉向自己。把毛巾全部拉过来后，再将它重新铺平，重复数次。

侧踢腿。身体站直，用双拳护住脸部，身体重心落在弯曲的右腿。抬起左膝到胸部的高度，将左脚笔直踢出，重心一直放在右腿上。重复侧踢 10 次左右，然后换另一条腿再重复 10 次左右。

负重侧压腿。站直，双脚尽可能大地分开，将一根杠铃搭在肩后。将身体重心移向左腿，左膝弯曲，臀部左移，双脚脚趾向前。练习时动作缓慢，来回运动 15 次左右，重复做 3 组，然后换方向做。

侧踢腿。身体向右侧侧躺在地上，用右手撑住头部。向身体前方略抬起左腿，左手撑在胸前以保持平衡和背部的挺直，放松肩部，将左腿平踢向前方，左腿弯曲。左右侧交换练习，可练 2 组，每组 30 次。

负重深蹲。两脚分开与臀同宽，脚尖朝前，杠铃放在背上。在脚踝上绕一圈橡皮筋，腹肌绷紧，肩关节向中间收缩。膝关节弯曲、下蹲。躯干略微前倾，膝关节始终位于双脚的正前方。注意负重不超过 12.5 公斤，每次练 2 组，每组 15 次左右。

（四）塑臀训练

要避免臀部塌垂，塑造优美曲线，就必须做臀部练习。

1. 史密斯肌下蹲。双脚分立，与胯同宽，横杠置于肩上，站直后转动横杠，卡死保险。两脚向前跨出半步，保持与胯同宽分立。练习时注意收腹、挺胸、屈膝，当大腿与地面平行或是感觉不能控制身体姿势时停止下蹲。然后用你的臀部肌力向上推起横杠，重心要落在两脚跟上。负重不超过 40 公斤，每次练 3 组，每组 15 次左右。

2. 击剑剪蹲。立正，脚跟并拢，右脚指向身体前方，左脚指向身体侧方，两手叉腰放在臀部。然后伸直腿，右脚向前迈出一大步，脚跟着地，将重心放在两脚之间，做剪蹲动作，弯曲右膝与脚面成一条直线，左腿伸直。背和髋自然放松，尾骨垂直地面，收紧腹肌。交换腿练习，重复以上动作，共做 10 次左右。

3. 弓步下蹲。双脚分立，与胯同宽，收腹挺胸，双手各握一对哑铃垂于身体两侧。然后，右腿向前跨出一大步，成弓步，右膝在脚跟上方，大腿与地面平行，左脚前脚掌着地。左、右腿交替行走。

4. 臀腿屈伸。屈双膝平躺于地上，双臂平放于身体两侧，手心向下，使足踝离开地面，由缩紧臀部肌肉使骨盆向上离地 8 厘米左右。练习时双腿尽量外展，4 秒后重新并拢双膝，缓慢放松下体并恢复平躺姿势，但是踝部始终上提。

5.“拉链”练习。仰卧平躺在地板上，把腿抬起伸直，与地面成 90°，双臂平放于身体两侧，手心向下，足跟并拢，足尖后屈并外展。然后弯曲双膝，使臀部、大腿一直向胸部靠拢，脚踝始终不要分开。保持 3 秒钟后复位，使双腿像拉上拉链一样重新扣拢。

6. 仰卧，双膝弯曲，两手叉腰，将髋向上挺起，再落下。每次 3 组，每组 15 次左右。向上挺髋时，必须注意收紧臀部肌肉。

7. 直立，双手叉腰，做原地高抬腿跑，尽量提膝，注意用脚掌的前面着地，有节奏地做 4×8 拍。

8. 两脚开立，双手握杠铃，放在肩上。两腿弯曲，收紧臀部，至大腿与地面平行。注意练习时要保持膝部位于脚尖上方，上体保持正直。每次练 2 组，每组 15 次。

9. 右腿伸直，尽力向右侧提摆，还原后接着向后伸展。上体尽量保持直立，紧臀收腹，左、右腿交换练习 4×8 拍。

10. 跪撑在地上，上体与地面平行。以臀部肌肉的力量将左腿向后提起，膝部必须高于臀位。要保持这个姿势，再慢慢放下，两腿交换练习 4×8 拍。

11. 双手叉腰，把左脚放在踏板上，右脚踏于地板上，用力将右膝提至胸前，同时伸直左腿，然后放下右腿，两腿交换练习 15 次。

12. 两脚开立，双手叉腰，左腿前跨一步，成弓步，右腿屈膝。然后右腿用力向前上方踢出，同时左腿伸直，两腿交换练习，重复做 12 次左右。

13. 仰卧，抬右腿，双手抱膝并尽量拉至胸前，然后向左转动臀部，两手放开，右臂取侧平位，左手按扶膝。两腿交替练习，重复 15 次，注意上背部不可离地。

（五）塑臂训练

曲线分明的肱三头肌和三角肌是非常令人羡慕的，是形体优美的必备条件。

1. 弯举哑铃。坐在长凳的一端，上身前倾，肘关节置于膝关节内侧，前臂伸展，然后紧缩肱三头肌，手握哑铃的前臂可举至肩关节处。每次可练 3 组，每组 20 次。注意练习动作要流畅，速度保持在中速，肌肉始终要收紧。

2. 法式卧举。双手握住胸前杠铃，用力向上举起，保持一段时间后缓慢将杠杆放下至接近前额的位置，然后再利用收缩肱三头肌的力量将杠杆向上举起，注意练习时速度舒缓，每次练 3 组，每组 15 次。

3. 托臂弯举。两上臂紧靠在托臂架上，肘关节成 90°，双手分开与肩同宽，掌心向上握住杠铃，缓慢放下到手臂充分伸展，然后用三头肌收缩之力将杆铃举至肩前。在最高点时不要休息，保持头肌的张力。每次可练 3 组，每组 15 次，组与组之间要有调整和休息。

4. 交替哑铃弯举。双脚分开与肩同宽，膝关节微屈，肩部后展时关节置于体侧，两手掌心向内各握一个哑铃。向上弯举时转动腕关节使掌心向上。紧接着换另一只手臂做同样的动作，两手交替练习。每次练 2 组，每组 20 次。

5. 跪撑哑铃后屈伸。把同侧手和腿跪撑在长凳上，另一只腿站立于地，膝关节微屈。上体前倾，下背部自然弯曲，另一只手握住哑铃，肘关节成 90°，转动肩关节使上臂与地面平行。伸直肘关节将哑铃推向身后，直到差不多与地面平行。可练 3 组，每组 20 次。

6. 仰卧哑铃臂屈伸。仰卧在长凳上，膝关节弯曲，两脚放在凳子边缘，双手掌心相向各握一个哑铃置于头侧，然后手臂伸直将哑铃推向头部正上方。最高点时用力压缩三头肌，每次可练 3 组，每组 15 次。

7. 立姿杠铃弯举。两脚分开与肩同宽，膝关节微屈，肩关节后展，双手与肩同宽，掌心向上握住杠铃，然后用力将杠铃举起至肩前。注意上臂始终要紧贴在体侧，上体不要前后晃动。每次可练 3 组，每组 5 次。

（六）塑肩训练

三角肌塑造了双肩的圆形曲线，每侧肩部都有一块三角肌，它有三个头。前头可帮助前臂做上举、前攀和内旋运动；后头可以帮助前臂做后伸和外旋运动；外侧头可以帮助前臂做侧举运动，并协助其他两个头完成动作。

1. 侧平举练习。双脚分开与臀同宽，向前跨出一步，跨出的脚在另一只脚的前方，并微微屈膝。用前面的脚踩在健身管上，管的两头系在哑铃上，双手握哑铃，放在身体两侧，掌心相对。微屈时，伸直手腕，将臂举至与肩同高的水平，注意保持侧平举的速度。慢慢放下双臂，重复以上动作。每次可练 3 组，每组 15 次。

2. 肩形侧平举。两手各握一只哑铃，放在身体两侧，掌心相对。两肘微屈，两臂侧举与肩同高，然后放下双臂。注意除了向前举的动作外，每次都要将哑铃举到与肩同高的水平。每次可练 2 组，每组 20 次。

3. 拉力器绳索下拉。将绳索安装在拉力器高过头顶的滑轮上，站在距离拉力器几步远的地方，双手紧握绳末柄，使双臂呈伸直状态。两脚分立与肩同宽，双膝微屈，身体稍向后仰，将手柄抬至胸前的高度，双肘外展。每次可练 3 组，每组 15 次。

4. 反握下拉。调整座椅高度并反向抓握拉力器长柄，手掌对着自己，握距稍宽于肩，双膝固定于膝垫下。收腹坐直，挺胸沉肩。双臂伸直高举，然后缓慢下拉手柄至头前，到与下巴齐平时停住，确保肩部始终未上抬。每次可练 3 组，每组 15 次。

5. 哑铃弯举。第一种方法：双脚分立与肩同宽，膝微屈，收腹挺腰，两手分别握住一个 1.5 公斤的哑铃，双肘抵腰。缓慢弯举前臂至与胸平，然后下垂至腿前。

第二种方法：双手持哑铃与腰平，双肘内收，然后缓慢使前臂外展，当展至最大限度时，停顿几秒钟，接着缓慢回收前臂直至腰前。两种方法每次可练 3 组，每组 15 次。

6. 哑铃前平举。直立收腹，双手各持一个 1.5 公斤的哑铃。开始时双臂垂直于身体两侧，掌心相向。保持手腕挺直，双肘微弯然后平举双臂至与胸齐，持续片刻后，缓慢复原，接着下个动作。每次可练 3 组，每组 15 次。

7. 哑铃颈后臂屈伸。双脚分立与肩同宽，双臂高举过头，紧贴两耳。双手各握住 2.5 公斤的哑铃，双肘微弯向前。然后挺胸沉肩，前臂缓慢后屈直至上臂成 90°。停留片刻，使三头肌收缩至极限，缓慢举起前臂至原位。注意不要弓背，要放松二头肌和肩部肌肉，练习始终挺胸收腹。每次可练 3 组，每组 15 次。

（七）塑腰、塑背训练

前一季节所穿的非常合身的衣服，现在却紧绷着身体，这就是腰围变粗的结果，这时就要锻炼了，从而雕塑自己优美的形体。

1. 坐姿划船。在低位拉力训练器上安装一个长而直的柄，坐在椅子上，双脚踏在脚板上，分开双腿与臀同宽，双膝微屈。身体前屈，抓住拉力器的柄，然后坐正，上身挺直。双手分开，略宽于肩，将柄举高到肩的高度。将肩胛骨用力向后挤，同时保持上身挺直，屈肘保持住双臂现在的高度与宽度，然后用力将柄拉向胸部，同时双肘向外展开。慢慢回到起始位置。每次可练 2～3 组，每组 15 次。

2. 单臂俯姿飞鸟。将左手与左膝放在一张平长椅上，右脚着地，右膝略屈。保持背部与地面平行，使得脊柱成一条水平直线，右手持一只哑铃，右臂自然下垂，掌心向内，挺直肩部和臀部。向外举起右手至与肩同高水平，不要转动身体。慢慢放下手臂，重复几次，然后换另一侧。每次可练 3 组，每组 20 次。

3. 健身球练习。

（1）球上举臂。双膝着地与健身球接触，向前屈体，使胸腹部落在球的顶部。向前伸手，同时收腹，使双臂与地面平行，掌心向下。向后向下夹肩，同时举起双肩，不要抬起身体。要用中后背部的力量来做这个动作。

（2）前倾球伸展运动。将膝盖置于球后，将球拉向大腿，使脚趾尖踮起，躯干在球上蹭，胳臂在两侧做抱球状，让头与脊柱位于同一直线上，紧绷腹部并使骨盆稍弯以挤住球。用背部肌肉慢慢地使脊柱伸展变直，直至处于一个直的位置。为确保颈部与脊柱位于同一直线上，可以设想你在整套动作中都用下巴夹紧一只柱子。坚持一会儿，使脊柱慢慢地回复。为了有更大的成效，在回到起始位置前，可以使身体的弧度稍稍超过正立位肘的弧度。每次练 2 组，每组 20 次。

（3）躯干伸展及旋转。用下背部的肌肉慢慢使脊柱伸展变直，贴球旋转脊柱，旋转时使一侧肩峰向脊柱、向后向内靠近，逐渐将该动作转过来以回复到起始位置。完成该套动作后，再从另一侧重复。每次练 2 组，每组 20 次。

（4）脊柱平衡动作。将球放于左腿之前，双手放在球前的地上并收紧腹部，使用背肌和腹肌以达到平衡，慢慢地举起一只手臂到肩膀的高度，并使对侧的腿抬高伸直至与臀同高，使头与脊柱在一条直线上，放下手臂及腿至起始位置，在对侧重复该动作。每次可练 2 组，每组 20 次。

4. 塑背组合训练。

(1) 引体向上。在支架上做引体向上，双手手心向前，握距宽于肩。上背部微微弯曲，双踝交叉以保持平衡。将自己拉起来，肘向后下方，尽力防止身体摆动，使自己胸部靠在横杆上，下巴在横杠上方。保持 2 秒钟，然后慢慢放下至准备姿势。注意力集中在身体的控制上，分 4 组完成，做到不能做为止。每组 15 个左右。

(2) 坐姿后拉。此练习对背中段肌肉有效。坐在长凳上，上身正直，膝关节稍弯，双臂中直，身体前倾，手腕放松，头抬起，吸气，然后朝着胸廓方向后拉。注意双肘紧贴身体。在动作顶点时挺胸、呼气，恢复开始状态。

(3) 单手哑铃练习。单手单膝靠在长凳上，另一脚站立，同侧手握住一个哑铃。手放松，屈肘拉起。注意挺胸抬头，背阔肌发力。上拉时提肘并使手靠近躯干，到顶点后缓缓放下，双臂交替重复练习。每次可练 3 组，每组 15 个。

第四节　形体欣赏

形体美是人体健美的主要内容之一，而形体健美在很大程度上取决于身体各部位的尺寸和相互间的比例。其中：

身高主要反映人体骨骼的发育程度。

体重是反映人体发育状况的重要整体指标。

胸围是人体厚度和宽度最有代表性的测量值，和扩展胸围与肺活量有关。

腰围反映一个人的腰背健壮程度和脂肪状况。

上臂围反映一个人肱三头肌和肱二头肌的发达程度。

大腿围反映一个人股四头肌及股后肌群的发育状况。

臀围反映一个人骨盆大小和髋、臀部肌肉的发达程度。

现在通用的一般健美体围标准如下（表 11 - 1、表 11 - 2）：

表 11-1 男子一般健美体围标准

身高	体重	胸围	扩展胸围	上臂围	大腿围	腰围
cm	kg	cm	cm	cm	cm	cm
153～155	50	94	97	32	48	65
155～157	52	94	98	32	49	65
157～160	54	95	99	33	50	66
161～163	56	95	101	33	51	66
163～166	59	98	102	34	52	68
166～169	61	100	103	34	53	69
169～171	63	100	104	35	53	69
171～174	65	102	105	35	54	70
174～177	67	103	107	36	55	71
177～180	70	103	108	36	55	72
180～183	72	104	109	37	56	73

表 11-2 女子一般健美体围标准

身高	体重	扩展胸围	臀围	腰围
cm	kg	cm	cm	cm
152～154	47.5	88	88	58
154～158	48.5	88	88	58
158～161	50	89	89	59
161～163	51.5	89	89	60
163～166	53	90	90	60
166～169	54.5	90	90	61
169～171	56	92	92	61
171～174	58	92	92	62
174～176	60	94	94	64
176～178	62.5	96	96	66

二、人体体形的测量

体形是身体的外部形态。骨骼构成了体形的支架，决定着人体的高矮和各部分的长短、宽窄；肌肉和皮下脂肪构成了人体的外部轮廓。所以一个人的体形美不美，都是根据人体各部分骨骼的比例大小、肌肉的发达程度和皮下脂肪的堆积程度作出判断的。

（一）你的形体类型

对这个问题很多人都难以回答，如何才能知道自己的类型呢？也就是自己的体形如何呢？

首先，来了解体形包含的基本成分。

体形的基本成分：

第一种成分：脂肪。

第二种成分：肌肉。

第三种成分：骨骼。

每个人由于三种成分的含量不同、分配不同、发育和发达程度不同，因此形成了各种体形。不同的体形中各成分所占的优势不同。肥胖体形的脂肪堆积多，即第一成分占优势；身材高大、骨骼粗壮、肌肉发达的体形其第二成分和第三成分占优势；瘦高的人第三成分占优势。

其次，用科学的测量评价方法分析自己的体形，从而根据自己的情况来制定形体训练计划，有的放矢地去雕塑自己的形体。

1. 体格测量。测出身高、体重、皮脂厚度、上围、小腿围、骨径、股骨径、肢骨径。

2. 查表求各成分分值（如表 11 - 3 所示）

表 11 - 3 简化“希恩一卡特”评分表

分值	第一成分	第二成分					第三成分
	皮脂厚度总和(mm)	身高(cm)	肢骨(cm)		肌围(cm)		身高(cm) 体重(kg)
			肱骨	股骨	三头股	腓肠肌	
−1	5.265	141.61	7.515	24.05	28.10		
−0.5	5.415	154.42	7.725	24.70	28.90		
0	5.565	144.23	7.925	25.35	29.70		
0.5	10.95	153.06	5.710	8.140	26.00	30.15	39.671
1	14.95	156.85	5.855	8.345	26.65	31.20	40.762
1.5	18.95	160.66	6.000	8.535	27.35	32.00	41.456

续 表

分值	第一成分	第二成分					第三成分
	皮脂厚度总和(mm)	身高(cm)	肢骨(cm)		肌围(cm)		身高(cm) 体重(kg)
			肱骨	股骨	三头股	腓肠肌	
2	22.95	164.47	6.145	8.745	28.00	32.80	42.151
2.5	26.95	168.08	6.295	8.975	28.65	33.85	42.151
3	31.5	172.09	6.440	9.180	29.35	34.30	43.507
3.5	35.84	175.90	6.580	9.358	30.00	35.10	44.010
4	42.75	179.71	6.725	9.595	30.65	35.90	44.863
4.5	46.25	183.52	6.875	9.805	30.30	36.70	45.557
5	52.25	187.33	7.060	10.015	31.90	37.45	46.252
5.5	58.75	191.14	7.165	10.225	32.60	38.20	46.946
6	65.75	194.95	7.285	10.430	33.30	39.00	47.608
6.5	73.25	198.76	7.430	10.635	33.95	39.80	48.269
7	81.25	202.57	7.600	10.845	34.65	40.60	48.964
7.5	89.75	206.38	7.745	11.055	35.30	41.40	19.658
8	89.95	210.19	7.895	11.265	35.95	42.00	52.352
8.5	108.95	213.99	8.040	11.475	36.70	43.00	51.014
9	110.75	217.81	8.180	11.685	37.45	43.80	∞
9.5	131.75	220.98	8.325	11.895	38.15	44.60	
10	143.75	225.43	8.475	12.105	38.90	45.40	
10.5	157.25	∞	∞	∞	∞	∞	
11	17.95						

例如，某先生测量结果为：

身高（cm）：170.4

体重（kg）：66.6

皮脂厚度（mm）：上臂部 13.0，肩胛部 15.3，髂部 9.9

围度（cm）：上臂围 31.7，小腿围 34.1

骨径（cm）：肱骨径 6.84，腔骨径 9.27

三种成分的分值为：第一成分分值：将所测三个部位皮脂厚度相加，13＋15.3＋9.9＝38.2 毫米，查表第一个大于 38.2 毫米的值是 42.75，42.75 对应分值为 4，则第一成分分值为 4 分。

第二成分分值：身高：第一个大于身高测量值 170.4 厘米的为 172.0 厘米，其对应值为 3.5 分。骨径：按同样方法，肱骨径分值为 4.5 分，股骨径分值为 3.5 分。围度：上臂围分值为 5 分，小腿围分值为 3 分。将骨径、围度4个分值相加除2再减身高为第二成分分值，即（4.5＋3.5＋3）＋2－3＝5，则第二成分分值为5分。

第三成分分值：根据公式，身高/体重的立方根＝170.4÷66.6的立方根＝42.04，查表得2分，则第三成分分值为2分。

把三种成分的分值按第一成分——第二成分——第三成分的顺序关系表示出来，即4—5—2（称为三联数），分值越大，表明此人体型以该分值成分为主。例如，此人第二成分量最大，其次是第一成分，说明此人体型是以第二成分为主，第一成分为次，即肌肉发达，脂肪也较多。若三种成分都比较接近，说明体形匀称。

（二）如何判断形体美

形体之美是一种恰到好处的协调和适中，是健康的美，是健与美的整体。健是美的物质基础，美是健的客观反映。优美的形体就是健美的体形，是身体各部分之间比例的协调、匀称。因此，对于每个人而言，只要其身高或其他长度指标与各部位的围度、宽度、厚度之间的比例恰当，并且身体健康，就可以说他（她）具有健美体形，也就是形体美。

女性的健美体形与男性的健美体形标准不同。具体地说，女性美离不开女性的特征——丰满而富有弹性的乳房、适度的腰围、结实的臀部以及健美的大腿等，这是体现女性特有曲线美的重要部分；男性的健美离不开肌肉强壮、粗大及男性的倒三角体型。

判断健美体形可以用以下两种方法：

1. 把形态测量的数据（长度、围度等）按比例关系计算，就可判断体形是否优美。

（坐高/身高）＋100

把自己的测量值代入公式，值越大，说明躯干相对较长；值越小，说明躯干相对较短。从人体美的角度来说，躯干较下肢短是比较理想的。一般值在52以下为短躯干型，在54以上为长躯干型。

（胸围/身高）×100

反映胸部或上体发育程度，是人体的横径与纵径之比，值越大，说明横径相对纵径越大，反之则越小。

（胸围/臀围）×100

反映胸部臀部的比例关系，男性的值越大说明越健壮，越能显示男性的倒三角体形美。女性的值100左右表明胸围和臀围的比例匀称。

（胸围/身高）×100

反映腰部的相对粗细，值越大，说明腰部的脂肪越多。

（体重/身高）×100

反映人体的胖瘦。

（大腿围/身高）×100

反映大腿的相对粗细。

（小腿围/身高）×100

反映小腿的相对粗细。

2. 根据人体健美的比例标准，以身高为参照，把其他测量值以身高的比例作为标准，判断自己的体形是否符合标准。

男子：

体重：每厘米身高 0.334 公斤。

胸围：身高的 48.5%。

腰围：身高的 39.5%。

臀围：身高的 50.6%。

女子：

体重：每厘米身高 0.326 公斤。

胸围：身高的 49.2%。

腰围：身高的 42.1%。

臀围：身高的 56.5%。

例如某女士身高为 166 厘米，则其健美体形的标准应该达到：

体重：166×0.326＝54 公斤；胸围：166×49.2%＝82 厘米；腰围：166×42.1%＝70 厘米；臀围：166×56.5%＝93 厘米。

以上两种判断健美体形的方法，在模特培训、选美比赛中经常被综合使用。实际生活中，怎样用肉眼从外表断定一个人形体姿态美不美，气质优不优雅呢？在选美大赛、舞蹈表演、模特表演等形体语言较多的情境中，我们怎样来欣赏、比较形体的美呢？首先，我们要了解优美的人体姿态不仅给人带来美的享受，体现自身的魅力，而且还使身体各部分的空间位置处于最佳的状态，减轻了肌肉和韧带的紧张，减少了疲劳。其次，在欣赏形体表演时可以从以下几个方面来判断其优美程度。

直立姿势。正确而优美的直立姿势为头正、颈直、肩开，上体自然挺拔，腰直，微收小腹，两臂自然放松，腿自然伸直，重心在双脚上。

观看可以从两个方面进行。从背后看，头、颈、脊柱和两足跟立在一条垂直线上，两肩的高度和两髋的高度都应当一致；从侧面看，头顶、耳前、肩、髋、膝外侧、外踝尖，各点应在同一直线上。

脊柱形状。身体直立时，从背面看，脊柱应当是笔直的；从侧面看，脊柱外形呈现四个生理弯曲，即颈段向前弯、胸段向后弯，腰段向前弯，骶段向后弯。如果从背面看脊柱不是笔直的，或从侧面看，颈、腰段弯曲过深、过浅，都说明姿态不美。

腿形。漂亮的腿形是人体美的一部分，优美的腿形能表现出挺拔的姿态。当两腿直立并拢时，我们可以根据两足跟或两膝之间的距离来判断腿的形状。正常腿形站立时，两足跟和两膝均能靠拢，如若不能，则为异常。

行走。行走时，上体、头部均保持站立时的姿势。两脚跟内侧走在一条直线上，脚尖偏离中心线大约 8°～10°，由脚跟过渡到前脚掌之后，受力中心点应在大趾和二趾之间。两臂保持站立时的姿势，并由上臂带动，有控制地前后摆动。摆臂幅度不得过大，前摆约 30°，后摆不得超过臂部的后缘。臂和腿协调配合，当摆臂至最高点时脚跟落地。此优美的步态具有很高的审美价值。一般在形体训练中，走步的练习占很大的比例。

跑。做跑的动作时，如果上体挺直，头略上扬，跑时腿落地后立即蹬直，轻轻向上跳起，上体稍向摆动腿一侧转动，肘关节弯曲，角度不小于 90°而且跑得轻松，富有弹性，那么此时的姿态就是美的。

坐。优美的坐姿应该是上体、头部保持站立时的姿势，当手做支撑时注意不要耸肩、伸颈。

第十二章 形体与舞蹈

第一节 形体的基本训练

一、身体的方位、脚位和手位

（一）身体的方位

在进行基础练习前，首先要有明确的方向概念，即身体的方位。一般以学生为基点，以面对教师的方向为正前方，称第一方位，简称∠1，向右转45°为第二方位，即∠2，依次类推，共8个方位，如图12-1所示。

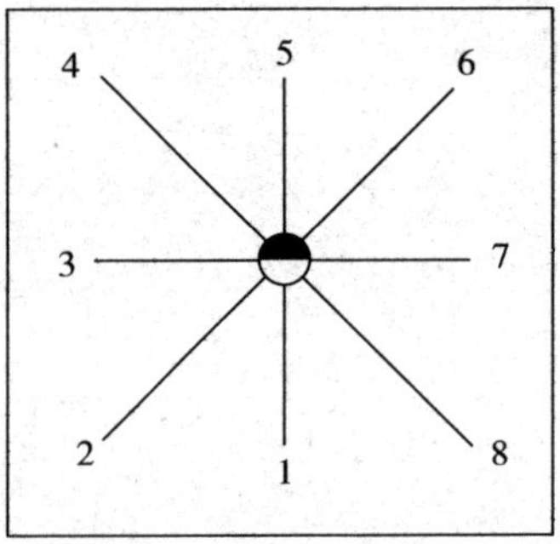

图12-1 方位图

（二）脚位

脚位的正确与否，直接影响着身体姿态和技术的准确性。

1. 芭蕾舞脚位

一位，两脚完全向外打开，脚跟并拢，两脚成一直线，重心在两脚。二位，仍保持一位，但两脚间距约一脚，重心在两脚中间。三位，两脚平行，两脚跟前后相叠，脚尖向侧。四位，两脚前后平行，之间相距一脚，重心在两脚之间。五位，类似四位，但两脚全部重叠，两腿伸直夹紧。

2. 古典舞脚位

正前位，两脚并拢，不要外开，重心在两脚上。

八字位，两脚跟靠拢，脚尖各向斜前方，两脚尖相距约一脚。

丁字位，一脚跟靠于另一脚内侧中部，成丁字形，重心在两脚。

脚好比“地基”，因此，在做各种脚位练习时，要求身体直，沉肩，提胸立腰，全脚掌着地，重心落在两脚上。

（三）手臂基本位置

手位练习时，要求手指自然伸直，关节柔软，拇指与中指稍向里，手腕保持弧形。男生手形与女生基本相似，只是拇指略张开一些。

一位，两臂弧形下垂于体前，掌心向上，两手指相距 7 厘米左右，手臂稍稍离开身体，手臂保持从肩开始的柔和的圆形线条，头竖直。

二位，从一位开始，两臂抬至肩的高度，肘部架起，掌心向内，头偏向左侧。

三位，两臂上举，掌心向内，头竖直，平稳。

四位，一臂上举，另一臂落至二位，头竖直，眼平视。

五位，一臂上举，另一臂向前伸长的同时向旁打开，头侧转。

六位，上举臂落至二位，另一臂侧举，视线由上至下看手心。

七位，两臂侧举稍低于肩，掌心向前，视线随手。

二、柔韧性动作的练习

在形体练习中，有很多动作是以身体各环节的屈、伸或扭转来完成的。由躯干的弯曲和扭转构成多曲线的身体造型，显示了人体的自然美，大幅度的分腿动作增加了自由肢体的动态美。

（一）躯干同向弯曲

1. 动作做法

（1）上体前屈：双脚站立或蹲立，含胸弓背屈髋，上体前屈成圆背姿势，低头。由站立（点地立、跪立）开始，上体向前，屈髋、挺胸贴腿稍抬头。

（2）上体侧屈：由站立（点地立、跪立）开始，上体向侧面弯曲，稍抬头。

（3）上体后屈：由站立（点地立、跪立或弓步）开始，上体向后弯曲，抬头。

2. 技术要点

（1）上体弯曲时，下肢肌肉收紧作为牢固的支撑。

（2）上体先放松拉长，再按髋、腰、胸、颈的顺序做弯曲动作。由屈到伸时动作顺序相同。

（3）上体后屈时背部肌肉收紧，臀肌和两肩胛相对收缩，髋向上顶，抬头，使躯干与腿结成环形。

（4）上体侧屈和挺胸前屈的动作要尽量向远伸，充分拉长，以增加弯曲的幅度。

（二）躯干反向弯曲和扭转

1. 动作做法

（1）头部和髋部向同一方向移动，胸部向相反方向移动，构成S形的多曲线姿态。

（2）以腰为轴，肩、胸和髋向相反的方向转动，形成扭转姿态，如图12-2所示。

图 12-2　动作做法

2. 技术要点

（1）躯干S形反向弯曲时，髋部的弯曲方向与颈胸部相反，腰部放松，尽量增大反向弯曲的幅度，保持身体平衡。

（2）扭转动作要固定下肢，放松腰部，肩胸做平行转动。

（三）劈腿动作（劈叉）

1. 动作做法

（1）前后劈腿：由四位站立开始，直腿向前滑动分腿至前腿后部、后腿前部全部贴地，上体正直，如图12-3（a）所示。

（2）横劈腿：由二位站立开始，两腿旋外，脚尖向侧面，直腿向两侧滑动分腿至两腿贴地，两脚跟与臀部在一条横线上，如图12-3（b）所示。

（a）　（b）

图 12-3　动作做法

2. 技术要点

两腿充分绷直，保持外开，髋关节放松。

三、波浪动作

波浪动作以柔软、活泼、圆润的内在弹性感以及外部的多曲线形成了优美的形态及丰富的表现力。

（一）手臂波浪

1. 动作做法

肩、肘、腕、手指各关节依次弯曲，并随之依次伸展，形成波浪形动作，手臂波浪幅度可大可小。

2. 技术要点

（1）由靠近躯干的部位开始。整个手臂必须放松地将动力传递到手指尖。波峰随弯曲的关节而移动。在同一时间，某一关节弯曲，而另一关节正在伸展。

（2）在手臂波浪中，肘关节除屈伸动作之外，要随波峰的移动而上下（或左右）移动。

（二）躯干波浪

躯干波浪开掘了人体中间部位的表现力，是对躯干弯曲伸展动作的美化，充分体现了身体曲线的自然美。

1. 躯干向前波浪

跪立，由上体依次后屈开始，用力向前上方挺髋、挺胸，向后抬头，经上体后屈依次还原成正直，波峰在体前向上移动，如图 12 - 4 所示。

图 12 - 4　躯干波浪

2. 躯十向后波浪

跪立，由上体依次后屈开始，髋、腰、胸、颈依次向前弯曲，波峰在体后向上移动，如图 12 - 5 所示。

图 12-5　躯干向后波浪

3. 躯干向侧波浪

跪立，髋、腰、胸、颈各关节依次向侧弯曲，并随之依次向侧上方挺出，波峰在体侧推移。

躯干各关节的屈伸是依次、连贯的周期性推移动作，各环节依次向波浪方向画圆。在波浪进行中，头、胸、髋形成反向弯曲和位移。反向运动的幅度大，波浪幅度也大。

（三）全身波浪

整个身体参与波浪的动作为全身波浪。

1. 向前波浪

由身体前屈开始起动，踝、膝、髋、腹、胸、下颏依次向前上方转动，经上体后屈姿势，随之依次伸直还原成直立，波峰在体前由下向上推移，如图 12-6 所示。

图 12-6　向前波浪

2. 向后波浪

由身体后屈开始起动，屈髋、收腹、含胸、低头至上体依次前屈，波峰在体后由下向上推移，如图 12-7 所示。

图 12 - 7　向后波浪

3. 向侧波浪

由上体左侧屈开始起动，右腿屈膝，经两腿屈膝向左顶髋，两腿依次蹬直，向左挺胸、抬头至上体右侧屈，波峰在左侧向上推移，如图 12 - 8 所示。

图 12　8　向侧波浪

四、转体动作

在形体练习动作中，有各种单脚转体、双脚旋转和以身体其他部位为支撑的旋转。

（一）单脚转体

1. 侧吸腿转体

由右脚前点地两臂左侧举开始，经屈膝向右腿移重心，蹬直起踵立，以右脚支撑向右转体 360°或 720°，左腿屈膝侧下举，同时右臂向右摆经侧举至两臂下举。

2. 单腿屈膝前举转体

由左腿在前点地站立，两臂右侧举开始，经屈膝向左腿移重心的同时左臂侧摆至侧举，右腿由后屈膝向前摆动，左腿蹬地起踵立的同时两臂上举至三位，保持屈膝前举姿态向左转体360°或更多。

3. 单腿屈膝后举转体

由左腿在前点地立，两臂右侧举开始，经屈膝向左腿移重心的同时两臂向左水平摆至左臂侧举，右臂上举，左腿蹬地踵立，右腿屈膝后举，保持姿态以左脚支撑向左转体360°或更多。

（二）双脚旋转

以两脚的前脚掌为支点，向右（左）转动180°、270°或360°。转体时提起踵，两脚夹紧，上体正直，挺胸夹背，紧腹收臀，使肩、髋保持在一个平面上绕身体的纵轴旋转。

（三）移动中转体

1. 平转

平转是两脚在一条直线上移动的连续转体动作，每步旋转180°，连续转体360°为一次平转。

2. 侧吸腿平转

这是两脚在移动中连续做单脚转体的动作。

动作做法：左脚站立，右脚前点地，目视右侧，左臂侧举，右臂前举；右腿向右画弧，向右侧上步起踵站立，右臂摆至侧举，左腿屈膝侧举，脚尖触右膝内侧，膝关节向外。以右脚为支点向右转体270°，同时左臂向内靠近右臂成二位姿态；右脚继续向右转体90°，左脚在右脚后落地并稍屈膝，右腿前下举，左臂侧举，右臂前举。

侧吸腿平转技术要点如下：

(1) 双脚平转时身体平直像一扇门，两脚夹紧，两脚以小步在一条直线上移动，每步转体180°。

(2) 侧吸腿平转时重心在单脚上，转体结束时换另一脚支撑，转体时保持开胯姿态。

(3) 平转时前半周目视转体正前方一固定目标，后半周快速转头（平甩），超前转向目标。

(4) 练习连续2～3次平转的动作。

（四）翻身

翻身是身体绕复合轴转动的动作，其动作形式有很多。这里主要介绍踏步翻身。

1. 动作做法

预备：右脚在后踏步立，稍屈膝，上体前倾，两臂预先向左摆动。目视前下方一固定标记，上体固定在向前斜的垂面上，两臂在垂面上依次向右快速摆臂（抡臂）。同时，以前脚掌为轴蹬腿转髋，挺腹，挺胸，身体各部分依次转动。上体随手臂摆的力量保持弯曲状态，经左侧屈、后屈、右侧屈、前屈翻转一周，如图 12 - 9 所示。

图 12 - 9　动作做法

2. 技术要点

（1）转动时，胸以上部位保持在接近水平（与地面平行）的位置上翻转。

（2）两臂在垂面上依次抡动成一直线，带动上体翻转。

（3）翻身前半部分两腿由屈到伸，后半部分由伸到屈。

五、跳跃动作

跳跃动作多种多样，快速灵巧的小跳能够有效地训练跳的基本技术，大幅度的跳跃转体、跳跃结环成了跳跃的难度动作。

（一）原地小跳

1. 直体跳

自然站立（或一位、二位、五位、并步立），两手叉腰成预备姿势，经屈膝后两腿蹬地跳起，空中身体绷直，落地屈膝缓冲。

2. 交换跳

（1）五位交换跳：预备时五位站立，两手叉腰，经屈膝后两腿蹬地跳起，空中两腿快速向前后交换位置 1～2 次，落地成五位，屈膝缓冲。

（2）二、五位交换跳：预备时五位站立，两手叉腰，经屈膝后两脚蹬地跳起，空中保持五位收紧，落地时两腿分开成二位半蹲。由二位跳起，空中保持二位，落地时并腿成五位半蹲。

（二）交换腿跳

1. 向前交换腿跳

左腿向前一步蹬地跳的同时，右腿向前摆腿，左脚离地后快速向前摆腿，空中两腿上下交换。两臂向外大绕环，右脚落地，左腿前举。

2. 向后交换腿跳

右腿向前一步，经屈膝后蹬地跳起。同时，上体稍前倾，左腿向后摆起。接着右腿向后摆起，空中两腿上下交换，两臂摆至侧后举。左脚落地并稍屈膝，右腿后举，如图 12 - 10 所示。

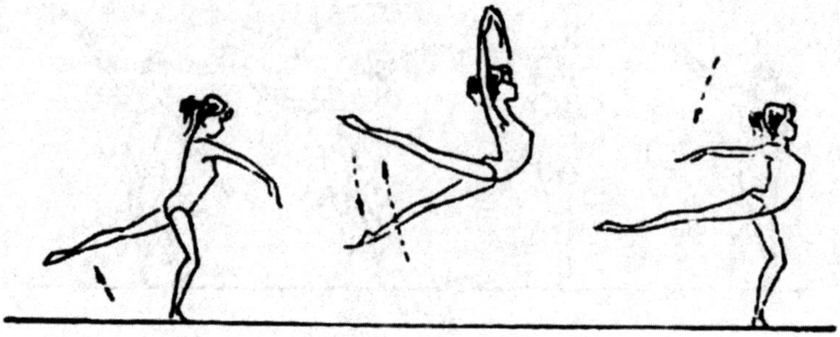

图 12 - 10　向后交换腿跳

六、把杆练习

手扶把杆进行身体姿态练习，不仅能够培养规范化的身体姿态，而且能有效地发展腿部和躯干部位的韧性、力量和平衡能力。借助把杆进行慢动作和分解动作练习，能够发展细腻的肌肉感觉，有利于掌握技术细节，建立正确的动作概念。把杆练习是身体动作训练中不可缺少的形体基本功练习内容。

（一）扶把杆站立

站立是各种动作的基础，没有稳定的站立就不可能完成优美的舞姿造型和稳定的转体。站立的基本姿势是立正，在此基础上可变换各种姿势。具体包括双手扶把和单手扶把。

1. 动作做法

（1）脚成各种位置做直腿站立、起踵立或屈膝站立。

（2）单腿站立，另一腿脚尖在前、侧、后点地。

（3）单腿站立（或踵立、屈膝站立），另一腿向前、侧、后伸直或屈膝举起至 45°～90°。

（4）一腿屈膝，另一腿伸直，两腿迈开（弓步）。

2. 技术要点

（1）保持脚位准确，从大腿开始整个腿旋外，重心稳，下体正直。

（2）基本站立时，全脚掌锥地而立，直膝开髋向上提，使脚尖、膝关节与髋关节在一条直线上，立腰，紧腹收臀，挺胸夹背，两肩下沉，脖子梗直，使上体姿态挺拔。

（3）起踵立时脚跟尽量抬高，以前脚掌大脚趾一侧支撑，脚跟向前顶，内踝顶直，使小腿与脚面在一垂线上。

（4）屈膝半蹲时臀部对准脚跟，两膝对准脚尖，立腰。

（5）点地立时支撑腿脚尖向外，动力腿绷直旋外。前点地时脚面向外，脚跟向上顶，脚尖在正前方点地。后点地时脚面向外，脚跟向里，脚尖在正后方点地，侧点地时脚面向上，脚跟向前顶，脚尖在正侧方点地。

（6）单腿站立时，重心在支撑腿上，保持腿的外开，自由腿通过腰腿肌力的控制在空中保持一定姿态，上肢协调配合，维持平衡。

（二）蹲

蹲属于支撑腿屈伸的动作，有半蹲和全蹲。蹲也是跳的起动动作。蹲的练习能有效增强腿部力量和控制平衡的能力。

1. 动作做法

（1）半蹲：预备时脚站立成一位（二位、三位、四位、五位或正步），1～4 拍，屈膝下蹲至膝关节角度大于 90°；5～8 拍，腿伸直至直立。

（2）全蹲：1～4 拍，屈膝下蹲于半蹲姿势，5～8 拍，继续屈膝下蹲，同时脚跟抬起，下蹲至膝关节弯曲小于 90°。

（3）单腿蹲：预备时由一位或五位站立开始，一腿屈膝向侧上提至踝关节，并贴支撑腿小腿下部，脚跟向前。1～4 拍，支撑腿屈膝下蹲至半蹲；5～8 拍，支撑腿伸直至直立。

2. 技术要点

（1）保持准确的脚位，两膝对准脚尖的方向，臀部对准脚跟的方向，上体正直。

（2）动作柔和连贯，向下时被动屈腿，向上时主动伸腿，全蹲至最大幅度时不松髋、不掉臀、不停顿。

（3）双腿蹲重心在两腿间，单腿蹲重心在支撑腿上，保持平衡。

（三）擦地

擦地是摆动腿起动，脚向前、侧、后经过地面擦出和收回的过程。

1. 一位侧擦

预备时双手（或单手）扶把，一位站立；1～2 拍，右脚全脚掌贴地直腿向侧滑动擦出，随之脚面绷直，脚跟离地向上顶，滑至右脚尖在正侧方点地；3～4 拍，脚放松，脚掌贴地直腿擦地收回至一位。

2. 五位擦地

预备时左手（或双手）扶把杆，五位站立；1～2 拍，右脚直腿向前（侧、后）滑动擦出，随之抬脚跟、脚尖滑至右脚尖在前（侧、后）方点地；3～4

拍，右脚放松，脚掌贴地，直腿擦地收回至五位。

3. 技术要点

(1) 擦地时支撑腿保持外开，伸直向上立髋，重心在支撑腿上，上体正直，摆动腿侧髋关节放松，保持整个腿伸直和旋外，灵活地自由运动。

(2) 向前擦出时脚跟主动向前顶，向后擦出时脚尖主动向后伸，侧向擦出时脚面向上，脚跟主动向前顶，保持外开，至点地位置时踝关节和脚面充分绷直，小腿与脚面脚尖成一直线，由前点收回时脚尖经四位平行擦地收回；由后点收回时脚跟经四位平行擦地收回；由侧点收回时经二位直腿擦地收回。

（四）踢腿

踢腿运行的幅度有大有小，小踢腿以训练腿快速绷直的感觉和摆腿的速度为目的；大踢腿以发展腿部的柔韧、灵活、力量和速度，加大下肢运动幅度为目的。

1. 小踢腿

预备时单（双）手扶把，五位站立；1～4 拍，前（后）腿快速擦地，并有力地绷直，向前、侧（后）踢出，急停在 25°位置上；5～8 拍，摆动腿向下经点地位置擦地收回

2. 大踢腿

预备时左侧对把杆，左手扶把，五位站立或起踵立；1～4 拍，右腿直膝擦地，用力向前、侧（后）上方踢起 135°以上；5～8 拍，右脚轻轻落下至点地位置，右脚擦地收回至五位。

3. 技术要点

(1) 小踢腿擦地绷脚踢出地面之后，摆动腿伸肌收紧，使腿急停在 25°位置上。

(2) 腿踢出后，摆动腿髋关节放松，利用惯性继续上摆，过水平部位之后快速收腹（后腿背肌收紧），使腿上摆到极点。前踢对鼻尖、侧踢对耳朵、后踢对后脑，保持正确的方向，如图 12 - 11 所示。

图 12 - 11　动作做法

(3) 踢腿时，支撑腿用力蹬直，固定髋部，做牢固的支撑，使重心稳定。

（五）屈伸

通过腿的屈伸练习增加腿部力量、韧性、关节灵活性和控制平衡的能力，增加腿的柔美感觉、灵活性和表现力。

1. 摆动腿屈伸

预备时单（双）手扶把一位站立，右腿侧摆；1～2 拍，右腿屈膝收小腿至右脚外踝并贴左小腿前部，右脚跟向前；3～4 拍，右腿保持膝向外，向前（侧、后）45°或 25°方向柔和而充分地伸直。

2. 两腿同时屈伸

预备时左手扶把五位站立，右腿向侧擦地举起至 25°或 45°（侧下举）；1～2 拍，左腿屈膝半蹲的同时，右腿屈膝，右脚贴左小腿前部；3～4 拍，左腿伸直的同时，右腿向侧（前、后）下方伸直。

（六）压腿

1. 向前压腿

预备时面对（或斜对）把杆，右腿绷直旋外放在把杆上，手臂上举（或左手扶把，右臂上举），立腰向前屈髋，以腹、胸、下颏依次贴右腿，手臂同脚尖方向，接着还原成预备姿势，如图 12 - 12 所示。

图 12 - 12　向前压腿

2. 向侧压腿

预备时左侧对（或斜对）把杆，左腿伸直放在把杆上，脚面向上，两臂侧举（或右臂侧举，左手扶把）。右臂向上使上体拉长，并向左侧屈髋，左肩后部贴左腿。接着，立腰还原成预备姿势，如图 12 - 13 所示。

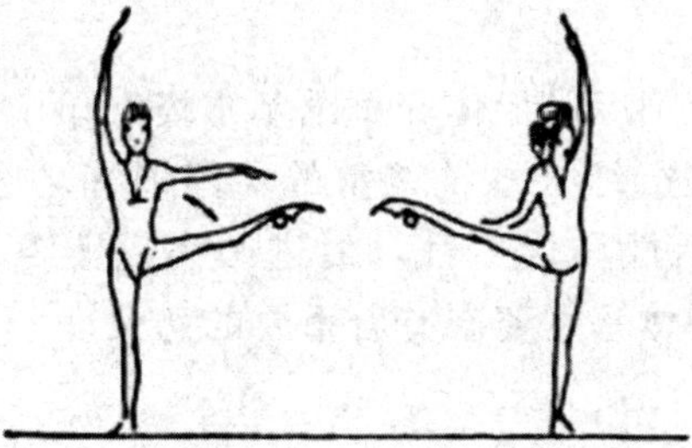

图 12 - 13　向侧压腿

3. 向后压腿

预备时背对把杆或右侧对把杆，左腿后举，将脚背放在把杆上，两腿伸直，上体正直；臂上举，挺胸立腰后振；臂上举，挺胸抬头，上体后屈，同时，支撑腿屈膝下蹲，使两腿开度加大，如图 12－14 所示。

图 12－14　向后压腿

（七）练习注意事项

（1）扶把杆做动作时要精确细致，在每个动作中，身体各部分的姿势、神态、用力感觉都必须清楚，表达准确无误，做到标准、规范、熟练。

（2）扶把杆做动作时身体重心应放在支撑脚上（压腿除外），轻轻扶把，身体其他部位不可靠在把杆上。

（3）把杆练习要注意动静交替、紧张与放松交替、两腿交替、变换方向交替、不同类型的动作交替。静力性动作之间要以动力性动作调节，大强度练习中间要安排放松动作。

（4）把杆练习的音乐伴奏要完全符合动作的节奏和力度变化，通过优美合拍的音乐使枯燥的基本动作变得富有韵味和情趣。

（5）在练习中要根据不同的水平选择不同的练习内容，在基本掌握了各类动作之后可按照由简到繁、由远及近、动静交替、两侧交替、紧张与放松相交替、活动量由小到大再到小的原则，将各类动作编成组合动作进行练习。

第二节　形体舞蹈组合

形体和舞蹈的组合训练是形体和舞蹈基本姿态单个动作训练的延伸部分，是对身体各部分姿态进行综合系统调整的专门训练。通过组合训练，可提高形体和舞蹈动作的灵活性和优美性，促进站姿、坐姿、走姿的动作规范化，对培养练习者良好的身体基本姿态有着重要的意义。

一、芭蕾手臂姿态组合

手臂姿态能体现形态举止的高雅程度，是形体和舞蹈动作练习的主要内容。通过训练，能够促进练习者上肢骨骼、肌肉、韧带、关节的正常发育，增强手臂力量和灵活性，培养正确的手臂动作姿势。

芭蕾手臂姿态组合。动作总节拍为 26 个 8 拍，时间为 3 分 15 秒，音乐为 2/4 拍，节奏抒情、动听。

【预备姿势】

面朝 8 点，左脚在前的丁字步站立。

【动作做法】

预备动作：头部前屈，还原。头部后屈，还原。

(1) 1～2 拍：两臂体前举成一位；3～4 拍：两臂前举成二位；5～6 拍：两臂上举成三位；7～8 拍：右臂前举成四位。

(2) 1～2 拍：左臂打开侧举成五位；3～4 拍：右臂前举成六位；5～6 拍：右臂打开侧举成七位；7～8 拍：两臂下落还原于一位。

(3) 1～2 拍：左脚擦出前点地，两臂成二位；3～4 拍：左脚站立，右腿伸直脚尖后点地，左臂打开侧举，右臂上举成五位，抬头稍右转，眼看右手；5～6 拍：重心后移至右脚站立，左脚侧点地，右臂打开成七位；7～8 拍：左脚并于右脚同时右转 45°成小八字站立，两臂还原成一位。

(4) 1～2 拍：两腿屈膝半蹲，两膝外展，同时右臂前举，左臂侧举成六位，头稍右转，眼看右前方。3～4 拍：还原；5～8 拍：同 1～4 拍，手臂动作方向相反。

(5) 1～2 拍：右脚站立，左脚侧点地，两臂打开侧举成七位；3～4 拍：左臂前举，右臂侧举成四位；5～6 拍：上体左侧屈，两臂打开侧举成七位，上体还原；7～8 拍：左脚收回成小八字站立，两臂还原成一位。

(6) 1～8 拍：同 (5) 1～8 拍，动作方向相反。

(7) 1～8 拍：两腿经屈膝半蹲（两膝外展）一次，左臂经下向左绕至侧举，右臂侧举成两臂七位。

(8) 1～8 拍：同 (7) 1～8 拍，手臂动作方向相反，并还原小八字站立。

(9) 1～4 拍：左转 45°（面朝 8 点）左腿屈膝半蹲站立，右脚向前伸直点地，同时两臂经侧摆至三位臂，上体稍向左拧，抬头；5～8 拍：右脚并于左脚站立，同时两臂经侧下落至一位。

(10) 1～4 拍：左腿前弓步，右腿向后伸直脚尖点地，同时左臂侧举、右臂前举成六位；5～8 拍：右脚并于左脚并还原成小八字站立。

(11) 1～4 拍：左腿站立，右脚前点地，同时两臂经二位至左臂上举，右臂打开至侧举成五位，上体稍向右拧；5～8 拍：左腿屈膝半蹲站立，左臂经侧下落至体前举（掌心向上），右臂经侧摆至上举，上体稍向右拧前倾。

(12) 1～4 拍：左臂前举成四位臂，上体稍右拧，抬头；5～8 拍：向右转 90°同时右脚并左脚还原丁字步站立（面朝 2 点）。

(13) ～ (16)：同 (1) ～ (4)，动作方向相反。

(17) ～ (20)：同 (5) ～ (8)，面朝 1 点，动作方向相反。

(21) ～ (24)：同 (9) (10)，面朝 2 点，动作方向相反。

(25) 1～4 拍：（面朝 1 点）八字站立，两臂经二位向侧打开成七位，眼看左手；5～8 拍：两脚提踵立，两臂上举成三位，抬头。

(26) 1～4 拍：两脚落踵，两臂经侧下落摆至一位；5～8 拍：右脚向左前一步站立（面朝 8 点），左脚伸直后点地，左臂上举，右臂于体后举，立腰，挺胸，抬头。

【动作要求】

1. 保持挺胸、收腹、立腰的优美站立姿态。

2. 肩部放松，用肩肘带动臂做手臂位置的转换。

3. 头的位置与手臂位置协调配合。

4. 动作要连贯、柔和、舒展。

二、下肢动作组合

腿部在形体与舞蹈训练中主要完成技术性的任务。腿部的基本姿态是“外开”与“绷直”，它与自然姿态相差甚远，特别是“外开”，它是与人类腿部的自然姿势相违背的。将腿部的膝盖、脚背绷直是需要一定力量的，不经专门训练很难将其运用于表演之中，也无法在形体与舞蹈训练中体现腿部姿态的优美性。通过腿部姿态成套动作的训练，可以提高身体形态的控制能力，增强腰、腿部力量和柔韧性，使练习者的动作正确、姿态优美。

芭蕾基本脚位组合。动作的总节拍为 27 个 8 拍，时间约为 3 分钟，音乐为 2/4 拍，节奏轻快、活泼。

【预备姿势】

芭蕾一位脚位的站立，一位臂位经二位开打至七位。

【动作做法】

(1) 1～6 拍：芭蕾一位脚位的位置，三位臂位，抬头；7～8 拍：左脚擦出成二位脚位站立，两臂打开成七位臂位。

(2) 1～6 拍：同 (1) 7～8 拍：7～8 拍：左脚在前的三位脚位站立，两臂合拢前举成二位臂位。

（3）1～6拍：同（2）7～8拍；7～8拍：左脚在前的四位脚位站立，两臂上举成三位臂位。

（4）1～6拍：同（3）7～8拍；7～8拍：左脚在前的五位脚位站立，左臂前举，右臂侧举成六位臂位。

（5）1～6拍：同（4）7～8拍：7～8拍：右脚经擦出收至一位脚位站立，左臂打开经侧至两臂上举成三位臂位。

（6）1～6拍：同（5）7～8拍；7～8拍：右脚擦出成二位脚位站立，两臂打开至七位臂位。

（7）1～6拍：同（6）7～8拍；7～8拍：右脚在前的三位脚位站立，两臂成二位臂位。

（8）1～6拍：同（7）7～8拍；7～8拍：右脚擦出在前的四位脚位站立，两臂成三位臂位。

（9）1～6拍：同（8）7～8拍；7～8拍：右脚擦出并收至五位脚位站立，右臂前举，左臂侧举成六位臂位。

（10）1～6拍：同（9）7～8拍；7～8拍：右脚擦出并收至并步，两手叉腰。

（11）1～6拍：同（10）7～8拍；7～8拍：两脚尖分开成八字步站立。

（12）1～6拍：同（11）7～8拍；7～8拍：左脚向侧一步成大八字步站立。

（13）1～6拍：同（12）7～8拍；7～8拍：左脚在前的丁字步站立。

（14）1～6拍：同（13）7～8拍；7～8拍：右转90°（面朝2点），右脚在前的丁字步站立。

（15）1～6拍：同（14）7～8拍；7～8拍：八字步站立，手臂成一位臂位。

（16）1～6拍：左脚向前擦出前点地，两臂侧举成七位臂位；7～8拍：左脚收回成八字站立，两臂成一位。

（17）1～6拍：左脚向侧擦出侧点地，左臂上举，右臂侧举成五位。7～8拍：同（16）7～8拍。

（18）1～6拍：左脚向后擦出后点地，左臂前举，右臂侧举成六位；7～8拍：同（16）7～8拍。

（19）～（21）：同（16）～（18），动作方向相反。

（22）1～6拍：左脚向前擦出前点地，右腿屈膝半蹲，两臂侧举；7～8拍：左脚收至还原八字步站立，两臂还原成一位。

(23) 1～6 拍：左脚向侧擦出侧点地，右侧弓步，左臂侧举，右臂侧上举(掌心向外)；7～8 拍：同 (22) 7～8 拍。

(24) 1～6 拍：左脚向后擦出后点地，右弓步，两臂经侧摆至侧上举，掌心向外；7～8 拍：同 (22) 7～8 拍。

(25) ～ (27)：同 (22) ～ (24)，动作方向相反。

【动作要求】

1. 髋、膝关节充分外开，腿始终保持直立，身体重心落在两脚上。

2. 芭蕾脚站位要平稳，姿态正确，两脚跟和脚尖在一直线或前后平行线上。

3. 身体姿势和脚的各个位置要准确。

4. 动作要连贯、协调、舒展、优美。

三、躯干动作组合

躯干是指上体，是全身的主体。它包括胸、腹、腰、背部，其中腰是连接上下身体的枢纽，是躯干最为灵活的部分。身体的各种曲线美是由躯干做动作变化而产生的各种富有艺术魅力的体态。因此，善于用躯干做动作，可以提高形体动作的灵活性，增强站姿、坐姿、走姿动作的规范化。躯干成套动作的练习可以培养练习者的肢体协调性，提高其审美和表现美的能力。

躯干动作组合。总节拍为 31 个 8 拍，时间约为 3 分 50 秒，音乐为 2/4 拍，节奏抒情、缓慢。

【预备姿势】

盘腿坐地，两手扶膝，肘稍外展，上体直立。

【动作做法】

(1) 1～4 拍：上体缓慢向前屈的同时塌腰、挺胸，抬头；5～8 拍：上体缓慢还原于直立。

(2) 1～4 拍：上体后移的同时弓背、含胸，低头；5～8 拍：上体缓慢还原于直立。

(3) 1～8 拍：同 (1) 1～8 拍。

(4) 1～8 拍：同 (2) 1～8 拍。

(5) 1～4 拍：胸、腰缓慢地向左侧移动，眼看左侧；5～8 拍：上体缓慢还原于直立。

(6) 1～8 拍：同 (5)，动作方向相反。

(7) 1～2 拍：胸、腰向左侧移，眼看左侧；3～4 拍：胸、腰向右侧移，眼看右侧；5 拍：同 1～2 拍；6 拍：同 3～4 拍；7～8 拍：还原。

(8) 1～8 拍：同 (7) 1～8 拍，动作方向相反。

(9) 1～8 拍：躯干经前向左绕环一周。

(10) 1～6 拍：同（9）1～8 拍；7～8 拍：上体还原，两臂侧举。

(11) 1～4 拍：右手贴于体后背，左臂向右摆的同时屈肘手触右肩，同时上体前屈、挺胸向右拧身，眼看右后方；5～8 拍：左臂向左摆至两臂侧举，上体还原。

(12) 1～8 拍：同（11）1～8 拍，动作方向相反。

(13) 1～8 拍：左手贴于体后背，右臂经上举向左绕环至两臂侧举，同时上体向左拧转经前屈、挺胸、塌腰，预备姿势，两臂侧举。

(14) 1～8 拍：同（13）1～8 拍，动作方向相反。

(15) 1～4 拍：左手贴于体后，右臂上举（掌心向外），上体向左侧屈，抬头，眼看右手；5～8：右臂向右摆至两臂侧举，上体还原。

(16) 1～8 拍：同（15）1～8 拍，动作方向相反。

(17) ～（18)：同（1）～（2)。

(19) ～（20)：同（5）～（6)。

(21) ～（22)：同（7）～（8)。

(23) 1～8 拍：同（9）1～8 拍，动作方向相反。

(24) 1～6 拍，同（10）1～6 拍；7～8 拍：同（10）7～8 拍。

(25) ～（26)：同（11）～（12)。

(27) ～（28)：同（13）～（14)。

(29) ～（30)：同（15）～（16)。

(31) 1～8 拍：两臂经体前交叉摆至侧上举，掌心相对，挺胸、抬头。

【动作要求】

1. 躯干动作要连贯、柔和、协调、舒展。

2. 反复练习含、展胸动作和向左右移胸动作。

3. 放慢节奏分段学习，逐步连贯练习。

4. 配音乐完整练习。

第三节　形体健美操

一、形体健美的概念及标准

（一）形体健美的概念

形体健美是指具有强壮的体魄、健美的体型、良好的姿态、高雅的气质和风度的人体外在和内在综合性的人体美。

1. 健康是形体健美的基础

健康是形体健美的首要条件。端正的五官、健康匀称的肢体、优美的曲线、丰满且有光泽的肌肤及发育良好的身体等能充分表现出生机勃勃、精力充沛、富有生命力的人体美。这种美只能建立在健康的基础上。采用有利于塑造形体的专门综合性的练习，才能使形体更加健美。

2. 健美的体型是形体健美的基本特征

体型是指人体的外形特征与体格类型。人的体型受遗传因素影响，有区别和差异，并且随着年龄的增长而变化。通过有针对性的锻炼、矫正且长期坚持，完全保持和形成优美挺拔、正确的身体姿态，达到塑造良好体型的目的。

3. 姿态美是形体健美的主要特征

姿态是人们在长期的工作、学习、生活过程中形成的一种习惯的姿势定势。它主要受后天的环境、个人的文化素质和知识水平的影响。一个人的基本动作就可以反映出一个人的基本身体姿态和风度。优美的姿态、潇洒的风度能为形体健美增添姿色。通过形体健美运动，可以改善人的姿态，塑造人们优美正确的身体姿势。

4. 高雅的气质风度是形体健美的核心

形体健美不仅要求有标准的形体，更要求人们要有高尚的思想品德和良好的精神风貌。在追求形体健美的同时，要加强心灵美的塑造，培养高尚的情操和良好的自身修养，形成高雅的气质风度。高雅的气质风度影响着人体的姿态，所以说它是形体健美的核心。

（二）形体健美的标准

时代、地理环境、文化水平、社会经历、职业、性别和年龄差异等因素影响着人们对美的看法和标准。综合古今中外美学家对人体健美的理解，结合我国民族体质和体型的现状，我国体育美学工作者归纳出以下人体健美的基本标准。

（1）骨骼发育正常，关节不显粗大、突出。

（2）肌肉发达均匀，皮下脂肪适当。

（3）五官端正，与头部比例协调。

（4）双肩对称，男宽女圆。

（5）脊柱正视垂直，侧视弧度正常。

（6）胸廓隆起，正背面都略呈倒三角形；女性胸部丰满，侧视有明显曲线。

(7) 女子腰部略细而结实，微呈圆柱形，腹部扁平；男子有腹肌垒块隐现。

(8) 臀部圆满适度。

(9) 腿修长，大腿线条柔和，小腿腓肠肌稍突出。

二、形体健美操的训练价值

形体健美操的训练是指人们为达到形体健美的目的，采用徒手或使用器械等专门的、综合性的锻炼方法和手段，从而增强体质、端正姿态、改善形体、培养气质与风度等的一种体育锻炼形式。形体健美操借鉴和综合了健美、体操和舞蹈等练习的内容，形式新颖，符合大学生的特点和需要。

(一) 改善体型，培养正确体态

人的体型主要是骨骼、关节和肌肉组成。骨骼、关节和肌肉发育正常与否，将决定一个人的体型是否美观。人的体态主要是指人体各主要部位的姿态。

形体健美操能对身体某些部位的生长发育产生较大的影响，能使关节周围的肌肉发达，加强关节的稳定性。由于形体健美操有许多伸展性的练习，使关节、韧带和关节周围肌肉群的伸展性增强，提高关节灵活性。

科学的、系统的、具有针对性的形体健美操能减少肌肉中脂肪含量，达到消脂减肥的目的，从而更有效地改善形态。

(二) 培养高雅的气质和风度

气质是人们在活动中表现出来的一种心理特征，它是一个人的心理活动的动力性特征。

风度是指人的言谈、举止和态度的良好表现。

形体健美操在塑造人的形体的同时，还塑造美的心灵。只要具备高尚的情操，时刻注意自身的修养，就会逐渐形成一种高雅的气质和潇洒的风度。

(三) 增强体质，提高身体素质

身体素质是指人体肌肉活动中所表现出来的力量、速度、耐力、灵敏及柔韧等基本能力的总称。良好的身体素质是体质增强的一个重要表现。

在形体健美操中，为了达到形体健美的目的，通常采用多种综合性的训练手段，这样可使关节的柔韧性、灵活性和协调性得到发展，内脏器官的新陈代谢得到改善，心肺功能增强。由于形体健美操的内容丰富多样，决定了它对身体影响的全面性，因此可以达到增强体质，全面提高身体素质的作用。

三、形体健美操基本动作与练习方法

（一）基本姿态与练习

基本姿态是人体最基本的姿势。包括站、坐、走等。形体健美锻炼就应从最基本的姿态开始。

1. 站姿

站立姿势：两腿伸直并拢。两脚自然成小八字。头颈、躯干、腿在一条直线上，直颈、挺胸、立腰、收腹、夹臀、提气，两肩放松下沉，两臂自然下垂，目视前方。展示出人体的曲线美和高雅的气质。

站姿练习方法如下。

（1）靠墙站立。保持站立姿势，脚跟、腿、臀部、肩胛骨和头部紧靠墙。此练习是借助墙的平面来培养和训练站立时上体挺拔，头、躯干和腿在一条垂直线上的良好习惯。

（2）分腿站立。保持正确站立姿势，两腿在小八字站姿的基础上分开与肩同宽，双手叉腰，双肘微向前扣。此练习主要是训练臀部、腹部及上体的正确感觉，夹臀与收腹协同紧张。

（3）单腿站。保持正确站立姿势，双手叉腰，一腿支撑，另一腿屈膝上抬，绷脚贴于支撑腿上，此练习是训练腿的挺直及控制力。

2. 坐姿

坐姿：身体重心落在臀部上，挺胸收腹。收腰提气，肋骨上提，头颈向上伸展，微收下颌。肩放松，四肢摆放要注意规范、端正。

坐姿练习方法法如下。

（1）盘腿坐（地面）。保持正确坐姿，两腿弯曲，两脚脚心相对盘于腹前，双肘放松，手腕搭于膝关节上，双手背于身后。

（2）正步坐。两脚并拢。脚尖正对前方，两膝稍稍分开，两臂自然弯曲，两手自然扶于大腿处，上体正直，微向前倾，肩放松下沉，立腰，头、肩、臀在一条直线上。

（3）侧坐。保持正确坐姿，上体微向侧转，两臂自然放松扶于大腿处，两腿弯曲并拢，双膝稍移向一边，靠外侧的腿略在前，这样可使臀部和大腿看起来比较美观。

（4）双腿交叠坐。保持正确坐姿，上体端正，一腿垂直于地面，另一腿重叠在其膝的上方，脚尖绷直，两手交叉于腹前。

3. 走姿

走姿：两脚在一条直线的左、右侧交替前移，膝关节正对前方。身体保持站立时的正确姿态，步幅适度，重心移动平稳，头正，双肩下沉稍外展，两臂前后自然摆动。

走姿练习方法如下。

（1）步幅步频控制练习。在行走过程中，保持正确站立姿势，对步幅步频进行控制。女生步幅约 30cm，步频为 120 步/分钟，根据自身条件适当调整，通过口令或音乐反复练习。

（2）提踵走。保持正确站立姿势，提脚跟，用脚前掌行走。此练习提高身体在行进过程中的稳定性及控制力，避免出现摇晃、拧转、弓腰等不良姿态。

（二）徒手练习

徒手练习是进行形体健美锻炼的重要手段之一，加强此练习。发展柔韧、力量，提高身体的协调性，使体形匀称健美、姿态端正，培养高雅气质和风度。

1. 手形

手的基本形态是五指并拢，自然伸长，拇指和中指向下，其余手指向上翘起，五指间有空隙。

2. 芭蕾七手位

（1）一位手。

动作做法：两臂微屈成弧形置于体前，与身体约距 10～20cm，掌心向内，指尖相对。

（2）二位手。

动作做法：两臂成弧形前举，稍低于肩的位置，掌心向内。

（3）三位手。

动作做法：两臂成弧形上举至额头上方（稍抬下颚，用眼的余光看到手），掌心向下。

（4）四位手。

动作做法：两臂成弧形，一臂保持三位不动，另一臂由三位下落至二位。

（5）五位手。

动作做法：一臂保持不动。另一臂由二位向侧打开至侧举，掌心向前。

（6）六位手

动作做法：侧举的手臂不动，另一臂下落至二位。

（7）七位手。

动作做法：侧举的手臂不动。另一臂由二位向侧打开至侧举，掌心向前。

动作要点：手臂保持弧形，身体要挺拔，眼睛看手，头部要随手臂的变换有规律地转动。

3. 脚的基本位置

（1）一位脚。

动作做法：脚跟靠拢，两脚尖向侧打开成“一”字，两腿内侧夹紧，重心在两脚上。

（2）二位脚。

动作做法：在一位的基础上，重心移至一脚，另一脚向侧擦地，约一脚距离，脚跟落下，重心在两脚上。

（3）三位脚。

动作做法：在二位的基础上。一脚保持不动，另一脚向内擦地收回，使前脚在后脚弓处成平行半重叠站立，重心在两脚上。

（4）四位脚。

动作做法：在三位的基础上，后脚不动，前脚向前擦地，约一脚距离，使前脚尖与后脚跟平行站立，重心在两脚上。

（5）五位脚。

动作做法：在四位的基础上前脚擦地收回，使两脚前后重叠平行相靠，重心在两脚上。

动作要点：保持上体正直，肩部放松，胯打开，膝盖伸直。

4. 站立姿势

（1）小“八”字步。

动作做法：两脚跟靠拢，两脚尖向外侧分开成“八”字形。

（2）正步。

动作做法：两脚跟靠拢，脚尖向前，重心在两脚上。

（3）T 字步。

动作做法：两脚尖对斜前方，前脚跟靠在后脚弓处成垂直形态。

动作要点：所有的站立姿势要保持身体挺拔、两腿夹紧、收腹立腰、梗头、肩部放松。

5. 形体操组合训练

（1）组合一。

第 1 个 8 拍（1～4），一位站好，两手成二位。

第 1 个 8 拍（5～8），二位向旁打开成七位，左脚擦地出去。

第 2 个 8 拍（1～8），左手成三位。右手还原成一位，并向右下旁腰，右肩放松。

第 3 个 8 拍（1～8），两手还原成七位。

第 4 个 8 拍（1～8），两手还原成一位，保持手形，臂形。左脚擦地收回。

（2）组合二。

第 1 个 8 拍（1～2），身体向右转 45°，一位站立，左脚向前擦地出去。

第 1 个 8 拍（3～4），半蹲。

第 1 个 8 拍（5～8），移重心，重心在左腿，右脚点地；右手向前延伸，左手向旁延伸。

第 2 个 8 拍（1～4），抬起右腿成 45°。

第 2 个 8 拍（5～8），右腿还原点地。

第 3 个 3 拍（1～8），移动重心。重心在右腿，左脚点地，手成五位。

第 4 个 8 拍（1～2），手成六位。

第 4 个 8 拍（3～4），手成七位。

第 4 个 8 拍（5～8），手还原成一位。脚还原成一位。

（3）组合三。

第 1 个 8 拍（1～4），身体向右转 45°，右腿向后擦地出去，手打开成七位。

第 1 个 8 拍（5～8），右脚擦地回收成一位，手还原成一位。

第 2 个 8 拍（1～3），右脚向后擦地，手成二位。

第 2 个 8 拍（5～8），移动重心至两腿之间。

第 3 个 3 拍（1～3），移动重心至右腿，左脚点地，两臂同时打开。右手向下延伸，左手斜向上 45°延伸，上身稍前倾，身体稍向左拧。

第 4 个 8 拍（1～4），右腿向上直立，左脚点地，手成七位。

第 4 个 8 拍（5～8），左脚擦地收回，手还原成一位。

（三）把杆练习

把杆练习是辅助身体形态练习的一种训练手段，初学者可借助把杆保持身体平衡，以便更快地正确掌握动作技术及要领。

把杆方法：一是双手把杆，身体离把杆约一个前臂长的距离，面对把杆站立，双手距离与肩同宽，屈臂肘部下垂，手心向下轻扶把杆；二是单手把杆。身体离把杆约一个前臂长的距离，侧对把杆站立，内侧手臂外展轻扶把杆。

把杆练习包括擦地、小踢腿、蹲、移重心、大踢腿、波浪等动作，通过练习改进身体姿势和形态，有助于发展和改善身体的柔韧性和平衡能力，增强腰部和腿部力量，同时也是徒手练习的基础。

第四节　集体舞

集体舞是很受青少年欢迎和喜爱的一种业余文化体育生活的活动方式，它寓美育于娱乐之中，陶冶情操，对青少年的身心健康产生多方面有益的影响。

一、春光集体舞

春光集体舞是由各种舞步系列动作变化组成的，音乐名为 Let it rain，节奏为 3/4 拍，总节拍为 88 个 3 拍。音乐共五段：第一段动作 16 个 3 拍；第二段动作 16 个 3 拍；第三段动作 16 个 3 拍；第四段动作 24 个 3 拍；第五段动作 19 个 3 拍，最后 3 个 3 拍移动队形至结束造型。

【预备姿势】

自然站立。

前奏：8 个 3 拍

1～4 拍：站立；5～8 拍：依次移动变换队形。

【动作说明】

第一段（16 个 3 拍）

（1）1 拍：右腿向右斜前方一步，同时，右臂波浪抬起至前上举；2 拍：两腿微屈，同时含胸，右臂向下落至两臂体前下举；3 拍：左腿向左斜前方一步，同时，左手波浪抬起至前上举；4 拍：两腿微屈，同时含胸，左臂向下落至两臂体前下举；5 拍：右脚向侧一步成右侧弓步，同时，左手于背后，右臂右摆至侧举；6 拍：右脚交叉于左脚外侧旁做一个翻身的动作，同时，两臂随翻身动作打开侧举；7 拍：左腿向左转侧吸腿，右腿微屈，并含胸低头，两臂于体前交叉；8 拍：左脚前立脚尖并步两次，同时两臂向侧打开。

（2）1 拍：右脚在前小并步一次，同时右手经胸前向右打开；2 拍：左脚在前小并步一次，同时，左手经胸前向左打开；3 拍：左脚上一步向前交换腿小跳，同时两臂经身前交叉绕至上举；4 拍：左腿站立，右脚后点地，同时两臂向侧打开斜下举；5 拍：右腿向左前一步，左腿提膝打开，同时左手于体后，右臂左斜前举；6 拍：左脚开始后退一步，右脚向右侧一步，同时两臂经左上向右绕环一周；7 拍：右腿向右一步成侧弓步，同时左手于体后，右臂摆至右侧举；8 拍：左脚并于右脚半蹲，同时含胸，两臂于体前下垂。

第二段（16 个 3 拍）

（3）1～2 拍：右脚上步站立经阿拉贝斯平衡，向左平转一次；3～4 拍：右腿站立，左脚侧点地，两臂摆至右侧举波浪一次；5～6 拍：左脚向左侧一步，同时向左身体波浪一次，两臂向左侧上举、右臂左前举；7～8 拍：右脚上步向右平转一次，同时两臂上举。

（4）1 拍：右脚开始向前右转 180°华尔兹一次，左臂经后上举，右手臂经前举绕至两臂上举；2 拍：左脚开始向后右转 180°华尔兹一次，左臂经侧举、右臂经前举绕至两臂上举；3 拍：同 1 拍动作；4 拍：同 2 拍动作；5～6 拍：右腿向前一次小并步成右腿站立，左腿向前提吸，同时两臂经一位摆至右臂前上举，左臂斜下举；7～8 拍：右腿经屈膝半蹲，左腿伸直脚尖前点地并吸腿，向左转体 90°成右前弓步，左脚脚后跟点地，同时两臂经一位摆至右臂前举，左臂侧后举，接着左脚并于右脚站立。

第三段（16 个 3 拍）

（5）1 拍：右脚向左前一次小并步，两臂上举向右侧波浪一次；2 拍：左脚向右前一次小并步，两臂向左侧波浪一次；3 拍：右腿向侧一步，左腿伸直脚尖侧点地，右臂侧下举、左臂侧上举波浪一次；4 拍：重心移至左腿站立，右脚尖在左脚旁，点地稍屈膝，同时左臂侧下举、右臂侧上举波浪一次；5 拍：左腿经屈膝直立，右腿经前向后画圈，同时左臂于体后，右臂经前向侧打开至体后，身体朝左斜前方；6 拍：右腿后伸向左斜后并步一次，同时左臂向前打开，右臂于体后；7～8 拍：右腿屈膝半蹲站立，左腿伸直向前点地，同时左臂经上举至后上举，右臂前下举、左臂后上举波浪一次，随后右腿经直立至屈膝半蹲，左腿伸直向前点地，两臂经上举摆至体侧，还原至右腿微屈。

（6）1 拍：左腿向左侧华尔兹一次，同时右臂侧下举、左臂侧上举波浪一次；2 拍：右腿向右侧华尔兹一次，同时左臂侧下举、右臂侧上举波浪一次；3 拍：右腿向右侧一步站立，左腿侧点地，两臂经上摆至左臂侧举、右臂右前举；4 拍：向左身体波浪一次成右腿站立，左腿侧点地，同时两臂向左摆至左臂侧上举、右臂左前举波浪；5 拍：右脚向左前一步半蹲，左腿后举，右臂前上举、左臂侧下举；6 拍：左脚在右脚前交叉旋转一周，同时两臂胸前交叉；7～8 拍：右脚向前迈步经弓步，重心后移至左脚站立，右脚向左交叉脚并向左转体一周，同时两臂经上打开侧上举还原于体后。

第四段（24 个 3 拍）

（7）1 拍：向后足尖碎步成右腿屈膝半蹲点，左腿前点地，同时上体稍向左转；2 拍：向后足尖碎步成左腿屈膝半蹲点，右腿前点地，同时上体稍向右转；3 拍：同 1 拍；4 拍：同 2 拍；5 拍：右腿开始向前一次华尔兹步，同时右臂经胸向前向右打开；6拍：左腿开始向前一次华尔兹步，同时左臂经胸前向左打开；7～8拍：右脚开始小猫跳一次，成左腿站立，右腿后点地，同时两臂经上举打开至侧举。

(8) 1～4拍同（2）5～8拍；5～6拍：同（3）1～2拍；7～8拍：移动小碎步两臂打开侧举波浪一次。

(9) 1～2拍：右脚上步成两腿屈膝半蹲站立，左脚后点地，同时右臂开始向前依次绕臂至体前举，并含胸低头；3～4拍：左脚并于右脚伸直成提踵立，同时两臂前上举波浪一次（右臂在上）；5～6拍：两腿半蹲向前碎步移动队形，同时含胸低头，两臂经体后向前波浪摆动至上举成两脚提踵站立；7～8拍：向右转体90°，两臂打开侧举波浪一次。

第五段（19个3拍）

(10) 1～8拍：同（5）1～8拍。

(11) 1～8拍：同（6）1～8拍。

(12) 1～4拍：移动变化队形成右脚上步站立，左腿伸直后点地（结束造型）。

【动作要求】

1. 各种步伐和舞步动作要连贯，身体重心要及时随出脚方向移动。

2. 身体和四肢动作配合要协调、流畅。

3. 成套动作连贯、舒展、优美。

二、欢乐集体舞

欢乐集体舞是由波尔卡系列舞步动作变化而来的，总节拍为10个8拍，音乐为2/4拍，乐曲轻快、活泼。

【预备姿势】

自然站立，两手叉腰。

【动作说明】

第一段

(1) 1～2拍：（面朝8点）右脚向前波尔卡步一次，同时右臂经前打开至右侧下举，掌心向上，上体向右拧；3～4拍：左脚向前波尔卡步一次，同时右臂经前摆至左前下举，掌心向下，上体向左拧；5～6拍：同1～2拍；7～8拍：同3～4拍。

(2) 1拍：左脚原地小跳一次成左腿屈膝半蹲立，右脚前点地，同时双臂侧举，两手手心向上，上体稍后仰并向右拧，眼看前方；2拍：左脚原地小跳一次成左腿屈膝半蹲站立，右腿后点地，同时左臂侧举，右臂前举，上体稍前倾并向右拧，眼看右后方；3～4 拍：同（1）1～2 拍；5～6 拍：（面朝 2 点）左脚向前波尔卡步一次，同时左臂经前打开至左侧下举，掌心向上，右手叉腰，上体向左拧；7～8 拍：右脚向前波尔卡步一次，同时左臂经前摆至右前下举，掌心向下，上体向右拧。

（3）1～4 拍：同（2）5～8 拍；5 拍：右脚原地小跳一次成右腿屈膝半蹲立左腿前点地，同时左臂侧举，右臂前举，两手手心向上，上体稍后仰并向左拧，眼看前方；6 拍：右脚原地小跳一次成右腿屈膝半蹲，左腿后点地，同时左臂前举，右臂侧举，上体稍前倾并向左拧，眼看左后方；7～8 拍：同 1～2 拍。

第二段

（4）1～2 拍：（面朝 1 点）右脚向右侧波尔卡步一次，两手叉腰，上体向左拧，眼看前方；3～4 拍：左脚向左侧波尔卡步一次，两手叉腰，上体向左拧，眼看前方；5～8 拍：同 1～4 拍。

（5）1～2 拍：右脚向后波尔卡步一次，同时左臂摆至上举，手心向外，右臂摆至侧举，上体稍向右侧屈，眼看左手；3～4 拍：左脚向后波尔卡步一次，同时左臂摆至侧举，右臂摆至上举，右手手心向外，上体稍向左侧屈，眼看右手；5～6 拍：同 1～2 拍；7～8 拍：同 3～4 拍。

第三段

（6）1～2 拍：（面朝 8 点）右脚向前波尔卡步一次，同时两臂经前打开至前下举，掌心向上，上体向右拧；3～4 拍：左脚向前波尔卡步一次，同时两臂经前收至两手叉腰，上体向左拧；5～6 拍：同（2）1～2 拍；7～8 拍：同 1～2 拍。

（7）1～2 拍：（面朝 2 点）左脚向前波尔卡步一次，同时两臂经前打开至前下举，掌心向上，上体向左拧；3～4 拍：右脚向前波尔卡步一次，同时两臂经前收至两手叉腰，上体向右拧；5～6 拍：同（3）5～6 拍；7～8 拍：同 1～2 拍。

第四段

（8）1～2 拍：（面朝 1 点）右脚向右侧波尔卡步一次，同时左手叉腰，右臂打开侧举，掌心向上，上体稍向右屈、拧转，眼看右前方；3～4 拍：左脚向左侧波尔卡步一次，同时左臂打开侧举，掌心向上，右手叉腰，上体稍向左屈、拧转，眼看右前方；5～6 拍：同（5）1～2 拍；7～8 拍：同（5）3～4 拍

（9）1～2 拍：同（8）1～2 拍；3～4 拍：同（8）3～4 拍；5～6 拍：向左转体 90°，右腿经屈膝侧举（脚下碰左小腿），向右侧波尔卡步一次，同时

左臂侧上举右手叉腰，眼看右下方；7～8拍：同5～6拍，但向右转体180°，换左脚做。

（10）1～2拍：向左转体180°，同（9）5～6拍；3～4拍：同（9）7～8拍；5～6拍：向右转体90°，右脚向前一步半蹲立，左腿经屈膝（脚尖触右小腿），着地提踵立，右腿提膝（脚尖碰左小腿），同时左手叉腰，右臂由侧举、经下向前绕至前举，稍含胸低头；7～8拍：右脚上步，左脚并于右脚后提踵立，同时右臂上举，上体稍向右拧转，立腰、挺胸、抬头，眼看左前上方。

【动作要求】

1. 节前拍跳起要单脚落地，身体重心要及时随出脚方向移动。
2. 四肢动作配合要协调，动作轻松、连贯。
3. 成套组合连贯、舒展、优美。

第十三章　健美操审美价值与美育功能

第一节　健美操审美欣赏概述

一、健美操美学欣赏的含义

健美操的美学欣赏是一种审美活动，人们通过对健美操作品的欣赏，产生强烈的审美感受，从而感到欢欣、愉悦，并受到教育。健美操是充分运用提炼、加工和美化的人体动作作为主要的表现手段来表达人们的情感和思想的运动。它能够使人的内心、形体都得到美化，并使身心健康得到改善。对于健美操的欣赏者而言，通过感知运动员优美动人的体态动作和轻快热烈的音乐节奏，唤起心中的美感，这种美感会引起动作知觉，动作知觉伴随着生理反应出现一种“内模仿”，从而使欣赏者不由自主地在心里与运动员一起形成节奏的律动，这是一种下意识律动，这种动作意识产生的生理上的快感与精神上唤起的美感相结合，能使人的情感得到宣泄，使肌体舒适，身体机能增强。健美操不仅突出动作“健”与“力”的特点，而且更强调“美”。美是健美操运动发展的新方向，是近年来健美操运动盛行的一个重要因素。学习健美操的人在很大程度上希望通过健美操的锻炼获得健美的身体形态，这种对美的追求包括外在形体的美和内在的美。将人体语言艺术和体育美学融为一体，使健美操成为一个极具观赏性的体育项目。随着物质文明水平的提高，人们的健身观念越来越强，健美操运动在我国越来越受欢迎，成为现代文明生活的重要组成部分。

（一）基本概念与分类

健美操是在音乐伴奏下，以身体练习为基本手段、以有氧运动为基础，达到增进健康、塑造形体和娱乐目的的一项体育运动。健美操根据活动的目的和任务，可分为健身健美操、竞技健美操和表演健美操三大类。

健身健美操，也称大众健美操或有氧操（Aerobics），目的在于健身，在欢快的音乐和舞蹈中调节身心，陶冶情操，锻炼身体，增强体质。有氧练习是指任何由人体有氧系统供能的，运用大肌肉群的、持续的和有节奏的练习。它的动作简单流畅，节奏感强，适合各种人群练习。有氧操按练习形式可分为徒手健美操、轻器械健美操和特殊场地健美操。还可按练习者的年龄结构、按练习目的和任务、按人体解剖结构、按性别、按动作特色和人名进一步进行分类。

竞技健美操锻炼的是在音乐伴奏下，完成连续复杂的和高强度动作的能力，该项目起源于传统的有氧健身操。竞技性健美操以成套动作为表现形式，在成套动作中必须包括连续的动作组合、柔韧性、力量与七种基本步伐的综合使用。竞技性健美操的主要目的是“竞赛”，其比赛项目有男单、女单、混双、三人和六人。竞技性健美操在参赛人数、比赛场地和成套动作的时间等方面都必须严格按照规则。规则对成套动作的编排、动作的完成、难度动作的数量等也有严格的规定。

表演性健美操是以表演为目的，在预定的某种场合或某种节日庆典中进行表演的观赏性很强的体育节目。它是事先编排好的、专为表演而设计的成套健美操，时间一般为2～5分钟。表演性健美操的动作较健身性健美操动作复杂，音乐速度可快可慢，为了保证一定的表演效果，动作较少重复，也不一定是对称性的。参与人数不限，并可在成套中加入队形变化和集体配合的动作。表演者可以利用轻器械如花环等，还可采用一些风格化的舞蹈动作如爵士舞，以达到烘托气氛，感染观众，增加表演效果的目的。因为表演性健美操的动作比健身性健美操动作复杂多变，所以对参与者的身体素质要求较高，参与者不仅要具备较好的协调性，还要有一定的表演和集体配合的意识。

（二）基本特点与功能

1. 特点

高度的艺术性。健美操是一项具有高度的艺术性的追求人体健与美的运动项目。“健康、力量、美丽”是人类所追求的身体状况的最高境界，而健美操运动无不处处表现出健康、力量、美丽的特征，包含高度的艺术性因素，这也正是人们热爱健美操运动的原因之一。健美操动作协调、流畅、有弹性，使练习者不仅锻炼了身体、增强了体质，而且从中得到了“美”的享受，提高了审美意识和艺术修养。

强烈的节奏性。健美操动作具有强烈的节奏性，并通过音乐充分地表现出来，因而音乐是健美操运动不可缺少的组成部分。健美操音乐的特点是节奏强劲有力、旋律优美，产生烘托气氛、激发人们热情的效果。健美操运动之所以深受喜爱，除练习本身的功效性、动作的时代感外，很重要的因素之一是现代音乐给健美操带来了活力。

广泛的适应性和安全性。健美操练习形式多样，运动量容易控制，对场地器材的要求也不高，因此对各个年龄层次，不同性别、身体素质和技术水平的人都适宜，各种人群都能从健美操练习中找到适合自己的锻炼方式，都能从健美操练习中得到乐趣。健美操所设计的运动负荷及运动节奏，都充分考虑了运动产生的一系列刺激结果，使之适合一般人的体质，十分安全有效。

2. 功能

增进健康美。健康美是一种积极的健康观念和现代意识。一个具有健康美的人除了自我感觉良好、可轻松应付日常工作与生活外，还有充沛的精力参加各种社交、娱乐及闲暇活动，也能自发地处理突发的应激状态。一个健康的人应该具备的身体素质是良好的心肺能力、肌肉力量、平衡性、灵敏性和柔韧性。健美操作为一项有氧运动，最能发展人体的心肺功能，增强心肌，增加肺活量，减少心、肺及呼吸系统疾病。健美操不仅具有有氧运动的功效，且兼备发展身体柔韧性和灵敏性的作用。

塑造形体美。“形体”分为姿态和体型。姿态是我们平时的一举一动表现出来的行为习惯，而体型则是我们身体的外形，遗传因素起着决定性作用。长期的健美操练习有益于肌肉、骨骼、关节的匀称与和谐发展，有利于改善不良的身体姿态，形成优美的体姿，使人表现出一种良好的气质与修养，给人以朝气蓬勃、健康向上的感觉。通过健美操练习尤其是力量练习，可使骨骼粗壮、肌肉围度增大，从而弥补先天的体型缺陷，使人变得匀称健美。健美操练习还可消除体内和体表多余的脂肪，保持健美的体型。

娱乐身心。随着时代的发展和社会的进步，人们在享受科学技术所带来的舒适生活和各种便利的同时，也承受着来自各方的精神压力，从而引起各种心理疾病，并造成身体疾病如高血压等。健美操作为一项体育运动，以其动作优美、协调、能够全面锻炼身体，同时有节奏强烈的音乐伴奏而著称，是缓解精神压力的一剂良方。在轻松优美的健美操锻炼中，人们尽情享受健美操运动带来的欢乐，使人具有更强的活力和最佳的心态。健美操锻炼还能增强人们的社会交往。健美操锻炼不仅能强身健体，同时具有娱乐功能，可使人在锻炼中得到一种精神享受，满足人们的心理需要。

医疗保健。健美操作为一项有氧运动，其特点是强度低、密度大，运动量可大可小，容易控制，因此除对健康的人具有良好的健身效果外，对一些病人、残疾人和老年人来说也是一种医疗保健的理想手段。如对下肢瘫痪的病人来说，可做地上健美操和水中健美操，以保持上体的强壮并促进下肢功能的恢复。只要控制好运动范围和运动量，健美操练习就能在预防损伤的基础上，达到医疗保健的目的。

二、健美操美学欣赏的条件

健美操是现代体育运动的新兴项目，对健美操进行美学欣赏就是对健美操进行审美，是发挥和实现健美操的美学价值和社会功能的基础。进行健美操的美学欣赏也必须具备两个条件：一是客观的审美对象即美的客体，一是具有相应条件的审美主体。

马克思在《政治经济学批判序言》中说过：“艺术对象创造出懂得艺术的主体和能够欣赏美的大众。”欣赏对象是第一位的，没有欣赏对象就没有欣赏者，健美操运动的美感是审美对象的美作用于审美主体的结果。并不是每场比赛都一定能唤起人们美的感受，能给人们美的享受的比赛一般都具备某些特点，如有悬念，胜负直到比赛结束才见分晓：双方都是高水平、高实力的竞争者，可谓“棋逢对手，将遇良才”，双方都勇于拼搏，技艺精湛，行为高雅，有良好的体育道德风范，体现出公平、公正、合理的精神。而违反体育规则，服用违禁药物，已经知晓比赛结果的竞赛等，是不能给人美的享受的。因此审美对象中美的因素的多少、美学价值的高低决定着美感的深度和范围。另一方面，没有欣赏的主体，多美的对象也无用，因为不通过欣赏，再美的艺术形象也不能实现其审美价值的社会功能。一套完美的健美操动作，一个独具匠心的技术绝招，一场蔚为壮观的团体操表演，都必须有人欣赏才有意义。

对于健美操而言，客观的审美对象包含的内容很广泛，有健美操运动员的健美的体型、熟练的动作、高超的技术、丰富的表现力，有音乐的节奏、内容和风格，有运动员服饰的颜色和款式，有操的编排和流畅性、安全性和实用性等。审美的主体主要是指观众，也可以是健美操运动员和参加锻炼者。健美操的欣赏过程是一个了解和认识的过程。比如欣赏健美操的音乐就要有一定的音乐修养，否则很难感受其美感。因为音乐创造的形象，是靠高低、快慢、轻重的声音流动作用于听觉的，是运用音响、节奏、旋律来创造形象、意蕴及时代精神的。当人们观赏健美操比赛或表演时，人们常会不由自主地发出欢呼和赞叹，这就是欣赏者发自内心的情感的自然流露，也是对审美对象的美的一种肯定。健美操的欣赏虽然是审美主体由对对象的感知而引起的视觉性欣赏，但它并不是被动的接受，而是能动的、积极的和有所发现的，因此对健美操的欣赏是一种创造性的欣赏。而要成为一个高明的欣赏者，成为健美操运动员的知音，需具备以下几个条件：

（一）具有健全的审美感官

健全的审美感官是体育欣赏的必要条件。因为任何艺术欣赏活动都首先是从审美客体（艺术作品）作用于欣赏者的感官开始的。音乐首先作用于听觉，绘画、建筑首先作用于视觉，而健美操的美的欣赏是审美对象首先作用于感官（以视觉为主，包括运动感觉、肌肉感觉、平衡感觉等多种感觉）开始的。如果感官有缺陷，机能有障碍，感受能力就会在相应的区域内减弱。像健美操这样的特殊艺术，在现场表现为多彩多姿、瞬息万变，因此欣赏者必须有视觉等感官，才能感受到一个感性的、如实的、完整的形象。健美操的美和文学艺术不同，它不是借助语言符号，而是借助人体运动、表情这种形象可见的因素来表现人的智慧、勇敢、意志和创造才能的，欣赏者正是从直接的感性因素出发去把握间接的理性内容，因此对于健美操进行欣赏应具备健全的审美感官。

（二）具有必要的审美修养

欣赏健美操要有必要的审美修养，包括一定的健美操基本知识、运动体验、生活经历和文化教养等。同是欣赏一场比赛，人们感受的广度和深度不一样，获得的美感也不尽相同，这与欣赏者的主观条件有关系。体育美的欣赏是具有明显的主观性的。体育欣赏活动是一种审美心理活动，是一种观照和想象、感受和再创造、情感共鸣和发人深思相统一的精神活动，只有设身处地，进入角色，才能获得充分的美的享受，这就需要欣赏者具有一定的审美能力。

欣赏一场健美操比赛，没有运动体验的人只看出运动员快速的动作变换、脚步移来移去，手臂上下挥舞，只能为运动员的表现而发出赞叹，而内行人却从运动员的步伐轻快看出了他腿部肌肉力量强，从他移动的位置看出了他使用的是哪种步法，从他动作的完美完成看出了他上下肢的协调配合。俗话说："内行看门道，外行看热闹。"这些就是懂得健美操技术的观众看出的"门道"，是对健美操运动全面的欣赏。只有懂得、喜欢健美操运动的人，才能欣赏健美操的美。人们的生活经验越丰富，审美感受就越强烈、越深刻，越能理解对象所蕴含的社会内容，也就越能产生更多的联想和想象活动。

（三）要有一定的审美心境

美感在一定程度上随着个人心境情绪的不同而有所变化，审美主体的心境影响着审美感受。心境在美感中影响着主体对审美对象的选择，制约着审美情感的产生，给不同的事物带上心境的色彩。爱国诗人杜甫在感伤国土破碎时说："感时花溅泪，恨别鸟惊心。"看花时潸然泪下，听鸟鸣也会感到心惊，这说明主体的情绪心境直接影响着对对象外貌和形象性质的认识，引起不同的审美感受。

健美操欣赏同样也需要一定的审美心境。如果情绪不好，心情郁闷，多精彩的比赛你都会感到索然无味，从而失去审美兴趣。同一个人面对同一审美对象，在不同心境影响下表现的审美趣味也会大相径庭。本来一贯爱有氧操的人却喜欢上了“瑜伽”，而平时喜欢“普拉提”的人却爱上了有氧拉丁操，这都与特定的心境有关。心境不好必然影响一个人对体育美的欣赏活动。马克思在他的哲学手稿中写道：“忧心忡忡的穷人，甚至对最美丽的景色都无动于衷。”这都说明审美需要一定的心境，而心境又是受生活环境和物质条件制约的，只有当人们的最基本的物质需要得到满足时，人们才能有审美需要，也才能有审美心境。心境影响着审美感受，但心境并不能决定对象美不美及其价值的高低，因为美的对象是客观的。

（四）具有正确的审美观

体育欣赏要以正确的审美观为指导，这是由体育美的本质和体育欣赏的特点决定的。体育是自我认识也是使别人认识自己的一种好形式。体育运动的特点是竞争激烈，对抗性强，成败胜负立见分晓。在激烈的竞争中，运动员的技术战术、思想风格都表现得十分鲜明突出，运动员的素质、技艺、胜败观、内心世界都暴露无遗，其中有美的，有不美的，甚至有丑的。因此，欣赏者必须以正确的审美观为指导，才能分清美与丑。一个缺乏正确审美观的人，很难获得真正的审美乐趣，甚至会以丑为美，以非为是。体育比赛都有一定的法则和比赛规则，运动员如果违反了，就是对体育美的破坏，如在健美操比赛中恶意贬低对手的表现力，讥笑别人动作僵硬滑稽，或出口秽语，辱骂裁判，无视体育道德和赛场纪律，甚至为了争夺比赛名次大打出手。有的人不是靠自己的能力和技术取胜，而是走熟人路线等违背体育道德的现象，理所当然地要受到观众的批评，观众绝不会为野蛮行为鼓掌，为损人利己的不道德行为叫好。所以树立正确的审美观，有利于欣赏和创造体育美，正确的审美观，规定着人们的审美方向，制约着审美感受。

三、健美操审美判断的客观标准

在健美操审美活动中，人们总是对审美对象发出饱含着情感的审美判断，这些判断并不是审美主体随心所欲做出的，而是自觉或不自觉地遵循着一定的尺度和原则做出的，这就是审美判断的客观标准。它既是鉴别美与丑的标准，也是衡量对象价值高低的尺度。正确揭示体育审美判断的客观标准并非一件容易的事情。人类社会的一切实践活动都是为了追求真善美，体育运动实践也是如此，整个健美操运动的发展，都体现了人们对真善美的追求。健美操审美判断的客观标准包括：

（一）对审美对象真实性的要求

体育美是以真为前提的，离开了真也就失去了美，但真与美绝不可等同起来。从健美操的审美对象来看，“真”首先表现在运动技术动作必须符合人体运动规律和生理、心理活动规律。技术动作的好坏，表现运动员技术水平的高低、优劣。越是合理的技术动作，越符合审美要求，越能创造优秀的成绩，越能显现自由创造的本质，也越能唤起观众的美感。符合规律的技术动作与运动成绩是同步发展的。从审美主体看，“真”并不需要审美主体精通人体运动的各种规律，只要对对象的外部形态及有关的健美操知识有一定的认识和了解，就可以进行欣赏。“真”其次表现在审美对象的内容新颖、有创造性方面。健美操是一种新兴的体育项目，也是创新的体育项目，体现的是强者奋发向上的美，它要求运动员在身体、技术动作不断变化发展中进行积极的自由创造，没有创新性就失去了它的生命力。健美操的审美对象是运动员所表现出的人体美、运动美和精神美，这些都是运动员自身机能和潜在能力的充分发挥，显示了人的智慧、勇敢、力量和自由创造的本质。对体育审美对象真实性的要求与投机取巧、弄虚作假是不相容的，用违禁药物和非法手段诈取的好成绩应该受到批判，它违反了体育道德，违背了“真”的要求。

（二）对审美对象功利性的要求

体育美是合规律与合目的性的统一，它不仅包含真的内容还包含善的目的，因而功利性要求也是审美判断的一条标准。体育的目的是增强体质，提高运动技术水平，满足精神文化生活的需要，这就体现了功利价值。美的东西总是有用的、无害的，有害的东西只能使人产生惊恐，不能产生美感。刀光剑影的武术比赛或表演之所以能唤起人的美感，就是因为它对人无害而有用，能让观赏者消除疲劳，愉悦精神，陶冶情操。健美操运动中有适当的高冲击性动作是增大运动量、提高心率的有效手段，但一套健美操中有太多的高冲击性动作将是一种潜在的导致损伤的不利的运动方式。健美操必须是可以达到健身效果的对身体有益的运动，否则将不会被人们普遍接受，而如果人们在欣赏健美操运动时不能体会到它的美，它也将失去它存在的必要性。

（三）对审美对象有完美的形式的要求

美的形式是审美评价中的一项重要要求。人们在审美活动中首先接触到的是形式，如果形式是美的就能吸引人。运动员在出场时，先来个难、新、美的造型，马上就能引起观众的惊奇和赞叹。体育美是以人体运动各种形式的组合表现出来的，它要求和谐、协调、节奏感强、富于变化、有创造性。形式死板就显得呆滞而不生动，有变化而无节奏就显得杂乱而不完美。例如瑜伽动作以优美为主，精巧、温雅、流畅而婉转，为了体现人体的柔韧和沉静美，会使用平衡、支撑等多种形式，如果用一些器械健美操的坚实有力的动作来表现瑜伽的美则是不可取的。别具一格的拉丁有氧操，要求身体随着音乐的旋律摆动腰胯，使人感到轻而不浮、沉而不僵、松而不懈。健美操中的任何技术动作只有被轻松自如地完成，才能使一套操的各个部分和谐统一，才能波澜起伏，引人入胜。

体育之美是多彩多姿的，审美标准也不可能有一个固定不变的模式，不能用一个标准去涵盖一切。健美操有很多类别，各种风格的健美操也有自己的欣赏标准。因而在“健、力、美”的一般规定下，还要进行具体的审美评价，制定相应的审美标准。健美操是一种积极创新的运动，随着社会实践和体育运动的发展，新是审美标准将不断产生，但社会实践始终是检验审美标准的最高裁判，只有能经受实践和历史考验的标准，才是客观的科学的审美标准。

第二节　健美操的审美属性

健美操作为一项体育运动是否具有满足人们审美需要的属性呢？从竞技健美操的竞赛规则中就能一探究竟。竞技健美操评分内容分为艺术、难度、完成三部分。规则规定，如果两队最后得分相同，则艺术分高者名次在前。可见，艺术性是健美操的重中之重。竞技健美操从操化组合、难度动作到队形变化、音乐节奏，无一不表现出整齐一致、均衡对称、对比协调、多样统一的形式美。托举和支撑、过渡动作或空中到地面及其相互转换动作，动态鲜明、造型奇特、复杂多变、出人意料。而大众健美操独特新颖的编排，充满活力、动力、趣味和快乐的外在表现，运动员与众不同的动作风格和肢体语言，都带给人们动作艺术的享受。

健美操不仅表现体育运动的力和美，而且融合了包括雕塑、建筑、绘画、设计等艺术以及芭蕾舞、现代舞、民族舞、竞技体操、技巧等动作的技术精髓。特殊处理的音乐的独特的旋律魅力，使健美操运动更具有生命力与艺术性，使其有特殊的感染力，表达着运动员的情感并唤起观赏者的情感愉悦，让人深刻体验到健美操的艺术魅力，从而产生美的愉悦体验。

一、健美操的形式美

健美操的美具有直观性，在运动中，对动作、造型、姿态、线条、音响、色彩的审美，一般是在具体事物的外观和形式的范畴内进行的，它们以其外观和形式的美来激起人们的美感，令人赏心悦目。因此，健美操运动状态中的形式美是健美操运动美的主要表现，运动美在很大程度上是依赖于运动中的形式美而成为审美对象的。

美是内容与形式的统一。美的形式不能脱离内容，但由于在审美活动中直接感受到的往往是事物美的形式，经过无数次重复，人们只看到事物的形式，不用去考虑它的内容，便能引起美感。这种由美的事物的模样所显示的美，就是形式美。换句话说，形式美就是指自然、生活、艺术中各种形式因素（色彩、线条、形体、声音等）及其有规律的组合所具有的美，而诸如整齐一律、对称均衡、调和对比、比例、节奏韵律、多样统一等，在漫长的审美历史中固定下来，成为形式美的法则。

（一）健美操形式美的构成因素

1. 色彩之美

在美的世界中，色彩是必不可少的一种因素。它不仅是人类认识世界的重要依据，而且还能传达人的情感反映的信息。一般认为，红色是一种热烈兴奋的色彩；黄色是一种明朗的色彩；绿色是一种安静的色彩；白色是一种纯洁的色彩。人对不同色彩的不同感受是在长期的生活中沉淀积累下来的。比如在生活中，红色就是炽热的火焰、节日的彩旗、红润的笑脸……而绿色常常让你联想到平静的湖水、幽静的树林、绿茵的草地……黄色则代表了明亮的灯光、耀眼的阳光等等。在健美操中，运动服装的色彩是不可忽视的审美因素。大众健美操服装通常采用欢快明亮的颜色，样式规定较为宽松，但颜色的选择要与操的风格完全一致。在竞技健美操中，运动服装一般都采用强烈的色彩搭配，如红白、绿白、红蓝、蓝白、红黄等。主色采用镶拼，点缀鲜艳明快的颜色，可以将运动员欢快、自由、奔放、节奏感强的特点完全展示，给人艳丽而协调的韵律感。中国队在第九届健美操世锦赛上的服装就是红黄搭配——中国红和巨龙黄，这是中国呈现给世界的颜色，是龙的传人新的风采。

2. 形体之美

形体是各种事物的具体可感的外在形态。各式各样的几何图形构成美的事物的形体，不同的图形，不同的线条，有不同的情感传达功能。直线表示刚劲、稳定、挺拔，给人以力量感；横线使人感到开阔、平静；曲线则表示优美、柔和，给人以运动感；波状线表示流动、激荡；平行线表示安稳等。在形体方面，圆形柔和优美，方形刚劲有力，正三角则带来稳定感，一个横放的三角形可显示前进感，倒置的三角形则表示不稳定等等。

线条是健美操美的表现中一个非常重要的因素。健美操的特殊魅力，除了高难动作、独特造型、新颖编排外，还有千变万化的队形。健美操的队形多种多样，变化多端，方形、三角形、圆弧形、四边形、梯形、八字形、人字形、丁字形……这些几何图形传达着不同的情感信息，给我们带来不同的美的感受。方形给人端庄、稳定的感觉；三角形给人以力的感受；圆弧形则使人感到柔和、流畅；梯形、八字形给人以开阔感；四边形、人字形、丁字形等纵横交错，使人感受多方向的美。

3. 声音之美

声音是物体受震动而发出的响声。噪音会使人头痛，但和谐而有规律的音乐则可令人感到悦耳动听，有助于健康。实验美学家曾用各种仪器测试证明，声音不仅影响人的神经，而且对血液循环、脉搏跳动、呼吸系统等都有一定的影响。高亢的乐音使人激动，低沉的乐音使人沉思，急促的乐音使人热血沸腾，明快的乐音使人快乐、舒畅，徐缓的乐音又使人沉醉、遐想。

健美操是一项充满乐音的运动。虽然健美操的音乐有时并不像音乐艺术那样表现完整的人物思想情感和性格特征，但欢快的音乐可以渲染和烘托练习的氛围，有助于表现健美操的特色，使操的练习和表演有声有色，激发了练习者的情绪，使表演更富美感和表情，从而强烈地感染观众，引起观众有节奏的掌声和情不自禁的低声吟唱，甚至使其在观众席上手舞足蹈起来，把表演者和观众都带入健美的意境中，给人以美的欣赏、美的满足和美的享受。因而有人形象地比喻：健美操给人插上了双翼，而音乐又给健美操插上了翅膀。

4. 结构之美

健美操与球类项目不同，它的表现是一个完整的套路，是一个动作组合，讲究结构之美。结构的艺术性和编排意图常常蕴涵着审美思想。健美操动作的创编者不断地从自然界和社会生活中汲取素材，经过高度概括和集中，创编出各种各样的套路，体现健美操的结构美。健美操的结构表现在造型、操化动作、难度动作、队形变化、高低起伏，以及布局上的合理性和音乐节奏上的变化等方面。造型、操化、队形、难度动作，只有布局合理才能体现美。如何才是布局合理呢？造型、操化、难度相融其中而又互为自己，从托举到支撑，从空中到地面，从柔韧到力量相互转换，队形复杂却瞬息万变，音乐时而激越时而舒缓，激越的音乐配合多变的操化动作，舒缓的音乐配合稳健的力量支撑，所有结构因素多变却又统一，融为一体，描绘着整套健美操的美。值得注意的是，健美操套路结构安排都是从健美操健身、审美的要求出发的，既符合人体结构，又具有很强健身效果，既合目的性又合规律性，充分体现了健美操运动的美。

（二）健美操形式美的构成法则

健美操中的音、色、形，必须按一定的规律组织起来，否则就会杂乱无章，只能给人凌乱的感觉，根本谈不上美。在人们创造美的过程中，通过对各种形式因素之间的联系进行分析、研究，逐渐总结出各种形式美法则。这些法则并不是凝固不变的，而是体现出一个由简单到复杂，由低级到高级的过程。

1. 单纯齐一美

单纯齐一又叫整齐一律，它是最简单的一种形式美。单纯齐一就是“外表的一致性”，是“同一状态一致的重复”。在单纯齐一中没有明显的差异和对立因素，具有条理、秩序等特点，给人以庄重、雄劲和振奋的感觉。单纯齐一是健美操中最常见的一种形式美。无论是竞技健美操还是大众健美操，人们在观赏时首先就是被多个人整齐一致的动作吸引的。整齐的出手、整齐的跃起、整齐的落地，多人犹如一人，这样的美自然会让人感到惊叹。中国竞技健美操六人队夺冠的一个重要因素就是完美整齐的表现。但值得注意的是，过分强调整齐一律，则会使动作显得单调乏味。

2. 对称均衡美

对称，是指整体的各个部分之间的相称或相适应，它是以物体的中轴线而分成的两个相等的部分，即左右对称或上下对称。人体是对称美的最完美示范。古希腊美学家曾指出：“身体美确实在于各部分之间的比例对称。”而均衡可以说是对称的变体，它的特点是两侧形体不必等同，但在量上要大体相当，表现为双方等量而不等形。上海龙华盆景五针松是均衡美的典型例子，它的左侧松枝略低向外延伸，右侧为两重松枝略高，左右松枝虽不同形，但在量上却很接近，给人以均衡的美感。对称均衡美在健美操的不同类型中得到了充分体现。大众健美操强调的是锻炼身体、保持健康，因此为了锻炼的全面性，其动作均以对称的形式出现；而竞技健美操强调的是竞技性与观赏性，动作设计要求多样化，严格避免重复动作和对称性动作，但竞技健美操中的不对称动作却具有均衡的特点，充分表现了均衡美。

3. 节奏韵律美

节奏是指运动过程中有秩序的连续。构成节奏有两个重要关系，一是时间关系，指运动过程；二是力的关系，指强弱的变化。韵律则是在节奏的基础上，赋予一定的情调色彩。所以说韵律更能给人以情趣，满足人们的审美需要。

世间万事万物都存在着一定的节奏。无论是人体的呼吸、脉搏的跳动，还是寒暑相推、日夜更替，总有一种节奏在里面。对于健美操来说，节奏韵律更是贯穿始终。可以说，健美操形式美的表现，很大程度上依赖于强烈的节奏和韵律美。因为健美操是与音乐融为一起的，所以其动作的设计是严格按照音乐的节拍进行的，每套健美操动作都有着自己独特的节奏，再配上带有强劲的节奏和欢快曲调的音乐，这双重的节奏韵律美，带给我们的是完全不一样的审美感受，视觉、听觉统统满足，统统享受。

4. 多样统一美

多样统一是形式美法则的高级形式，其所产生的整体效果也就是和谐。“多样”是指整体中所包含的各个部分在形式上的区别和差异性，它体现了事物的个性；“统一”则是指整体中所包含的各个部分在形式上的某些共同特征以及它们之间的某些联系、呼应、衬托的关系，它反映了事物的共性或整体的联系。多样统一体现了生活、自然界中对立统一的规律，整个宇宙就是一个多样统一的和谐整体。人们在创造一种复杂的产品时，就要求把多种因素有机组合在一起，既不杂乱，又不单调，正如“声一无听，物一无文”，“和而不同，违而不犯”的思想，运用多样统一法则会使人感到既丰富，又单纯；既活泼，又有秩序，营造出一种和谐美的境界。在健美操中，多样统一法则的运用正是一套操创编的关键。以竞技健美操为例，造型、操化、音乐、队形、难度动作等多种因素组成了完整的健美操套路。如何将这多种因素有机组合在一起，使其既不纷繁散乱，又不呆板单调呢？教练员在创编时遵循“多样统一”规律，使各独立面的差异处于特定的组合关系中，显出一种内在的联系，并构成和谐统一的整体时，就能给人以审美愉悦。就是说，将竞技健美操的造型、操化、音乐、队形、难度、服装这些不同因素组合在一起时，一定要追求风格的一致性，使人们在造型、难度、操化的变化中，看到的仍是一个和谐的整体。1999 年全国健美操比赛中，李晓峰创编了一套京剧韵味很浓的健美操，其配乐和服装都具有浓郁的中国色彩，加之运动员的出色表现，整套操令人回味无穷。

二、身体美

身体美，是人类健康的身体所呈现的美。丹纳在《艺术哲学》中指出，身体美以及表现它的艺术，应注意体格完整而不变态，并具有正常活动能力等有益特征，而“一切特征中最有益的，毫无疑问的是毫无缺陷的健康，最好是生气蓬勃的健康。”因此，身体美与人类健康的理想相一致，只有健康的身体才是美的身体。在健美操中，那些满场跳跃如蝴蝶般轻盈的身体，充盈着满满的生命力，是美的。那些身体的体格强壮有力，体型匀称和谐，体态端庄协调，肌肉发达且有弹性，肤色红润而有光泽，精神焕发又朝气蓬勃。这样美的身体是如何而来，是天生就有的吗？身体美是以人体自然美的形式表现的，如骨骼、肌肉、脂肪、力量、速度、柔韧、灵敏、气质、神态等。身体美的成分是不会脱离人的感性而存在的，但身体美却是后天锻炼形成的，是人化了的形式，或者说是人在体育运动实践的过程中构建的，也可以说是运动美积淀内化的结晶。身体美是人体经过体育运动塑造的美，它表现为运动实践过程的积极成果。身体美虽然以相对静态的方式出现，但它却能引起人们对运动的思考和评价。身体美在体育中坚决摒弃了一切外部的装饰，不断发掘、强化自身的潜力，使得身体从内在的机能到外在的形态都显得生机勃勃。

1. 形体美

形体美主要指人体外形的美，身材匀称，比例和谐。美的形体应该具备三个条件。第一，以骨骼为支架所构成的人体各部分要比例匀称、大小适度、发育良好。第二，由肌肉的完美发达所呈现的人体形态要强健而协调。第三是肤色的美观，即红润而有光泽。法国著名画家安格尔曾以一个体格健壮的年轻竞技者为例说："他的胸大肌和躯干部分一样是饱满结实的，上肢强劲有力，但关节很细，腿也是同样，这就是力量与灵活的标志。"

在我国历史上，文化深层结构中的礼教精神的压制，阻碍了人们对形体美的探究，但随着社会和文化的发展，健壮的肌肉、匀称的体型、健康的肤色日益成为人们喜爱的审美对象，这一切正是健美操运动员所拥有的，他们对人的视觉具有强烈的诱惑力。男性运动员的形体魅力在于阳刚之气，其身体线条多平直、有棱角，显出一种刚劲有力、粗犷豪放之美。而女性运动员的形体魅力则在于阴柔之美，其身体线条更注意曲线、圆润，显示出秀美、柔和、流动感。健美操运动员给人一种"清水出芙蓉，天然去雕饰"的那种身体苗条而不干瘪、丰满而不臃肿、四肢匀称、身高适中的高贵典雅的魅力。健美操将运动员姣好的容貌、健美的形体与自由奔放的姿态运动相结合，将人们的外在美和现代人的喜怒哀乐、兴趣志向、热烈情感淋漓尽致地展现出来，使得观赏者产生精神感应，感受到朝气和活力，启迪人们去探索，在探索中领略其美。在人观赏别人的同时，也是人审视自身的过程。健美操运动员的身体所传播出的信息将在观赏者眼里获得衍化，升华为一种理想化的典范和一种充满韵味的象征，以引起其心理振荡，从内心里触发对人体美的崇敬和爱慕。在这种爱慕下，人们会自然而然地进行健美操锻炼，在不懈的运动中，可使男子变得体格魁梧，肌肉发达，英姿勃勃，风度翩翩；使女子变得体态丰满，线条优美，明朗多姿，秀丽动人。

2. 姿态美

姿态美指姿态动作的美，是由身体各部分的配合而呈现出来的外部形态的美，具有造型性因素。健美操是一项讲究形体艺术的运动项目，因此特别注重运动中的姿态。健美操的动作美，主要通过姿态来衡量。以一个简单的难度动作屈体分腿跳为例，如果两个运动员跳的高度和腿的开度都一样，都合乎规定，但是，一个运动员对身体各部分控制很好，无懈可击，而另一个运动员则出现耸肩、勾脚、表情不自然等情况，那么优胜肯定属于前者，因为前者给人的感觉是美的。作为竞赛项目，竞技健美操规则中就明确规定，非技术要求的分腿、屈腿、勾脚尖都必须扣分，这就强调了动作的姿态美。大众健美操中同样有如此要求。一个有良好审美意识的运动员会时时处处注意控制自己的姿态、韵味，他们的一迈步、一举推、一抬头、一挺胸都能给人以美感。运动员在运动中绷起脚尖和充分伸展躯干、臂、腿等姿态动作的控制，也可以来弥补形体上的不足，使其形体更趋近黄金分割这一美学原理，给观赏者以美的享受。

3. 体质美

体质美主要是指内脏器官系统健康、正常，代谢旺盛，功能良好。体育词典这样解释："体质是在遗传变异和后天获得性的基础上，人体所表现出来的机能和形态上相对稳定的特征。包括人体形态结构、体型、各器官系统的机能能力。"

在现代文明社会中，劳动方式的改变使人们运动的机会越来越少，加之物质生活的极度丰富，人们的体质日益下降，心血管疾病已经成为威胁人类健康的首要因素。体质美成为现代社会人们所追求的目标之一，健美操如此受到热捧，原因就是其能给人们带来健康。大众健美操作为有氧健身锻炼项目，运动时间较长，动作频率较快，动作结构多变，运动强度和量都较大，加之一些力量练习，身体消耗能量较多，有利于消除人体的多余脂肪，维持人体吸收与消耗的平衡，减轻体重，改善形体，使身体各个部位的肌肉得到协调、匀称的发展。在健美操练习过程中，心率一般控制在 110 次/分至 150 次/分之间，在这一强度下持续较长时间运动，能够增强呼吸系统的换氧功能，增大肺活量，提高呼吸系统的机能。长期的健美操锻炼还能促使心腔扩大，心肌加厚，心肌收缩力增强，心输出量和心脏的贮备功能加强，导致定量负荷后心率降低。同时，还能保持和增强血管壁的弹性，促进体内脂肪的消耗，从而使心血管系统的功能得到增强。

4. 素质美

素质美是指人在身体素质方面所呈现的美。在身体的所有机能中最能表现身体美的就是身体素质，即人在活动中显示出的力量、速度、耐力、灵敏、柔韧及协调等能力。它是一种潜藏在人体内部的美，是身体美的内在力量。虽然所有的体育项目都要求素质的全面性，但也会因项目不同而各有侧重，如短跑表现速度美、长跑表现耐力美、举重表现力量美、跳高表现弹跳美、艺术体操表现柔韧美等。健美操的项目特征决定了健美操的素质美来自它的全面性。仅竞技健美操的难度动作中，就包含四大类内容：静力性，动力性，跳跃，平衡和柔韧。其中，静力性和动力性指力量素质，跳跃包含力量、速度、柔韧等多项素质，平衡和柔韧则主要指协调和柔韧。规则规定：成套动作中的难度动作不得缺类。因此，在竞技健美操中，对运动员身体素质的要求必须具有全面性，而对于观赏者，得到的美的享受也是全面的。我们时而可以欣赏到表现人体强大生命力的力量美，时而领略到人体骨骼关节、韧带、肌腱及皮肤等的伸展带来的身体曲线变化，多次的旋转跳跃更给我们带来惊奇、赞叹和意想不到的愉快情绪。

5. 气质美

气质美是包括人的品德、性格、精神、风度等综合性的属于内心世界的美，是人对外界事物反映出的一种心理品质和心理现象。一个人的美离不开外在和内涵两方面，人是一个统一的机体，外在表现和内心世界应该是统一的，行为美与心灵美应该是统一的，动作美、形象美和气质美也应该是统一的。虽然气质与人的思想文化修养有密切的关系，但它是通过人体的活动而表现出来的，因此被列为身体美的要素之一。

健美操运动员由内而外地表现出意气昂扬、神采飞扬、精神焕发、活力无限，神采中渗透着一种坚韧不拔、积极向上的品德美，使人品位到一种独特的艺术魅力。健美操是以健身为基础，融健美、健心为一体的具有整体效应特征的体育运动。它既注意外在美的锻炼，又强调内在美的培养，即心灵美与人体美的统一，寓情于姿，练习者将自己的性格和精神融进动作之中，把人的外部表现和内在的神韵揉为一体。所以，健美操能使内在的心灵美与外在的形体美的培养和锻炼紧密结合起来，不仅塑造健美的体格，同时培养优雅的气质。

三、健美操的内涵美

1. 创造美

创造是一切美的根源。健美操美的本质是人的本质在健美操运动实践中的感性显现，而人的本质很重要的体现就是自由自在的创造活动。健美操区别于跑步、游泳等单一动作结构的运动项目，从属于多元动作结构类型，其动作特点就是变化多样，它有层出不穷、花样翻新的全部人体所能达到的自由形式和丰富内容。健美操的美从根本上区别于自然美，是因为它绝不是一种纯客观的存在，而是一种由主观参与创造的、凝聚着主观力量和智慧的社会性存在。它的美是一种不断超越、不断变化的美。很难想象，一种陈旧的、落后的事物能给人以美感。只有那些符合人类进步和社会发展需要的、新的、正确的、革命的事物才充满生机，才富有创造性，才是美的。

无论是竞技健美操还是大众健美操，创造是其存在的唯一依据。竞技健美操竞赛规则中这样描述成套动作的创编："成套动作必须展示出创造性，动作设计必须展示竞技健美操的特殊内容，动作变化以及音乐动作与运动员的表演紧密相连。世界级的成套动作必须具备独一无二的创造性特征。"

因此，健美操并不是被动地反映对象的美，而是积极地创造美，即通过审美体验创造性地把对象的有关内容表现出来，产生审美效果。美的创造既不受原有概念的制约，也不能模仿他人，而是通过自己的方式表现出来。

2. 健康美

健康是指生理、心理及社会适应三个方面全部良好的一种状况，而不仅仅是指没有生病或者体质健壮。因此，健康的标准并不仅仅是生理意义上的"健康"，而是兼备心理和适应能力的健康。随着经济的发展和社会的进步，"健康美"作为一种积极的健康观念和现代意识，已被越来越多受"现代文明病"所困扰的人们所追捧，它是人类对自己生命价值的肯定。"健康美"是肌体最有效发挥其机能的状态，是运动所带来的体格健壮、无疾病与良好的精神状况相协调的美的状态。

大众健美操又被称为健身健美操，顾名思义，其目的就是健身。研究表明，系统的健美操锻炼，可使人体达到机体的最佳状态。在外部形态上，肌肉的塑造和脂肪的消除，使人体各组成部分协调一致，肌肉、骨骼等形体结构呈优化组合，使之趋向人的理想尺度；在身体内部，良好的心肺能力可以使心脏与循环系统有效运作，将肌体所需的营养物质、氧气及生物活性物质运送到肌肉与各组织器官，从而促进有机体在生命的活动中发挥重要作用；在心理方面，轻松、活泼的运动状态，配之节奏欢快的音乐，通过热情奔放的动作与音乐的完美结合，可产生烘托气氛、激发情绪的效果，使锻炼者的注意力从烦恼的事情上转移，忘掉失意与压抑，调节工作和生活中所产生的紧张情绪，在有声有色的体育艺术中得到乐趣与艺术享受，使心情愉快，内心受到的艺术的熏陶，极大地改善心理状态。

3. 融合美

健美操的美是融合之美，从最早的产生开始——融合了体操、音乐、舞蹈，产生了真正意义上的健美操。在成为独立的运动项目后，健美操并不孤立于其他项目独立发展，而是融合了多种元素，使其不再“操化”、死板，表现内容和形式更加丰富。竞技健美操作为独立的竞赛项目，必然要突出健美操本身的特色，在健美操操化动作的基础上，融入武术、舞蹈等动作，是健美操艺术性表现的有力支撑。大众健美操作为一项健身项目，其目的就是健身。怎样能吸引人们的目光，使他们爱上健身呢？在2005年中国学生动感啦啦队健美操锦标赛体院组健身操六人轻器械项目的比赛中，华南师范大学的表演融合了大量的武术动作，而广州体育学院精英队的表演则充满浓浓的百老汇歌剧的味道，同样，在郑州航空工业管理学院的表演中可以找到丝丝的民族风味。中国大学生健美操艺术体操协会秘书长徐中秋老师这样说：“健美操与其他元素融合是大众健美操发展的一个趋势，各项目之间总会相互借鉴的，这样可以使该项目的表现更丰富。”

在健身房，人们所热衷的已不再是单纯的健身操，而是与健身操融合的各种各样新的形式，不同特色的健身操项目可以满足人们不同的健身需求。有氧搏击操融合了拳击、空手道、跆拳道、中国功夫，甚至一些舞蹈动作，速度和节拍都比较劲爆。在直拳、勾拳、摆拳、正踢、侧踢、侧蹬等搏击动作中，身体的侧腰、腹部、大腿、手臂、肩背等区域的每一块肌肉都参与了运动，发力要求迅猛、有爆发性，使身体的弹性、柔韧性及灵敏度都得到了提高。拉丁健美操结合风靡世界的拉丁舞蹈动作，充分展现拉丁舞奔放热烈的特点，将舞蹈和美感与健身的力度相结合，在热力四射的拉丁音乐中，人们跳动的欲望立刻被唤起，情不自禁地随着音乐扭动，沉醉在健美的快感与拉丁舞蹈的动感中。踏板操则是将体能测试中的台阶练习与健美操的动作和步伐融合，放在特制踏板上完成。踏板操的最基本动作就是上板和下板，臀部肌肉可以得到充分的按摩，对于长期坐着工作的人特别有好处，在改善大腿形状的同时可以使臀部更加紧致结实。通过各种踏上踏下带有转体和跳跃的动作，使心肺功能得到锻炼。在重心的移动过程中，腰腹可以得到有效锻炼。

4. 表现美

其他体育运动项目中往往充满着竞赛意识，如田径中的田赛与径赛和球类活动中的胜负之分，而健美操是一项倡导自我表现的项目，将人的内在情绪通过外部动作表现出来，是自信心、自我陶醉、热情感染力的综合反映。健美操用轻盈健美的姿势展现人们的运动激情与生命力，展示身体最美的面、角、线，反映人们对音乐的感悟，对美的追求。抹去竞争，健美操所倡导的是自我表现，是自己与自己的比较，它引导练习者了解自己要做什么。练习者在练习健美操的过程中，要从混乱、无序开始，经历困惑、烦恼，最终实现动作的完成。在长期的健美操练习后，练习者会发现自己的身体由内到外发生了奇妙的变化。翘起的嘴角，自信的脸庞，优雅的气质，完美的表现，而这些正是当今社会所需要的。

5. 艺术美

一项竞技项目的竞赛规则的规定，决定着项目发展的方向。竞技健美操作为评分类项目，其评分内容包括艺术性、完成度、难度。规则规定，如果两队最后得分相同，则艺术分高者名次在前。由此可见艺术性在健美操中的重要地位。健美操的艺术美，既综合了画家、剧作家、音乐家、文学家和诗人等所创作的艺术形象的美，还蕴涵了人体生命的律动美。它充满了活力、韵律和激情，其表现性是通过具有自由创造能力的人自身来完成的，是由运动员的形体美和动作技巧美结合而成的艺术造型系统。人们观赏健美操比赛时，时而如欣赏一幅活动的画面，时而又如聆听一首动听的诗歌，那种感觉美不胜收。健美操的艺术美是其具有巨大感染力的基本保证。我们通常将健美操称为健美操表演，其实就是将赛台看作舞台，将运动员当作演员。在观赏健美操比赛的时候，不仅要欣赏力量和技术构成的完美场面，更需要得到艺术上的享受，健美操运动员则具有各不相同的风格特点和精神风貌，并通过动作的编排表现出来。优美的动作和形体既表达了运动员内心的欢快、明朗的心境，又表现出一个民族的风俗和气节，达到一种健美操层次的艺术感染美。艺术美是健美操区别于其他运动项目的突出特征，也是其深受人们喜爱的重要原因。在受到健美操的艺术感染后，人们会自觉投入健美操的练习中，因为在练习中，锻炼身体与享受艺术两不误。

第三节　健美操的审美价值

健美操审美价值的实现过程是一个动态过程，包括主体客体化和客体主体化。但从主客体对象性关系上看，健美操审美价值的本质是客体主体化，即主客体相互作用中，客体对主体本质力量的作用和影响。因为客体真正的价值，在于使主体更美好，使人类社会发展完善。本节以普通大众的视角，着重研究健美操审美价值的客体主体化过程。

一、在审美体验中愉悦身心，增强自我

1. 什么是审美体验

体验，不同于经验。经验属于表层的、日常消息性的、可以为普通心理学把握的感官印象，而体验则是深层的、高强度的或难以言说的瞬间性生命知觉。从人的体验看，“各种事物本身散发出意义与价值的光芒；当我们的各种精神官能不经过反省就具体领略到这些意义与价值而整个心灵深处对之采取欣赏态度时，深刻的体验就随之产生。”

因此，审美体验当然是审美主体对审美客体（这种客体只能从现象学的意义上才能与主体发生关系，抑或叫审美对象）的一种不经理性反思但又包括理性反思的具体领会，具有对审美价值和审美目的感知领悟的意味。因为审美体验是主体感受客体时大脑皮层从抑制到兴奋的过程，是相对稳定的审美经验的激发流动、重新组合的过程，其高级形态往往表现为聚精会神体验时所感受到的无穷意味的心灵战栗和人格震动。因此，审美体验是人在审美活动（即对自然美、社会美、科学美、艺术美的审美活动）中产生的对于审美客体价值的体验。

健美操的审美体验就是人在健美操的审美活动中产生的对于健美操美的体验。这种体验包含两个方面：心理体验和身体体验。心理体验重在感受美，而身体体验重在表现美。这两种不同的体验方式构成了健美操独特的审美体验。

2. 在心理体验中感受美，愉悦身心

对健美操的心理体验产生于对健美操比赛的欣赏。体验的过程是一个循序渐进的动态过程，随着观照、感受、认知、理解、想象、领悟的交替进行和相互渗透，审美体验由表层到深层不断深化。按照由浅入深的精神活动进程，审美体验大致可分为三个层次。第一个层次是知觉体验，第二个层次是认同体验，第三个层次是反思体验。

（1）知觉体验

在审美体验中，主体主要运用自己的审美感官去直接把握健美操的审美特性，并进行情感体验。因此，感知是进行审美体验的门户。主体凭感觉器官接触到颜色、形状、声音等各种外界的积极刺激时，不假思索地就在心里产生一种愉悦感。进入体育馆首先看到的是体格强壮有力、体型匀称和谐、肌肉发达且有弹性、肤色红润而有光泽的运动员，无须想象，运动员健美而充满朝气的身体直接就使人感到愉快。比赛开始时听到节奏鲜明欢快的音乐，会马上被其吸引，一般不会经过深思熟虑。

在健美操审美体验发生的第一阶段，审美主体刹那间便感到审美对象的美，这是审美经验的沉淀积累对最新审美信息的一种“诗意的直觉”。在观赏竞技健美操比赛时，看见运动员做直升飞机成单臂俯卧撑，转体360°屈体跳成劈腿等难度动作时，马上就会感到它们很美，即刻就会被这种美的形象所吸引，惊叹不已，进而沉浸在健美操审美体验之中。至于这些难度动作需要多大的弹跳力和臂力，对运动员身体的协调性和柔韧性有多高的要求，反映出运动员什么样的内在本质，在健美操审美体验的第一层面——知觉体验上，人们根本没有做出认真思考，甚至有的人连动作的具体做法还没有看清楚，就被弄得眼花缭乱，随之便从心底发出了美的赞叹。这种看起来非常单纯的感官愉快，其实已经包含了想象、理解、情感等多种功能的动力综合，只是没有自觉意识到罢了。

（2）认同体验

知觉体验是审美体验的起点，是审美体验的较低层次，是非常单纯的感官愉快。在知觉体验阶段，虽然已有了想象和移情的介入，但主体对此却毫无意识。当主体有意识地将想象融入知觉，此时，知觉体验就上升为认同体验，体验对象的重心就由客体移向主体自身。认同体验是在知觉体验的基础上发生的，是对直接的知觉体验的进一步深化和提升。所谓认同体验是指在审美活动中审美主体与审美对象发生情感上的共鸣，审美主体在想象中把自己当作审美对象，或者由审美对象联想到与自己有关或曾使自己感动过的别的事物。

在健美操的观赏中，经历了刹那便感到审美对象的美的知觉体验后，渐渐过渡到了认同体验。在认同体验时，观赏者的感情会受到健美操运动员快乐情绪的影响，在运动员欢快的肢体表现中，他会对这些角色有认同感，放纵他自己被激发起来的情感，并因这种激情的宣泄而感到愉快，就好像经历了一次净化，拥有了无穷的力量。审美认同满足了人们变成另外一个人的强烈欲求，把人们带进一个理想的世界，也把他们原来的自我带进这个世界。

李泽厚在《意境杂谈》中曾说：“看齐白石的画，感到的不仅是草木虫鱼，而是能唤起那种清新放浪的春天般生活的快慰和喜悦；听柴可夫斯基的音乐，感到的也不只是交响乐，而是听到那种如托尔斯泰所说的‘俄罗斯的眼泪和苦难’，那种动人心魄的生命的哀伤。也正因为这样，你才可能对着这些看来似无意义的草木鱼虫和音响，而低回流连不能去了。”健美操也是如此。欣赏健美操比赛，看到的不仅仅是运动员灵巧的肢体，而是人们突破自己的局限，不断创新，勇于向前的生命力量；听到的也不单单是强劲的音响，而是欢乐的吟唱，是融人灵魂的快乐和美好。我们常常会通过有限的感知形象，不自觉地联想到某些更深远的东西，从有限的、偶然的、具体的诉诸感官视听的形象中，领悟到那似乎是无限的、内在的内容，从而提高我们的心意境界。

（3）反思体验

体验不是单纯的感官感受，它渗透着认知，包含着理智。体验从知觉开始，而又超越知觉，其内容远比知觉的内容丰富和深刻。当审美知觉和审美想象中渗透进认知和理智内容时，知觉体验和认同体验就升华为反思体验。

反思即反省分析。反思中的了悟就是体验。苏轼的“人有悲欢离合，月有阴晴圆缺，此事古难全”和“人生如梦”是他在人生失意后对整个自身经验反思后的了悟。这种了悟升华为艺术体验，超越了经验世界。这种反思本身就是一种深刻的人生体验和审美体验。从宽泛的意义上说，反思体验指人们对自身心理世界的一切内省式把握。从审美的角度来说，反思体验指人对自身原发性心理状态的关注与体味。反思体验是一种审美体验。反思体验具有超越性，它既超越了人所处的具体情境，又超越了这情境直接引起的心理反应，因此，反思体验是一种再度体验，或者说是对体验的体验。在对健美操的审美体验中，反思体验是最高级别的审美体验，它超越了生理上的感官愉悦，超越了理解、想象，重新回到人的自身。在反思体验中，人们眼前的健美操和耳边的音乐声已不单单是动作和音响，它们是一把钥匙，将审美主体引进人的内心世界，使之深刻体悟到做人的价值、尊严和崇高的使命，从而唤起人们追寻理想的激情。在反思中，主体仿佛被赋予了一双更加敏锐和深邃的目光，这种目光，不仅引导他穿过重重功利的网络，去重新诗意地理解世界和人生，而且引导他越过种种现实的屏障，去直接关照理想和未来。通过反思体验，主体的精神在得到升华的同时也得到重组和塑造，他将以新的姿态重新返回现实并改造现实。

3. 在身体体验中表现美，增强自我

对健美操的身体体验是健美操特有的体验方式，发生于健美操的练习过程中。身体体验所产生的知觉，不单只有耳目，还包括了平衡感觉、肌肉运动感觉和触觉等等，多种知觉方式融合在一起，感知美、表现美，构成了健美操特殊的审美体验。这种体验的过程也是由浅至深，不断深化，直至达到心灵最深处的。为了便于理解，现将这个连续的过程划分为三部分，即准备阶段、高潮阶段和升华阶段。

（1）准备阶段

在体验的准备阶段，审美主体的态度转换是这一阶段最典型的特征，人们中断了日常意识状态，跟着健美操的韵律翩翩起舞。主体从日常操劳着的世界退出，进入一个深蕴着生命意义的特殊世界。主体摆脱了与实际人生直接的利害关系，暂时超脱了由名缰利锁交织而成的功利网络，向着一个更深的世界突进。在准备阶段，健美操引起主体对健、力、美的注意，使健美操从日常的背景中凸现出来。一方面，主体做好体验健美操的准备，完全接受自己，在准备前和准备后两个状态之间保持清醒，使精神的洪流得到平静和缓和。另一方面，主体的精神和感情之火被点燃，他寻求到了健美操动作及其感情之间的联系，深入自身内心与自己交流。在日常生活中，感情之火几乎处于熄灭状态，健美操的练习则使主体的感情之火得到了新的燃料，在音乐的节奏中，主体通过身体运动，从感觉、思考和行动上形成了一种新的希冀和期望。它不含功利性质，完全是一种精神境界的渴求。这种期望是积极的，富有活力的，是对健美操健、力、美和音乐世界的渴望。

（2）高潮阶段

有了这种渴望，主体渐渐进入高潮阶段。这个阶段，主体的审美体验产生对美的知觉。健美操健、力、美的属性及其关系使主体的多种感觉协同活动，不仅有视觉、听觉，而且平衡感觉、肌肉运动感觉和触觉等也综合参与，主体根据这些感觉器官传来的信息来知觉自己的动作，表现自己的美。此时的知觉是一种与普通知觉不同的完形感知活动。健美操的活动不再是一种需要，而是一种享受。这种知觉完形，并不仅仅是运动的时间、空间变换，它包含健美操诸因素中透出的某种具有特定方向和强度的紧张力，只有这一切因素融合起来，才构成一个知觉完形。健美操欣赏中知觉完形最突出的经验特征是健美操动作与主体身体之间的共鸣性，即感情与身体的协作、交流。因为凡是感受到的知觉完形，都具有身体特征，如运动性、节奏性、协调性、表现力和有机的统一性等等。在这一时刻或阶段，大脑的其他活动（想象、情感、理解等）被初步唤醒，还没有来得及展开，只是身体诸感觉的体验被强调。这一阶段的健美操审美，不是为主体的思维而存在，而是为他的身体而存在。体验者随着节奏而跳动，随其变化而运动。与这种知觉判断相适应的情绪效益，是一种身体上的感性的愉快。这种愉快不是那种清醒的自我意识所造成的精神的愉快，而是由于健美操的结构适应了练习者知觉机制，是其和谐运转时的一种感性水平的愉快。主体的感官像叶子一样地摇动，一股突然的喜悦抓住了主体，主体的整个身体都可以感觉到愉快，而且带着觉知以及喜悦来会见内心深处的自己，而主体保持的快乐感觉变成主体体验的一部分，洋溢着所有生命的活力，不只是作为观念、概念、思想存在，而且感到一种非常甜蜜、非常和平、非常喜悦的刺激，主体的动作形成自己的节奏，充分表现出自如的韵律性。

（3）升华阶段

在上面阶段，主体只对健美操美的表象进行了大体的扫描，这还不是整个体验过程的结束。一个完整的体验，必须进一步对知觉完形做深入的审视和欣赏，帮助主体将某些隐藏在内心的东西显现出来。健美操运动的刺激冲击到主体一直隐藏着的生命律动，如此一来，主体就知道了它，所以主体就变成那个生命律动，这种感情凭借主体的觉知而加深。主体有了一种初步的感受，伴随“目瞪口呆”的状态，主体完全超越音乐节奏，完全忘掉了音乐节奏，音乐节奏对主体来讲停止了。没有过去，也没有未来，就在这个片刻，此时此地，整个存在都集中了，这个片刻变成唯一真实的时刻。主体失去了自我，变成了无我，变得自然，不真实丧失了，假面具丧失了，主体变成自然的一部分，就像树木、动物、星星一样，存在于某种更伟大的东西里，存在于宇宙里，漂浮在它里面。音乐的音效和重音、主体的表现力与运动相融合，超越了平时的理性思维约束，进入忘我的状态，通过优美的形体运动表达这一真实时刻的充实与丰满、明朗和浪漫。主体的理性思维觉得力不从心了。以往，它总是按照因果链条自由地在概念间串联，它的内在意图或内在运动方向，以一种积极主动的姿态去控制感情，极迅速地组织起感性的意象，从中抽出概念，然后又携带这些概念从感性水平回升，直到达到感性水平的普遍概念，然后传到理性的日常意识中，使主体做出判断和推理。在健美操运动中，主体的特殊认识制止了这种认识的活动。它刚刚降落到完形形象上，便被牢牢地吸引在上面，再也无法回升到普遍概念的水平。这时，不仅仅是感官的需要得到了满足，而且精神上得到解放，视野得到扩大，心灵获得了勇气和力量。此时，健美操对主体来讲不是为了要被谁承认，而是因为他们的享受成为具有创造性的，这种创造性不是隶属于某一个机能或是器官的，完全是内发的、整体的、没有对象而由生命节奏创发的。这种创造性本身就是终极的，它的作用就是所谓的“维天之命，于穆不已”。主体喜爱健美操是因为其具有创造性，满足感来源于所投身的健美操运动。这正是健美操娱乐身心，缓解精神压力，增强自我的内在根源。这种快乐，是从美中获取的力量的快乐。这时健美操动作的技巧与它的美等同，健美操运动只是主体完全融于自己内心的媒介，主体呈现出完全的参与性，丝毫不受别人的影响，只存在自己欣赏自己动作的感觉，毫无保留地将自己的存在都投入健美操美的律动中。在自我比较中，主体从自己的内心出发，以自己的联想表现出自我的个性，肯定自己，充分展现能力，发挥自我潜力，从根本上实现完善人的目的。

二、在审美教育中树立正确的审美观念，完善人性

1. 当前健美操审美观念的误区

审美观是人们对美丑的基本观点，它是世界观的一个组成部分，属于意识形态。审美观的形成源于实践中的审美感受，反过来又对审美感受起指导作用，能提高审美敏感，使人们可以更好地去辨别美丑和创造美。

我国20世纪80年代以来的经济建设促进了社会文化的更新发展，“开放”扩大了审美视野，“改革”拓展了审美活动的范围，使传统审美的审美阈限和创造方式发生了空前的位移，也使审美观念产生了沧桑巨变。审美已经不再局限于传统的经典式的审美形式的艺术，“审美化”逐渐成为当代中国文化和人们日常生活的具体实践方式。随着当代中国人生活实践的日益扩大和日常生活方式的广泛改变，艺术与大众之间往昔的那种传统界限（固有的审美心理距离）如今已变得相当模糊。传统意义上的审美不再是艺术独擅的专利，而是相当普遍地成为整个社会文化和大众日常生活本身的直观形式——人的生活的感性存在和存在的证明。审美观念也逐渐向着审美趋向的时尚化、审美需求的广泛化和审美意识的大众化、审美活动的休闲化、审美认知的形象化等诸多方面发展。健美操的时尚性、大众性、休闲性以及形象性无疑符合当代人们的审美需求，因此越来越为人们所接受甚至受到追捧。人们意识到用自己的肢体表现美丽，美不再是虚幻的事物，而是实实在在存在于眼前，存在于自己身上。

当人们观赏健美操比赛时，最激动人心和难忘的是健美操运动员那娴熟的技术技巧，高、新难度动作的完美完成，新颖巧妙、自然流畅的连接与配合，再加上充满自信和活力四射的表现力，使欣赏者情不自禁地鼓掌呐喊、欢呼跳跃，给欣赏者留下的不仅是悦耳悦目，而且是振奋人心的情感体验和情感愉悦。当人们参与健美操运动时，通过创造、发现的方式，将自己的体质力量和艺术造诣以物化的形态呈现出来，使之成为可欣赏的对象。审美对象脱离了抽象的艺术想象，直接照射在具体的人的身上。审美不再那么高高在上，而是逐渐融入人们的生活中。这是对于一向把道德理性和政治诉求放在至高位置的审美价值建构的致命冲击。但我们也应看到，人们对健美操审美价值观念大多仅仅停留于“感性化”，而一切所谓“意义”和“理性化”则被忽略。他们所注重的是自己正处于现在进行时态的“审美”体验过程中，是“快乐原则”驱动下的感性形象，是对存在的“审美化”证明，而忽略了追求精神的理想性和价值的深度。人之为人最为根本的就是人在其生命过程中由于意识到自身与生俱来的不完美使得人类天生就苦苦追求完美，追求理

想的境界。这种完美和理想进驻生命成为生命活动中最为重要的组成部分，以至于一旦丧失对于理想的追求，生存就失去了发展的可能。

谭容培在有关“审美价值的效用”的论述中，将审美价值的效用由浅到深分为三个层次。第一个层次是审美价值的愉悦效用，亦即审美主体在审美活动中的感官的快适、欲望和兴趣的满足以及情感的宣泄；第二个层次是审美的创造效用，即在审美活动中人凭借审美摆脱物质需求的束缚而达到外在和内在的自由，人的能动性在审美情境中得到自由自觉的发挥，这种构造性和知觉化的审美方式不仅在客体的主体化过程中创造对象世界，而且在主体的客体化过程中不断地创造主体自身；第三个层次是审美价值的解放作用，也是审美价值效用的最高层次，在这个层次中人们通过审美理想和形式的感受力、想象力和创造力，可以在精神上超脱那种束缚自由的世俗物质现象，获得感觉和个性的彻底解放。可以说，正是审美价值的从低到高、由浅至深的诸多效用的融合才越来越丰富和提高了人类精神生活的内涵，从而使得审美价值具有其他价值形态不可替代的独特效用。

就谭容培审美价值的效用的三层次来看，目前人们的健美操审美观，其审美价值的效用显然更多地驻留在第一个层次即审美的愉悦效用上。多数观赏者看到健美操运动员完成常人所不能企及的难度动作时惊奇雀跃、鼓掌欢呼，但也仅仅止步于此，对于运动员拥有了怎样的力量，人类的本质力量有多伟大，也许他们从未想过，更别提对自己的人性产生怎样的思考。下面用数据来说明问题。夏昆宣在《健美操教学在高校体育与审美教育中的独特作用》中对大理学院南路校区、荷花校区 2001 级、2002 级、2003 级本科、专科学生问卷调查中发现，经健美操教学与练习，有 82.32％的学生认为健美操教学在陶冶情操、提高审美能力方面起着积极的作用，但其中只有 20.33％的学生认为健美操教学能很好地陶冶情操、提高审美能力。这是一个矛盾，为什么其他学生对健美操的审美刺激感受不强烈呢？这就是审美观出现了问题。目前人们对健美操的审美体验还仅仅停留在表层，没有触及心灵的审美，自然不会对审美主体产生强烈刺激。健身房新课程的层出不穷也很能说明问题。前几午还大热的单纯健身操已逐渐被瑜伽、有氧拉丁所取代，这就是感性审美的作用。此类审美价值效应的实现必须切入时代的情绪聚焦点和审美兴奋点，但由于人们审美的兴趣和感受随时代的发展而不断变化，审美价值在其“实践性”过程中只能是时过境迁，而新的审美样式层出不穷，审美对象也日益丰富，审美需求日趋扩大，欣赏者代代更替，审美趣味亦不断变更，所以这样的审美观往往处于“相对性”和变异无常的状态。人们有时单单为了愉悦的情绪而追求新的课程，却忽略了在这不断的变化中所蕴藏的永恒。这种永恒的审美价值的效用远远超越了所有，它提供给人们的是怡神、益智、修心、养性的精神需求的满足。它没有当下兑现的效应，它看似无用却蕴含着能提升人们的审美文化生活品味和质量之大用。如此的审美观才能帮助人们真正理解健美操的审美价值。

2. 从外在审美教育转入对自身个性心灵的教育，完善人性

目前人们对健美操的审美观念出现了一定的偏差，正如上文所说，大多数人仅仅停留在愉悦层次上，停留在外在的身体表现，如何改变这种现状呢？这就需要审美教育。

（1）审美教育的内涵

审美教育，通称美育，它包括广、狭两种含义。广义的美育，泛指自觉和非自觉的一切审美活动本身所具有的感染人、影响人、陶冶人的教育功能，以及社会、学校或家庭有意识地利用审美特点对人进行塑造的种种教育活动；而狭义的美育则专指与智育、德育、体育并列的一种独特的教育方式。在我国，美育的实践以及关于美育的思想和学说，古已有之，但是美育作为一门独立的学科出现却是自近代才开始的。当时，我国有幸出现了以蔡元培为代表的一批教育家、思想家、美学家，高举“完全之教育”的旗帜，把美育和德、智、体三育放在同等地位，使得我国的美学在二三十年代有较大的发展。但是，随着社会环境的巨大变化，我国美育思想也在历史的发展中几经波折，如今，美育又重新被国家纳入教育方针之中。

审美是一种较高的人生境界，审美的主张必须通过审美教育才能得到落实和体现。虽然审美活动本身就具有陶冶情操、塑造人性的教育功能，但审美教育作为一种有组织的教育方式，与个人随意性较大的审美活动相比，无论在教育功能上还是对人具体的影响上都必然存在种种差异。

（2）发挥施教者主体作用，引导学生正确审美

传统意义上的审美教育主要是以艺术中各种美的形态作为具体的媒介手段，所以长期以来，许多人将美育与艺术教育等同起来，忽略了在其他领域内进行美育的尝试。但是实际上，审美对象本身具有复杂性、广阔性，一件人工制品、一个生活用品，都可以成为审美的对象。健美操具有典型的美学特征，完全可以成为审美教育的媒介手段，通过展示审美对象丰富的价值意味，直接作用于受教者的情感世界，从而潜移默化地塑造和优化人的心理结构、塑造完美的人性。但是，健美操美育对象与体育对象的重叠，也极易造成审美教育的不确定性和不稳定性。健美操既有健身价值，又拥有审美价值，因此既属于体育的范畴，也属于美育的范畴，这就很有可能导致在教育实践中对美育内容的轻视或者忽视。

我国虽然从二十世纪九十年代开始逐渐重视对健美操的审美教育，但查阅了论文数据库相关资料笔者发现，研究内容基本上集中在形体美、动作美、音乐美、心灵美等几个方面。虽然开始关注健美操的精神方面的教化作用，但心灵美却无一例外地反映在道德行为美上，这与东方的传统思想息息相关。因为从中国古代开始，美育便带有浓重的道德色彩，但用道德吞没审美，只会导致把美育无限丰富的内容狭隘化，还可能造成对美育独立性的漠视。道德与美育相关，但不能等同。

美育是区别于智育、德育、体育的一种独立的教育形式，如果说智育是以传授科学文化知识、培养人的求真能力为目的，德育是以锤炼人的意志、培养人的求善意志为指归，体育是以强化人的体能、培养人的健壮体魄为宗旨的话，那么美育的独特性就在于，它通过对人内在情感的直接感染，调动起人的各种心理能力并使之和谐运动，从而潜移默化地实现对人的塑造，以不断提升人的精神世界。因此，健美操的施教者必须清楚，审美教育并不仅仅是培养学生的动作美、姿态美、形体美，而是通过学生对美的塑造来感受美，使他们陶情怡性、意志感发、心灵愉悦。但陶情怡性、意志感发、心灵愉悦只是健美操审美教育直接的成果效用，而通过审美教育直接效果的不断积累，从而导致个体心理结构的重大变化以致形成完美人性则是审美教育的终极性成果效用。在这里，完美的人性，并没有一个绝对的尺度，任何人都不可能达到人格修养的终点，所谓完美的人性只是说随着修养的深化使人性与人格尽可能地趋向于完整和丰富而已。与此相关，所谓终极性的成果效用，也不能理解为有一个绝对值，这只是就其对人性生成的根本性影响而言。

在健美操的审美教育中，施教者必须兼顾直接效果与终极性效果两个方面，舍弃任何一个方面就有可能走向片面。目前我国虽然已越来越重视健美操教学与美育的结合，但无论是学校教学还是健身房教学，教师或教练大都忽略了审美教育的终极性成果效应，仅仅停留在直接成果效应上。而作为审美教育的施教者——教师或教练，不仅自身形象和健美操动作要符合审美要求，更重要的是要培养自己对美的感受、判断和评价能力，研究审美的生理、心理基础和社会根源，懂得怎样的美才是真正的美，这样才能帮助学生树立正确的审美观，引导他们在心灵愉悦的基础上达到人性的完整。

但值得关注的是，健美操的审美教育是一个循序渐进、不断积累的过程，不能一蹴而就。在健美操教学中，如果刚开始就要求学生达到精神的升华，是无论如何也不可能的，因为此时的学生还在手忙脚乱地记动作，对于美的内在世界还一无所知。此时，教师应强调身体姿态和表现技巧的美学要求。如做动作时，要求学生绷直脚尖，并告诉他们，绷直脚尖可以增加下肢的曲线，使下肢的线条富有美感；另一方面，绷直脚尖在某种程度上延长了下肢的长度，使腿部与身体整体的比例更接近黄金分割的最佳美学要求。让学生知其所以然，学生的大脑中就不单单是机械的健美操动作，而是人体美在健美操中的表现。当学生完全融入健美操动作，在音乐的节奏下翩翩起舞时，教师所要强调的就不仅仅是外在的身体表现，而是内心世界的升华。将欢快的情感注入精神世界，忘记一切烦恼，使人在现实中被压抑的各种愿望得以自由抒发和表达。通过自己对自己的审美，主体的生命得到了陶冶和洗礼、提升和拓展，仿佛有新的生命在他的灵魂中诞生，使他变得丰富和充实，他比以往更加热爱生命，更自觉、更强烈地要求创造自己生命的价值。

三、健美操审美价值对个人、经济、社会之影响

1. 健美操的健身美价值

(1) 树立健身美意识，促进自觉锻炼行为

正确的体育健身美意识是促使人们参加体育锻炼的重要动因。一个人的健美操锻炼行为起源于他对健美操锻炼的需要，更源于对健身美的需要。需要引发动机，动机导致选择目标的行为。

健美操传入我国之时，正是我国改革开放初见成效的时期。虽然我国思想领域、经济领域和文化领域都得到了极大改善，但人们的思想还不够开放，观念还比较陈旧，对于国外的一些新鲜事物的接受还比较缓慢，对健美操的健身美功能还没有足够的认识。为此，1981 年 1 月 4 日的《中国青年报》发表了特约稿《人体美的追求》。1982 年 2 月中国青年出版社出版的《美，怎样才算美》一书，刊登了陈德星编制的《女青年健美操》和牛乾元编制的《男青年哑铃健美操》。1984 年，《健与美》杂志创刊。随着我国报刊、电视台对人体健与美和健美操的一系列宣传，追求人体健与美的“健美操”一词开始进入人们的视野。人们对美开始进行大胆的认识和理解，传统的审美观受到了强烈的冲击，“林黛玉式”的病态美和 20 世纪 50 年代的那种“苹果脸姑娘”的精壮美，都已经不适合时代的审美标准了。女性的心理、生理特点得到了应有的重视，女性从长期的思想束缚中得以解放，她们爱美的天性得到发挥，从不敢公开地欣赏美、谈论美，变成大胆地塑造美、创造美。另一方面，随着经济条件的改善，女性营养过剩的现象首次在中国出现。身体发胖、腹部皮下脂肪的堆积成了困扰中青年女性的一大烦恼。无论是从内在思想还是外表形象考虑，女性均对“美”有着强烈的需要，因此开始寻找一种能够满足人们美的需要的健身项目，而健美操运动在节奏感极强的音乐伴奏下所独具的表现肢体美，促进健康美，锻炼不受场地、时间、年龄的限制等特点

被人们所共识。人们似乎找到了除艺术体操之外大众能够参与并能展现美、创造美的最佳项目。

在健美操的影响下，女性在追求服饰美的同时开始注重自身形体美。1987年我国第一家健美操健身中心“利生健康城”面向社会开放，其采用的锻炼形式抛弃了健身艰苦的外壳，将欢乐和审美融入其中，很快吸引了大批健身爱好者。随后，越来越多的以健美操为主要形式的健身中心在社会上相继开业、兴盛，在健身中心专业教练的带领和指导下，人们对健身有了更加科学的认识：只有长期、持久的锻炼才会使身体发生有效变化。而健身中心年卡的办理，也在无意中督促人们进行持久的锻炼。在北京、上海、广州等大中型城市，业余时间进健身房、跳健美操已经是大多数女性不可缺少的生活内容。健身美意识已越来越多地进入人们的思想，不用说服动员，更不用强迫命令，而是依靠美本身的魅力，凭着人们对美的向往和由此引发的兴趣爱好，使人们自觉进行健美操的锻炼，塑造内外兼修的优美形体。

（2）掀起健身时尚美，形成终身体育习惯

随着改革开放的推进和深入，我国经济持续、健康地发展，社会全面进步，人民生活水平日益提高，整个社会已逐步从温饱型向小康型转变，物质产品越来越丰富，人们对生活的要求也越来越高。如今人们所要求的不单单是填饱肚子，而是一种科学、文明、健康的生活方式，这是人类对自身生命价值的肯定。为了健康，为了更好地享受生活，人们掀起了一股健身潮流，似有越演越烈之势。但传统的健身活动枯燥乏味，似一剂苦口良药，使人不愿去品尝它。健美操则彻底改单了体育锻炼方式，将身体锻炼与艺术审美融为一体。在节奏明快的音乐声中和五颜六色的彩灯的照耀下，全身有规律地运动，欢快的脸上沁出亮晶晶的汗珠，其乐无穷，既锻炼了身体，又使人获得了精神上美的享受。并且随着健美操在我国的发展，国外各种形式的健美操被不断引进，如哑铃、踏板、街舞、拉丁舞、瑜伽、肚皮舞等。这些新潮时尚的运动形式使健身渐渐与时尚画上了等号。走进健身房，时尚的音乐、时尚的操服配合健身教练时尚的舞步，使健身不单单只是健身，而是一种艺术品位，一种时尚生活。一股健身时尚美的风暴席卷而来。

如今，健美操似乎成了健身时尚的代名词，但对新的运动形式一味的追捧并不是时尚美的表现。从一窝蜂地学习瑜伽到一窝蜂地学习肚皮舞，简单的模仿、从众并不是我们对健身时尚的理解，而它的至臻境界应该是从一拨一拨的时尚潮流中抽丝剥茧，找出最适合自己的健身运动项目，在锻炼身体的同时，丰富自己的审美与品位，来打造专属自己的美丽“模板”。只有如此，人们才能真正感受到健身时尚的美，保持健身情感，增强体育的参与意识，使人们形成终身体育的习惯。

(3) 提高身心健康度，更好地为社会服务

随着社会的发展和科学的进步，尤其是二十世纪六七十年代以来，信息产业、电子技术得到快速发展，人们体力活动减少，脑力工作增加，工作环境更加舒适，生活水平明显提高，但同时也带来了一系列的健康危机，如肥胖、心血管疾病等现代文明病，以及由于各种压力的增加而引起的心理问题等。

人是生产力构成要素中最重要的，也是最活跃的因素之一，因此，人的素质好坏对于社会生产力的发展具有举足轻重的作用，而人的身体健康则是最基本的要素。如果一个人没有健康的身体就势必会大大影响他对社会的贡献，如果健康亮红灯的趋势增加，则会对社会产生很大的负面影响。

加拿大著名体育专家突帕茨指出："事实证明，身体健康的群体比身体不健康的群体较少地受伤，工作率更高，即使受伤也能更快地回到工作岗位。"而导致人们工作时旷工、误工的主要原因是疾病。那么怎样才能减少劳动旷工率和减少国家由于病假而造成的经济损失呢？加强身体锻炼，提高人们的身体素质是最好的解决方法。但一般的健身活动或枯燥单调，或竞争性太强，很少看到女性的身影。健美操因其轻松活泼的氛围、较高的艺术性和良好的锻炼效果，获得了女性的青睐。健美操强烈的音乐节奏令人兴奋，催人奋进，使人们在轻松、欢快的气氛中达到锻炼身体的目的。优美的健美操动作，可以表现自己，展示自我，释放出一定的生理能量。在轻松优美的健美操锻炼中，锻炼者的注意力从烦恼的事情上转移开，忘掉失意与压抑，尽情享受健美操运动所带来的欢乐，得到内心的安宁，从而缓解精神压力，使人具有更强的活力和最佳的心态。健美操的美吸引着人们自觉进行身体锻炼，使人们有更充沛的精力进行学习和工作，创造更丰富的经济价值和社会价值，更好地服务于社会，服务于国家和人民。

(4) 持续保持身心健康，提高生活质量

1995 年哥本哈根世界首脑会议通过的《行动纲领》提出，社会发展最终目标是改善和提高全体人民的生活质量。可见，生活质量的提高是社会和经济的发展的终极目标，一切的发展都是为了实现这个目标。人们健身的最终目的也是提高生活质量。如今，注重身心健康、享受生活、提高生活质量已成为人们普遍的价值取向。但怎样才是真正的提高生活质量呢？首先要认识生活质量的概念。对生活质量的理解，不同的学者有着不同的观点。笔者认为对生活质量的理解应该综合主观和客观两方面，生活质量就是环境提供给人们生活条件的充分程度以及人们需求的满足程度，是指人们生活的舒适、

便利程度以及精神上所得到的享受或乐趣，是在一定的物质基础之上社会成员对自身及其自身所处的各种环境的感受和评价。

生活质量的客观方面的改变，似乎更依赖于政府或环境的改变，个人无法左右。而主观方面，虽然也受到环境的影响，但是个人方面却起到了决定性的作用。人们一直在寻找或创造新事物来满足人的需求，提高生活质量。根据马斯洛的理论，人的需要是分层次的，即首先是满足生存的需要，其次是安全的需要，第三是爱的需要，第四是自尊、尊重的需要，最高层次的需要是发展的需要。人首先要满足自身的生理需要，然后是享受的需要，最后是发展的需要。只有在满足了较低层次的需求之后，才能够追求更高层次的需求。反之，如果一个人高层次的生活需求能够得到一定程度的满足，可以说明他的生活质量是比较高的。对健美操的需求从一定程度上说，具有纵贯性，即能够在各个需求层次上得到体现，比如生理需求以及安全的需求。人们通过健美操锻炼，使得身体健康和强壮，无疑增强了生存能力。同时健美操也可以满足人的较高层次的需求，比如爱的需求、自尊的需求以及发展的需求。人们往往是因为喜爱才选择健美操进行锻炼，这满足了人们爱的需求。人们在健身房锻炼，受到教练的悉心指导，满足了尊重的需求。在健美操或欢快或悠扬的音乐声中舒展肢体，陶冶情操，满足人的发展的需求。因此，健美操正是为了满足人类的需求而产生，其对人们生活质量的提高具有重要的影响。

2. 健美操的经济美价值

(1) 形成健身消费美行为，提高体育消费效益

改革开放以来，我国国民经济持续快速增长，到2003年我国的人均国内生产总值达到10666.1元，标志着我国居民消费由物质消费为主阶段进入服务消费阶段。生活水平的提高，使人们对生活质量的要求日益提高。当人们口袋里的钱越来越多，吃得越来越好，用得越来越好时，人们就不会只满足于初级消费，会追求更高级别的精神消费。从理论上讲，消费有三个层次，即生存消费、享受消费、发展消费。原来一提到消费就自然想到吃、穿、用，也就是初级消费。但当人们的生活水平达到一定层次，自然会需要享受和发展方面的消费，追求全面的发展。有需要就会有市场，于是大街小巷多了很多娱乐场所的招牌，酒吧、KTV、迪厅琳琅满目，人们在里面尽情放松，缓解压力，享受生活，可走出大门后，得到了什么？似乎什么也没有得到，也许会更加空虚。我们需要思考什么样的消费才是更符合美学特征的，是合真合善合美的。健身市场的逐步兴起似乎为我们找到了答案。自健美操传入我国后，西方的健身思想逐渐融入体育，人们的体育观念开始改变。体育给普

通大众带来的不是竞技，而是健康，人们对于健身、健美、健康的追求从来没有这么强烈。人类对健康的强烈追求，也是人的发展与自我完善的需要，其来源于人的“缺陷”与自我超越。在社会财富极其充盈的背景下，文明的进步和体质的弱化，文化的张扬与人类生物性运动能力的衰退，是人类当前所面临的突出矛盾。在信息时代，人的力量更多的由物的力量、新工具的发明所代替，脑力劳动成为社会工作的主导。健身则是一种有意识地进行自我完善的活动，旨在通过自己的努力来矫正身心分裂、重新恢复人的完整性。随着自然环境社会化、感性世界抽象化，健身在促进身体健康以及满足人们生理、心理需要方面的独特功能得到高度重视，健身消费逐渐进入人们的日常消费活动中。

当前流行的各种健身运动及健身器械，其目的都是通过身体运动来增强人们的体质以达到健与美的效果。增强体质的多种方法和途径还包含营养、保健等手段，唯有健美操是通过专门设计的身体运动来增强体质，并在身体运动的过程中，使练习者获得特殊的审美体验，这正是健美操所特有的价值。在人们进行其他健身消费时，如球类运动，消费带有很大的随意性，锻炼时间的主观性较强，缺乏一定的科学性，使得体育消费的效益无形中得到降低。而健美操则是由专业健身教练针对身体各个部位锻炼需要设计专门动作，使消费者进行科学有效的锻炼，这是其他健身项目所无法比拟的。在健美操的锻炼中，健身教练还会帮助消费者纠正错误动作，培养消费者的健身意识，以期达到更优的健身效果，提高了体育消费效益。

（2）发展社会体育消费，促进体育产业发展

1995 年，我国政府实行“全民健身计划”，并进行了大力宣传，从此，体育锻炼已不再是政府行为，而成为一种自主行动。近几年来，随着改革开放的不断深化，体育健身商业市场、体育娱乐市场和体育物质产品市场等体育产业如雨后春笋般不断涌现。如今，健身已成为人们的一种生活方式，“花钱买健康”已为社会所广泛接受。

健美操以其特有的审美价值受到广大消费者的青睐，而以健美操为主要内容的各式各样的健身娱乐场所仍在不断增多、扩大，甚至已发展到乡镇，从而使体育健康消费市场越来越大，健身娱乐产业也得到了空前的发展。健身消费已成为一种现实，并且发展的势头越来越猛。健身产业的发展对健美操物质产品市场的消费也起到了很大的推动作用。一方面，人们有一定的经济基础，愿意花钱去买自己喜欢的健身器材、服装以及与健美操相关的音像制品、书籍等；另一方面，人们为了自身的锻炼和精神享受，需要花钱进入专业健身房进行科学健身，健身市场已成为体育消费中的一股潜在的力量，

健身产业的厂家和健康人寿保险部门也在为推销产品和扩大业务，积极地参与健美操的宣传活动和资助一些竞赛。而通过举行健美操比赛、表演获得的场馆门票收入、场地内设立广告牌的广告收入、新闻媒体传播收入等，也可以增加经济收入，同时扩大商品的知名度，提高企业经济效益，同时对健身、健美教练员、经营管理人员和辅助人员等劳动力资源的需求也越来越大，增加了社会就业机会，带动了整个行业经济的发展，从而促进体育产业的发展。

3. 推进体育经济发展，协调我国国民经济的系统发展

健美操物质产品以及劳动服务市场的迅猛发展，促进体育产业的发展，有力地推动了体育经济的发展。而体育产业的发展，在协调我国国民经济方面，也起到了不可估量的作用。

在体育产业中，除部分体育用品业属第二产业外，大多数属于第三产业。多年来，第二产业的持续快速发展，对我国经济增长做出了巨大贡献，但近年来社会对资源短缺、环境污染事件的普遍关注和珠三角地区的“民工荒”等现象表明，靠消耗资源、破坏环境和低廉劳动力成本实现的第二产业高速增长已经难以为继。我国在现代化的过程中，将逐步调整产业结构，大力发展第三产业。而健美操相关市场的发展，正是对第三产业发展的推进，不仅可以加快改变第三产业与第一产业、第二产业发展不协调的状况，而且有利于第一、二产业从业人员生产效率的提高。国家经济发展必须刺激消费、鼓励消费、开拓新的消费热点来扩大内需，以消费拉动国民经济的增长，解决劳动力就业的问题，这是可持续发展的、正确的经济发展战略决策。而体育产业向社会提供的消费是健康消费，并且体育消费相对于医疗卫生消费来说是一种极其廉价的健康消费。体育消费与社会医疗卫生消费之间存在着一种互补的关系。一个社会，体育消费增加，医疗卫生消费就会减少；体育消费减少，医疗卫生消费就必然增加。有国外报告曾指出，将医疗卫生经费的1/10用于体育消费，就可以得到同样的社会健康效果。在一个进入小康而逐渐富裕起来的社会，人们的健康价值观念会发生急剧变化，关于健康的消费会迅速增加。据统计，20世纪90年代以来，中国体育消费持续增长，且连年超过经济增长。从1994年至1998年，中国体育消费平均每年增长20%。中国体育的边际消费倾向大，居民的体育消费明显快于收入增长。1994年至1998年，中国城市人口体育边际消费倾向是1.5，即收入增长1%，体育消费就增长1.5%。在日本，20世纪90年代，由于经济环境的恶化，多数产业发展速度放慢或停滞不前，而体育产业却逆势上升，从1992年至1997年的5年间，日本的经济年平均递增0.43%，而同期体育产业则年递增3.246%，递增速度在三大产业中排列第二。由此可见，体育产业对我国经济总量、结构调整、

扩大内需方面发挥了独特作用。并且，作为一种“无烟工业”，体育产业消耗能源少，很少造成环境污染，完全是一种绿色产业，值得大力倡导。其发展不受第一和第二产业发展的制约，对协调我国国民经济系统发展，促进我国国民经济的良性发展起到了很好的作用。

四、健美操的社会美价值

1. 提供休闲美活动，丰富公众审美情感

我国从 1995 年 5 月起，开始实施每周 5 天工作制，1999 年 9 月实行 3 个“长假口”，到如今又进行了多个节假日调整，这标志着我国正在步入休闲时代。工作时间的缩短、闲暇时间的增多、经济条件的改善以及人们休闲意识的觉醒，必将带来人们闲暇生活方式的改变，休闲将成为现代生活的主要方式之一，而体育作为一种积极的生活方式已在发达国家被广泛接受。世界卫生组织已将体育视为一种“积极生活”方式，并于 1997 年在日内瓦召开以“‘积极生活’：体育与健康”为主题的会议，启动了“全球积极生活运动”，使体育成为一种可激发人们昂扬的精神状态的休闲方式，营造出生机勃勃的社会文化氛围。

但与发达国家相比我国经济发展水平以及人民的体育消费水平还比较低，同时场地设施及资金短缺问题依然是困扰我国体育休闲发展的关键问题。对我国城乡居民体育活动点的调查发现其面临的主要困难仍是经济匮乏、场地拥挤和器材缺少，分别占 27%，21.9%和 17.6%，人们迫切需要一种能够适应现状的休闲方式的出现。于是，健美操运动成为我国体育休闲的热点。健美操动作简单、易学，锻炼效果好，便于广泛开展；不受人数、年龄、性别等条件的限制；不受场地、器材的限制；更重要的是健美操本身所具有的美学特征对人们精神世界有积极影响。人的基本生命活动有两个方面，一是改造和创造客观物质世界，以获得生存和发展所需的生活材料，即物质生活；二是改造或塑造主观世界，以达到从精神到肉体与对象世界的和谐共存，即精神生活。休闲健美操无疑属于第二个方面的生活形态。休闲是人的生命状态的一种形式，而对于人的生命意义来说，它是一种精神态度。休闲主要是一种精神生活或精神游戏，所以我们说，休闲健美操是人为了改造或塑造主观世界，追求和获得精神上的解放与自由所进行的精神领域的创造活动。休闲与健身的最大区别就在于，两者的内心体验是不一样的。休闲的特点就在于“以欣然之情做心爱之事”，而个人从事健身活动可能不是自己的主观需求。休闲是一种纯粹的精神活动，而健身更多的是一种身体活动。从这个角度说，休闲与健身相比拥有了更深刻的美学意义。“以身体之，以心验之”是审美的天职，而健美操休闲活动正是以“以身体之”的感性形式和“以心验之”的理性感悟为特征的。休闲主体开放五官感受生活，全身多种感觉器官体验着健美操休闲形式带来的丰富的舒适感，又以情绪情感多样变化体验着休闲带来的心理上的愉悦感。可以说，健美操休闲是以具体可感的审美形式呈现出审美主体生命存在的感性活力，使人在休闲中既丰富审美情感，又陶冶情操，使人的生活丰富多彩，又获得价值的提升，从而为人类走向全面发展提供一个有效的空间和途径。

2. 融合集体活动，增强社会人际关系

在现代社会中，信息化程度越来越高，生活的节奏越来越快，人们的交往形式也越来越趋于简洁化、浓缩化，现代交往方式缩短了人与人的时空距离，同时拉大了人与人之间的情感距离。现代社会的快速发展，压抑了人的情感的正常发展，现代高科技的运用往往造成了人们情感的失衡，枯燥而又单调的工业机械化生产，使人们常感到莫名的孤独和焦虑，现代的生活方式又使家庭活动范围在逐渐缩小，亲情不断疏远，人与人之间的感情越来越冷漠，再加上生产劳动，家务劳动的时空限制等等原因，个人的人际交往关系往往局限在固定的范围之内。这些都影响着人际关系交往的正常化，增加了人与人之间对情感交往的需求。人们开始寻找各种交往方式，力图解决现代社会交往中所出现的负面效应。

健美操以自身特有的交往特色，成为现代社会中人们调节身心、调节节奏、调节生活的重要手段和方法。几个朋友邀约到健身场馆，边锻炼边聊天，谈生活、谈工作，不仅可以在这种轻松的氛围中美体健身，还可联络朋友之间的感情。健美操的练习多数是在一种开放的、直接的交往互动中进行的，人们在一种非功利性的环境中，实现广泛的交往和技艺、技巧的相互切磋，练习过程中不存在竞争和压力，人们平等而真诚地为一个共同的目标而运动、呐喊、兴奋、激动。健美操使人们相聚在一起，重建新型的人际关系，并突破了人际交往的界限。

在健美操运动中，通过对健美操美的感受、认识、理解，人们从中得到愉悦，从喻悦中受到教育。在健美操练习中，每个人所进行的都是生命本质自由发挥的身体创造活动，是生命活动和创造力的尽情展示。健美操运动能使人重新认识自己，成为有个性的人，进而调节人际关系。这里只有欢声笑语和矫健身姿的激情扭动，给人们带来身心的愉悦、紧张情绪的舒缓和郁闷、焦虑的消除，使人们开阔了视野，陶冶了情操，满足了自己结友乐群，建立健康友情的需要。

3. 转移和宣泄情绪，有利于社会稳定

如今，各种健身场所在大都市以及小城镇的大街小巷遍地开花。奔波了一天的人们像潮水般涌向适合自己的健身健美场所，随着强劲的音乐和燃烧着的“火焰”，人们跳动着，挥洒着汗水、宣泄着兴奋的或压抑的情感。在教练员肢体和语言的鼓励下，人们的血液循环加快，人们的心与灵正接受着洗礼，人们的脸上也露出了舒心的笑容，扭动的身体得到了彻底的放松。

人们从健身场所出来，个个都像脱胎换骨似的，心情舒畅、精力充沛、充满着自信与活力，但更重要的是这种特殊的精神生活能够陶冶人、美育人和改造人。各种社会地位、各种文化层次的人都可在这里找到合适的位置，并享受健美操给予的身体的、心灵的与美的情趣，增添工作的乐观情绪和充满青春活力的生活激情。

从生物学的角度分析，具有动物属性的人，本能欲望中具有攻击性，由于某些消极因素如个人生活中的挫折或打击长期在人们情感深处的积淀，更由于“精力过剩”而又自感无处宣泄或迁移，人们感到难受，于是在一些外因的复合作用下，就会移情于社会，表现出许多连自己也解释不了的破坏行为，使社会的稳定受到威胁。而以健美操场馆为主的健身场所的出现，为人们提供了理想的宣泄方式和宣泄场所，使人们在这块运动的领地里相互沟通和理解，健美操为人们提供了快乐，带来了情感的发泄，增强了团结，给社会的稳定、进步和发展增添了活力，因此说健美操是社会的“安全阀”。它为人们情感的伸展和社会挫折问题的排除，构筑了一个无形的通风孔，为社会的稳定、人类的和平注入了亲善的气象。

4. 提高体育人口比例，推进全民健身运动发展

体育人口指经常从事身体锻炼、身体娱乐，接受体育教育、竞赛，具有统计意义的一种社会群体。它是以体育为重要特征的、参加运动训练和具备人口规模、人口结构、人口空间分布三要素的一种特定类型的亚人口。体育人口是衡量一个国家体育发展程度的重要指标，是国民素质和体质、老百姓体育意识与参与体育程度的重要指数。体育人口的数量能够比较客观地反映我国全民健身运动发展的水平。

健美操独特的锻炼方式吸引了广大女性的目光，其是体育又不完全是，似舞蹈却比舞蹈包含更多的健身成分。健美操完全没有竞争性，注重的是在镜子前展示自己的肢体美。健美操协调、优美、流畅的动作与节奏强劲有力、欢快活泼的音乐相结合，给人以活力和无限的感染力。而根据中青年身体特征编排的不同风格、不同强度的健美操，完全符合人们的健身需要。在陈兰芳《营业性健美操俱乐部发展现状与对策研究》的调查中我们可以看到，俱

乐部健美操会员中 20 至 30 岁的人群约占 37%，30 至 40 岁的会员占 41%，40 岁以上及 20 岁以下的会员占 22%。参加健美操锻炼的人以女性偏多，约占 85%左右。这些数据清楚地说明，参加健美操锻炼的多为中青年女性。因此，健美操的蓬勃发展，可以大大提升中青年的体育人口比例，推进我国全民健身运动的发展。

5. 丰富公众精神生活，促进和谐社会发展

现代社会在技术高度发展和物质文明大跨度进步的同时，也导致人类文明天平的严重失衡，人们越来越感到精神的空虚、孤独、迷茫和情感的贫困。在市场经济的影响下，人们的商品意识增强，一些人热衷于追逐物质利益和物质享受，常常为功名利禄而处于无穷的烦闷和苦恼之中。于是，人们迫切需要一种精神和情感的满足，需要通过审美来弘扬人生价值，追求更高的精神境界。正如梁启超所说："我确信'美'是人类生活的一要素，或者还是各种要素中之最要者，倘若在生活全内容中把'美'的成分抽出，便活得不自在，甚至活不成。"

健美操的出现为人们的精神世界打开了一扇新窗，使人们陶醉于自己优美的肢体表现。它淘汰了舞蹈烦琐难做的动作，换以轻松简单的舞步，节奏鲜明的音乐更能使普通大众将自己融于其中，使锻炼者通过亲身的体验，产生情感上的共鸣，得到情感的愉悦。它不用理性的说服动员，更不用强迫命令，而是依靠美本身的魅力，凭着人们对美的向往和兴趣爱好，使人们自觉自愿进行锻炼。在此过程中，人们摆脱了一切物质欲望和功利的束缚，以无拘无碍、轻松自由的心态，专注于美的关照中。在健美操愉快的美的享受中，人们冷却的情感被点燃，淡忘的情感被复现，郁闷的情感得以发散，愤怒的情感得以发泄，焦躁的情感得以消除。人们在对健美操的审美中，通过对美的感知，展开联想和想象，伴随情感体验，进行品味和理解，使人们走出二维的平面世界，进入广阔的三维立体世界，这对于开发人的右脑具有重要作用，使人们成为一个富有想象力的、聪明的、善于开拓和创造的人。健美操的如此功效恰与当前和谐社会的理念相契合。情感的满足、创造力的发掘，必成为和谐社会所倡导的诚心友爱、充满活力的推动剂。

第四节　健美操的美育功能

蔡元培先生指出："美育者，应用美学之理论于教育，以陶冶感情之目的者也。"据此，健美操的美育就是将美学理论应用于健美操的实践过程，借助

健美操的各种审美媒介（音乐、形体、服装、色彩、技术等），对欣赏者及实践者进行审美教育，愉悦他们的性情，培养他们感受体育美、欣赏体育美、表现和创造体育美的能力。

古往今来，人类很重视体育实践的美育。孔子提出“礼、乐、射、御、书、数”六艺教育，其中的“射”“御”就包含较多的体育美育因素。近代教育家蔡元培在《美育的实施方法》中，将运动列入专属美育的课程，并特别强调了体操的美育功能，他认为“体操者，一方以健康为目的，一方实以身体之美的形势之发展。”健美操作为一个新兴的体操项目，其迅速发展的原因也在于此。毛泽东在《体育之研究》中说，体育的功效在于强筋骨，因而增知识，因而调感情，因而强意志。其中的“调感情”实质上包含了体育的美育功能。未来体育事业的发展，越来越需要发挥体育的美育功能。健美操和美育有密切的联系。健美操既是一种外在优美的人体表演艺术，又是一种文化内涵深厚的活动。健美操运动本身包含着美的表现、追求和创造，而美育中也包含着人体美、健康美、仪态美的内容。因此，正确认识和评价健美操美育的地位和作用，对健美操运动更好地满足人们的审美需要和丰富人们的精神生活有着极为重要的意义。

一、培养审美感受能力

在体育审美活动中，美的现象是需要人具有一定的直接感受能力，方能对之加以认识和把握的。对美的感性直观和直接印象是审美活动的前提，较强的审美感受力则是审美活动得以展开和进行的主体方面的基本能力。

审美感受能力是人的审美直觉、审美想象和审美领悟等多种能力因素的综合，它是人类独有的一种在特殊情感教育状态下体现审美创造力的认知能力。过去，西方一些唯心主义美学家曾认为，这种审美感受力是人先天的、神秘的主体能力，同人们的后天教育和审美时间无关，这显然是错误的。固然，现实中人们的审美感受能力是有高低强弱之别的，甚至有些人由于先天的生理和心理因素，可能对客观事物的审美感受能力特别强，然而他们同一般人一样，也需要经过一定的审美训练和教育。人的自我意识和感受能力的提高只能通过对外部世界的认识和实践才能达到，这正如人只有通过自我才能发现世界一样，对自我内在世界的发现是在对外在世界的发现中获得的。人每发现一个新的事物，就意味着在自我中诞生了一个新的器官。换句话说，作为人的主体文明，包括对自我深层世界的意识和敏感的感知能力，并不是天生的本能，而是在同客观外在世界的相互作用和交往中实现的。人们在不断地改造外在的环境的同时，也使自己得到了改造。

美是社会实践的产物，同样，人的审美感受力的形成也是社会实践的光辉结晶。18世纪德国美学家和思想家席勒说：“感受能力的培养是时代最紧迫的需要，这不仅因为它是一种改善人生洞察力的手段，而且因为它本身就会唤起洞察力的改善。”由此看来，在健美操的活动当中，只有通过审美教育，引导人们积极参加各种审美实践，使人们融入美的境界，去直接感受、体验美的事物，以激起对健美操的喜爱和兴趣，才能逐渐提高自身的审美感受能力，实现健美操的美育功能。

人体是最古老也是最精巧的审美对象，健美操最充分而丰富地展示了充盈着生命力的身体美，它既是体育美的基本内容，同时又是人们进行体育欣赏的主要审美对象。很多女生当初选择健身健美操，其中一个重要原因就是觉得通过上健美操课，可以行之有效地改善她们的体型。人们在观看其他人的健美操表演时，会情不自禁地被表演者身上散发出来的各种美所吸引；在亲身参与的健美操练习中，通过镜子直观自身而感到愉悦，产生美感，从而能更深刻地认识美、懂得美，并从人体美、运动美这些外化的地方，感觉到美是本质力量的感性显现，从而获得美的享受与熏陶。

总之，审美感受能力是一个包含着多种心理因素的复杂的审美心理系统。审美直觉、审美想象和审美领悟等等相辅相成，有机统一，共同服务于人的审美感受力。因此，在健美操的教学中应注意培养人们的审美感受能力，并使之不断得到提高和强化。

二、培养学生审美鉴赏力

我们无论进行什么样的审美活动，都必须具备一定的审美鉴赏能力。所谓审美鉴赏力，即是对审美对象的直接欣赏和鉴别的能力。审美鉴赏带有某些艺术再创造的性质，它是鉴赏者对审美对象和内涵的积极、全面的把握和领悟。

审美鉴赏力包括对客观事物的鉴别与欣赏两个方面，二者既有联系，又有区别，而在审美实践中两者又是同时进行的，有鉴别才能欣赏，鉴别是为了更好的欣赏。审美鉴别是指对客观事物的美丑、善恶的判断，以及对美的各种形态、范畴和美的程度的识别。在现实的大千世界中，各种事物相互关联，错综复杂，既有真、善、美的事实，又有假、恶、丑的存在。客观审美对象的差异、多变、复杂，以及本质与现象的交错等增加了人们审美鉴赏的难度。在此情况下，假若我们不能识别美，分不清美的各种形态，又搞不明白美的程度的强弱，那么就根本谈不上欣赏美、理解美和评价美。健美操是融美的动作、美的意识和美感于一炉的运动项目，它以人体和动作来表现自身的美，并通过动作去塑造美、创造美。通过教授者的示范与讲解，人们去感受和欣赏美，通过自身的练习去重新塑造美和创造美，并在这一简单的教与学的过程中，经过耳濡目染，潜移默化地接受了审美教育，对美的感受力与鉴赏力必将得到逐步的提高。为此，我们通过健美操活动大力提倡美育，鼓励人们积极参加审美实践，树立正确的审美标准。

三、培养审美创造能力

人与自然的关系在于适应和创造。人类正是在不断的创造性实践中改变了自然世界，使其更加适合人类的生存和发展。人是具有无限创造力的，但这并不够，还必须具有较高的审美创造力，只有这样才有可能创造出更多更美的事物。因此，美育的另一重要职能就是要培养、训练和提高人们按照美的规律直接创造美的能力，从而使人们依据自己的审美理想去创造崭新的世界。

审美创造能力是指人在各种实践活动中，按照美的规律进行物质创造和精神创造的能力。审美创造是人类所独有的能力，也是人区别于其他物种的标志。人通过劳动实践，在改造客观世界和自身主观世界的过程中，执着地追求美，并在实践中进行“自由”创造，以显示人的“自由”创造本质。正如恩格斯所说，人类对自然界的整个统治，是在于我们比一切动物强，能够认识并正确运用自然规律，“人离开动物愈远，他们对自然界的作用就愈带经过思考的、有计划的、向着一定的和事先知道的目标前进的特征。”懂得按照任何物种的尺度来进行生产是人有意识的自觉的表现，能够运用对象本身的规律和属性来进行生产是自由的表现。只是在这种自由、自觉的实践活动的基础上，人们开始了美的探索和创造。席勒说：“谁要是受到美的魔力的诱惑，他就会忘掉自己的局限。”可见，“美”是人创造力的源泉。而健美操之所以能唤起人们的审美情感，就在于它具备和谐美，而其内涵则具有千变万化的技术风格及个性情感的独特魅力，美不可能雷同。凡是美，必然是崭新、独特、有创造性的，不论是日常生活，还是体育活动，那些一下子就引人注目、引起人美感的东西，总是令人耳目一新、不同凡响的，例如对朝升暮落的太阳人们熟视无睹，而对镶嵌了金色光环的黑太阳即日环食却惊叹不已，学生对体育常规动作习以为常，但对健身和竞技健美操、拳击健美操、搏击操、拉丁健美操、爵士以及水中健美操等却赞不绝口、跃跃欲试，因为这些动作具有独创美。独创之所以美，还在于其使人们从健美操动作的创造性特征中看到了人类自强不息、奋发进取的生动形象，看到了人类的智慧、力量和希望，从而使人受到美的鼓舞与享受。例如竞技健美操是以人体动作为表现内容的，以具体可感的动作形象高度显示出人的灵巧、力量和智慧，显示出人对自然的征服和支配的创造能力。其千姿百态、变化多端的动作，无不是在运动员训练有素的灵和力的作用下完成的。作为一项艺术性极强的体育项目，竞技健美操的动作绝不是对人们日常劳动和生活中各种动作的简单模仿，它是将劳动和生活中那些能够展示人的灵巧、力量、智慧和创造力的典型动作提取出来加以超常的发展和美化，从而使竞技健美操这项体育运动具有了令人惊叹的艺术魅力和很高的审美价值。而运动员超常而优美的动作表演，常常会引起裁判和观众的情绪激荡，使他们在美的享受中既愉悦了身心，又在精神上受到某种启迪。人们在感受美、欣赏美的同时被其魅力所折服，以至于美的情感常常引导他们去发现健美操运动中“美”存在的形式，探求健美操运动创造“美”的规律，揭示健美操“美”的奥秘。在发现美、创造美和欣赏美的过程中，人们的审美创造力得到了培养。

四、实现完美人格的培养和塑造

美育不是一般的知识教育，而是渗透在各个领域里的审美教育，因此，它的另一个重要职能就是要培养人的健康的、正确的审美观，树立进步崇高的理想，帮助人们在各种审美创造中美化自身，塑造完美的人格，使其成为一个全面发展的人。

完美的人格是指在理想、道德、情感、智力、能力、身体等方面全面发展的人格。孔子很早就注意到了美育对实现完美人格的作用，他把“六艺”作为学生的主要学习内容，并以此促进学生的全面发展。席勒指出要想使社会健康发展，并克服人性的分裂和物欲横流，就必须通过美育塑造“完美的人格”，从而使人性得到复归。因此，美育在人由片面发展向全面发展的过程中有着不可替代的独特作用。

当前以经济为中心的观念日趋深入人心，这在商品社会中本无可厚非，但其天然的局限性容易滋生金钱至上、唯利是图、见利忘义等不良观念，使人们的精神世界世俗化、功利化。见死不救、救人前先讨价还价等丑恶现象在社会上已不是个例。这种状况如果不加以改善，那它将导致社会风气、道德情操的大滑坡，造成社会上责任感、正义感的失落和理想信仰的泯灭。而健美操独特的美育功能对于沉溺在功利世界、金钱世界而无法自拔的当代人来说，可以说是一剂精神的良药。在健美操的审美教育中，它并不强求人们必须如何行事，而是通过提供某种审美理想的概念和范本感召人们应该如何行事。审美教育是美感教育，美感作为自由感受具有自由意志的因素。人们在自由感受的审美情境中通过情感活动实现道德自由即意志选择的自由。而当人的审美情感与道德认识相契合形成崇高的理想信念时，审美情感也就自然地内化为一种行为动力，驱动道德认识、道德理想、道德信念向道德行为转化。这种道德行为一旦成为定势，它就将对道德意志的形成产生推动作用。因此，健美操审美教育可以辅翼道德，提升人的道德素质。正如蔡元培先生所说："纯粹之美育，所以陶养吾人之感情，使有高尚纯洁之习惯，而使人我之见、利己损人之思念，以渐消沮者。……破人我之见，去利害得失之计较，则其所以陶养性灵，使之日进于高尚者，固已足矣"。

其次，随着社会的转型、经济的发展、物质的积聚、大众文化的繁荣，当前人们开始满足沉溺在一种形而下的感官愉悦的平面上。好看、好听、好玩等对生活外观的感性直觉压倒了对理性思考的内在判断。光影摇曳的迪吧、酒吧，充斥报纸版面的购物信息和商品广告，富丽堂皇的舶来品……所有这一切构成一个感性横流的世界。它把人的审美活动还原为纯粹的感性活动，使人们在物质享受的极端满足中，心甘情愿地对感性俯首称臣，不知不觉地抛弃判断力和思考力。

俗话说，"食色，性也"，"未见好德如好色者"，既然人的本性中潜藏着一种追求官能享受的天然趋向，如何引导这种趋向朝着健康的方向前进，就成了人们所必须面对的问题。席勒说："要使感性的人成为理性的人，除了首先使他成为审美的人，没有其他的途径。"也许席勒把审美教育的功能夸大了，但审美教育在陶冶人的审美趣味上确实大有用武之地。而健美操审美教育的作用尤为突出。一方面，人的审美趣味虽表现为感官嗜好和兴趣，但其深层次上却潜伏着认知力、理解力和判断力的作用，且后者构成前者的基础，支配着前者的审美取向。健美操审美教育使人们在美的愉悦中获得情感的解放和升华，进而唤起人们真善美的情怀，教会人们能够以高尚的精神品位来支配物质的获取和享受。另一方面，健美操审美教育不像理论教育那样排斥感性，只做纯粹的说教与灌输，而是保留、调节感性，净化感性中的个人欲望，使七情六欲这些自然的东西得到理性的滋润，使之具有社会的内容，从而将人的感性欲求上升到理性的、社会的层面，于无声处提高人的审美趣味。

再者，当代社会生存竞争日益激烈，功利主义成为许多人生活的信条。在这种状况下，人际关系的实用化、个体心灵的自我封闭与自私、情感交流的缺乏与单调等现象的出现也就不足为怪了。这种人与人的疏远隔膜无疑威胁到了人的全面发展和社会的平衡协调。而人与人之间的沟通理解属于情感双向交流的过程。健美操审美教育的功能就体现在通过引导人们对各种美的事物的欣赏，在审美愉悦中打开封闭的心扉，促进人的情感能力的发展。

健美操运动是在音乐的伴奏下，以身体练习为手段，以有氧运动为基础，以达到增进健康、塑造形体和娱乐为目的的一项运动。研究表明，音乐有控制细胞兴奋的作用，能对情绪产生积极的影响。具有一定的旋律、节奏和音响的乐曲，可有助于人体器官活动趋于协调一致，也有助于人体潜能的发挥。同时优美的音乐声波作用于大脑，可通过神经体液的调节，加速人体的新陈代谢，改善器官活动，使人精力充沛、精神饱满。又由于健美操练习具有较强的节奏性，大多选择曲调欢快、节奏强劲、能很快调动人的兴奋性的音乐进行伴奏，以产生烘托气氛，激发人们情绪的效应，所以通过热情奔放的动作与音乐的完美结合，健美操成为有感情、有灵魂、有声有色的体育艺术，使锻炼的过程充满乐趣与艺术享受。而练习者在音乐的引导下，全身心地投入普遍性的节奏式样的运动中，一起宣泄、抒情，共同欢乐，消除疲劳，恢复身心健康，在欢乐的气氛里进行交流，以增强友谊，发展愉快而自然的关系，从而使人变得刚毅、开朗、乐观、快乐，满足自身各方面的需要，在增进生理健康的同时，也极大地促进了心理的健康发展。另外即使不是亲身参与健美操运动，人们在观看健美操的比赛或表演时，也能通过对赛场上、舞台上所表现的健美操的各种美的共鸣与认同，获得一种感同身受的理解。这种理解对于达到充分的情感交流是不可缺少的。因为正是在这种理解中，人们把他人的感受纳入自己的情感世界，从自己的视角去领悟他人的情感，理解他人的言行举止，进而增强人与人之间情感交流的能力。

总之，健美操作为一项美学特征尤为突出的体育运动项目，应走在发挥审美教育功能的最前列，促进现代社会人的精神世界的良性发展，实现完美人格的塑造。

第十四章　体育舞蹈健身价值与健身路径

第一节　体育舞蹈的健身与美学价值

一、体育舞蹈的健身价值

体育舞蹈不仅可以陶冶情操，还能强身健体，锻炼人们的意志力。体育舞蹈采用音乐与动作相结合的方式，还可以培养节奏感和美感，提高音乐鉴赏能力和艺术修养。本章主要分析体育舞蹈在健身方面的优势，继而论述体育舞蹈的锻炼健身价值。

（一）体育舞蹈在健身方面的优势

体育舞蹈是集健身和娱乐为一体的体育运动，它通过身体各环节的动作变化来达到增强体质，塑造形体，自娱自乐的目的。体育舞蹈在锻炼和健身方面有其优势。

1. 体育舞蹈动作形式多样。体育舞蹈注重动作连贯和动作美，在练习的过程中，身体重心也要连贯地移动，像拉丁舞，舞者要不断地移动，舞步变化多样，内容丰富，练习过程中通过膝部发力和脚踝的不断移动，能充分拉伸身体，达到体育锻炼的目的。

2. 体育舞蹈有很强的艺术性。体育舞蹈来源于舞蹈，是一个新型的舞蹈体系。在运动中，体育舞蹈可以充分锻炼身体协调性，动作较为优美，有很高的艺术价值，又具有审美效果。练习者在跳体育舞蹈时，通过灵活运用脚部力量、腰腹部力量和腿部力量，能做出优美的动作。体育舞蹈有着舞蹈的飘逸和魅力，具有很强的观赏性和艺术性。

3. 体育舞蹈不仅能锻炼身体素质，还能锻炼身心健康。体育舞蹈不像其他竞技体育那么激烈，既有锻炼价值，又有娱乐性和文化内涵，能锻炼与人交流的能力，陶冶情操，提高人的审美能力和综合气质，使人身心健康全面发展。

4. 体育舞蹈易于参与。体育舞蹈不需要很专业的器材，容易参与，锻炼价值高。体育舞蹈有一定的动作套路，易于练习，而且舞步变化多端，能全面锻炼人的柔韧性和关节的灵活性。

（二）体育舞蹈的锻炼健身价值

体育舞蹈健身价值主要体现在身体锻炼和身心锻炼方面。

1. 体育舞蹈的健身价值。如何去衡量一项体育运动的价值呢？一般主要可以从两个方面进行分析。首先是看对人们吸引力的大小，就是参加该运动的人多不多，其次就是锻炼效果的好坏，这是一个重要依据。体育舞蹈虽然是一项新的体育运动，但是近年来却受到了人们的普遍关注和欢迎。体育舞蹈能让人精力充沛，身心健康愉快。像体育舞蹈中的拉丁，华尔兹等，有快步、狐步等，跳舞时踝关节要用力，要求身体放松自然，随着膝关节屈伸和踝关节的反复用力，可以让身体上下摆动，增强关节的灵活性和身体的柔韧性，使肌腱和肌肉等组织更富有弹性。长期练习体育舞蹈，还能改善人体呼吸系统机能，提高心血管系统机能，锻炼心脏供血能力，提高供血水平。在舞蹈练习中，肺活量会增加，肺功能也会得到改善，使人拥有更强的有氧代谢能力。

2. 体育舞蹈能美体塑形。体育舞蹈的魅力就是美，通过形体表现出美。体育舞蹈能帮助爱美人士打造完美身材，达到塑造完美形体的目的。体育舞蹈动作样式很多，练习体育舞蹈对身体姿势要求较高，因此在练习过程中对身体形态产生影响。体育舞蹈练习中，一般都要求抬头挺胸，膝关节、肩关节和腿部都能得到拉伸，严格的舞步套路和身体形态要求正好符合体育美学观念，能有效消除多余的脂肪，所以长期练习能纠正低头弯腰的坏习惯，改善驼背的毛病，从而打造出优美的形态和高雅的气质，练就积极的心态和健康的身心，从而美体塑形。

3. 体育舞蹈能锻炼心理健康。体育舞蹈需要全身协调，是一项全身的运动，对人们的心理健康也很有好处。在练习过程中，注意力要集中于音乐节奏和舞步步伐，能使身心得到充分放松和休息，调整疲劳心态，陶冶情操。通过欣赏音乐和舞步，人们沉浸其中，能够使心理得到平静，让人心情愉悦，让人忘却忧郁烦恼，从而健全心理。所以现在有越来越多的年轻人喜欢拉丁舞，喜欢体育舞蹈。

4. 体育舞蹈能提高素质修养。体育舞蹈融动作与音乐为一体，能陶冶情操，提高审美价值，加深艺术修养。在动作的展现的过程中，练习者心理和生理紧密结合在一起，在表现美的同时达到弘扬美的目的，能净化人的心灵，使人心情愉快，让人们的精神面貌以及气质修养都能得到改善。此外，体育舞蹈需要与人配合，在练习过程中，还能锻炼自身的社交能力。体育舞蹈分单人舞、双人舞和团体舞，在练习中能使人际关系越来越和谐，关系越来越融洽。练习者能得到自我满足，实现自身价值，从而提高综合素质。

总而言之，体育舞蹈有着丰富的内涵和丰富的节奏变化，是实现快乐健身的重要方法。体育舞蹈有着很强的健身价值，随着人们对体育舞蹈的认识的不断加深，这一种既健身又享受生活的运动，将会有更多的参与者。

二、健身舞蹈的美学价值

（一）在形体方面

体育舞蹈的形体美由舞者身体的各个部分组成，如四肢、胸、臀的线条与形状等。体育舞蹈通过不同的舞蹈动作，展现了体育的力量，呈现了舞蹈的韵味，同时舞者将自身的情感融入其中，使体育舞蹈拥有了浓厚的艺术气息。体育舞蹈使女舞者拥有了曲线美，使男舞者拥有了健硕的身姿来表现神韵，同时在表演过程中，男女舞者不仅在形体上相互映衬，还在情感上相互交融，从而通过形体传递了艺术魅力。

（二）在造型方面

体育舞蹈包含丰富的形态姿势，在丰富的内容、各异的风格及夸张的动作下，凸显了体育舞蹈的造型美。舞者利用身体的各种形态姿势，展现了静态、动态与动静结合的美。

（三）在音乐方面

体育舞蹈的灵魂所在便是音乐，它具备鲜明的节奏、优美的旋律及多元的风格，并且配合优美的舞姿，进而凸显了体育舞蹈的艺术魅力。如《天鹅湖》中的音乐，其旋律优美，通过舞者的动作体现了音乐的形象，而音乐的色彩促进了舞蹈的变化，在二者的有机结合下，体育舞蹈具有了独特魅力。

（四）在神韵方面

体育舞蹈神韵的展现直接关系着舞蹈的风格，神韵是舞者心的体验与灵的表露，唯有丰富的、细腻的情感抒发才能够把握其神韵。通常情况下，舞蹈所展现的神韵有勇敢、典雅与刚毅等，此时需要舞者利用不同的音乐与舞姿来表现神韵，同时其动作要标准，再者还要拥有一定的想象力、创造力。

（五）在意志方面

意志美主要是指体育舞蹈中人们所呈现出来的忍耐美、坚毅美、专注美与坚持美等。特别是在比赛过程中，舞者所表现出来的创新精神、坚定信念等均会体现在舞蹈之中，进而促进了体育舞蹈艺术魅力的升华，同时展现了舞者的身心素质。

（六）在气质方面

体育舞蹈意境的展现主要受舞者气质的影响，气质作为舞者的个性特点，来自实践锻炼、人生阅历及心理素质等。通过体育舞蹈，舞者的气质得到了全面的培养，对于男性而言，会具备阳刚美，女性则拥有优雅美，同时其心态将更加积极，品德会更加高尚，体魄将更加健康。

第二节 体育舞蹈与大众健身的融合思考

一、体育舞蹈服务大众健身的必要性分析

（一）社会发展的需求

人类由原始社会到社会主义社会，生产生活方式由单一化走向多元化，从而产生新的体育生活方式的需求。农耕时代，生产力处于较低水平，生产资料公有，人们无一例外都从事生产劳动，没有阶级剥削、压迫，社会分工不存在，体力及脑力劳动被捆绑在一起。进入工业时代后，产生了私有制和阶级，社会开始出现阶级的分工，脑力与体力劳动出现了明显的划分，这就造成了人的片面性发展。社会分工的出现，不仅是社会生产力发展的必然结果，同时促进生产力的发展，从而使人类社会从畜牧业、农业、手工业过渡到机器大生产的现代工业。然而，这样的社会分工方式带来了较严重的后果，造成部分专门从事特定工作的人的身心发展遭受极大的伤害。当人类社会进入信息时代（也称后工业时代）以后，随着国民收入的增加，服务业需求大，大量劳动力转向服务业，人们摆脱了作为机器的附属品的角色，但是新的问题随之而来。生产方式的改变使工作效率得到了大幅度的提高，人力成本得到了大批量的节省。生活方式从最初脑力体力混合变为单一的脑力劳动，体力便处于闲置状态。这时人们就会产生新的需求，整体社会需求呈现出立体的多元化状态。故为了满足人们日益增长的需求并改变体力的闲置状态，开展一种新形式的体育活动成为要紧之事。

（二）国家战略发展的需求

1. 体育产业指向

发展体育事业与产业，不仅有利于满足群众多方面的体育需求，保障和改善民生，同时还可以增加就业率，凸显新的经济增长点。国家提出要发挥市场作用，充分调动社会力量，提供适用于不同群众的产品与服务。丰富市场的供给，发展健身休闲项目，鼓励开发符合人群特点的休闲运动项目，支

持举办群众性体育赛事活动。建立有效的大众参赛及激励机制，以促进全民参与。

2. 全民健身指向

以我国新的社会历史背景为前提，国务院颁布了《全民健身计划纲要》（以下简称《纲要》）。2011 年—2015 年间经过各部门的努力，覆盖城乡的、比较健全的全民健身公共服务体系基本形成，为今后我国成为体育强国奠定基础。2016 年—2020 年间，面对人们日益增长的体育健身需求不断开拓发展新境界，提高全民族人们的身体素质及健康水平。《纲要》为体育舞蹈在中国的传播与发展提供了良好的外部环境，体育舞蹈也刚好迎合了当今的趋势，作为一种外来文化以其独特的魅力深受国人喜爱。前期由于大众思想的局限使其处于一种窘态，如今全民健身计划为国人接触体育舞蹈提供了平台。但是，体育舞蹈在普通百姓中的普及还存在难度，故找到一条适合大众体育舞蹈的实施路径是本课题的最终研究目的，《纲要》是必要的理论支撑。

（三）民众个体发展的需求

随时代快速发展，生活水平不断提高，人们的生产劳作方式由最初的体力劳动转换成脑力劳动，身体处于长时间停滞状态，身体的健康状况逐渐下降，例如中老年人“三高”已经困扰他们的生活，患病人口所占的比例也越来越大；青少年体重超标越来越严重，身体各项素质指标逐渐下降等。由于体育舞蹈的自身特性，其能够满足不同阶层的多元化需求，所以体育舞蹈除了具有一般体育运动功能，如锻炼身体、增强体质的功能，还可以针对白领阶层较大程度缓解他们的紧张情绪和生活压力，促进身心的健康发展；改善女性身形体态，帮助她们塑造完美的曲线；提高青少年韵律感以及身体协调性，经常性的参与可以促进骨骼、肌肉、神经系统等方面的正常发育和机能的发展，帮助他们形成正确的身体姿势，塑造健美身体，从而增强身体审美意识，形成正确的审美观念。同时还可以加强社交能力，扩大社会交际面，形成健康向上的交际圈，实现全面健康的发展。

我们以广场舞为例进行探讨。多篇学术文章研究得出跳广场舞能够有效地改善老年人的身体健康。首先，身体健康水平提高。很多老人在采访时说自己腰酸背痛的毛病逐渐减轻，而且体重也得到了很好的控制，身体素质提高。精神状态有很大好转，生活充实，摆脱了之前空虚、无聊的生活。其次，情绪状态稳定，不再有突然的暴躁或烦躁不安，感觉心情舒畅。最后，人际关系更加融洽，无论是与家人还是邻居、朋友，关系更加亲密。从老人们种种状态中可看出广场舞确实为改善身体健康提供了帮助。那么相对于广场舞而言，体育舞蹈的步伐及律动更加科学、美观，受众人群更为广泛，小到幼儿园儿童大到老人，每个阶段都适用，所以将其改编为一套适合民众个体发展的更为科学的大众体育舞蹈尤为必要。

（四）体育舞蹈发展需求

体育艺术类项目在全国范围呈现良好势头，如由健美操编排成的简单易学的操化类项目出现在广场，各类商业演出加大对体育舞蹈的宣传，这些都为体育舞蹈提供了较好的发展平台。但是现如今体育舞蹈在群众的视野中还缺乏足够的“地气”，导致体育舞蹈不能够深入民心，在教学过程中出现“既学又丢”的现象。出现此类问题的原因则是体育舞蹈本身技术动作难度大，而且在教学过程中学校也是本着“金牌效应”的原则进行教学，而体育舞蹈人才最终要服务社会，服务大众，需要紧跟时代脚步，因此进行“配套人才”培养，才能够实现人才的自我价值。故只有打破原有的高精尖固有思维模式，增加受众人群，降低动作难度，使人才更好地服务社会，才能使体育舞蹈朝向更广阔的舞台发展。

二、体育舞蹈服务大众健身的可行性分析

（一）体育健身政策基础

在我国，为了增强人民体质，提高人民健康水平，满足人民日益增长的体育健身需求，党和政府制定了明确的方针政策并且支持竞技性体育运动项目群众化，从而丰富健身活动体系。2011 年，国务院印发的《全民健身计划 2011—2015》中明确提出全民健身与竞技体育要协同发展，扩大竞技体育群众基数，丰富全民健身内容，大力开展竞技性强、普及性广的体育运动项目，广泛开展健身操等简便易行的健身活动。2014 年，国发 46 号文件提出要培养多元化的主体，加大社会力量的参与，不仅使参与本项目的主体多元化，更要培育发展多形式、多层次的体育协会和各种中介组织。2016 年，《全面健身计划 2016—2020》文件中提出要因时因地因需开展群众身边的健身活动，分层分类引导各类运动项目的发展，不断地丰富和完善全民健身活动体系。在 2016 年 10 月修订的《全面健身条例》中提出需要充分考虑学生、老年人、残疾人和农村居民等不同人群的特殊要求。上述文件都为体育舞蹈在群众中的发展提供了良好的外在基础，体育舞蹈本身也迎上了良好的社会契机。之前由于发展方向偏向竞技化，适用人群范围小，普及路径狭窄，使国人觉得体育舞蹈处于可望而不可即的状态。然而，高水平的竞技项目还需群众作为基础，没有良好群众基础必然成为“空中楼阁”。伴随全民健身热潮的涌起外加国家的政策支持，找到一条适合体育舞蹈大众化的道路无疑将丰富人们健身活动形式，为全民健身开辟新路径。

（二）体育舞蹈市场基础

体育舞蹈市场可分为五种类型：竞赛表演市场、健身娱乐市场、专业人才培养市场、服装生产销售市场及电视媒体市场。抛开其余类型，专注健身娱乐市场来看，其为体育舞蹈的大众化发展提供了得天独厚的良好基础。

体育舞蹈大型竞赛（全国巡回赛及世界赛事）一年足足有大约 20 场，由各个地方舞蹈协会组织的赛事一年总计约 250 场，众多的比赛需要大量优秀选手的参加，根据中国体育舞蹈网数据显示，仅山东省体育舞蹈培训班的数量就在 2000 家左右，这还只是每年输送学员的考级单位，在乡镇开设没有进行注册的网上登记的学校数量也很多。可想而知，北京、上海、广东等体育舞蹈发展程度领先的省市培训机构数量更为惊人。而培训班背后的教学者都是专业人才或专业学习者，使得一定数量的体育舞蹈从业人员实现了依靠市场生存和发展，这些人才在进行体育舞蹈培训教育之余，一部分的舞者从事副业，将体育舞蹈专业用品逐渐带入市场。淘宝数据显示，输入关键词“拉丁舞裙”就能搜索到 12000 家店铺，体育舞蹈的专业用品走入市场并产生良好的经济效益及社会效益。以上材料对于体育舞蹈走向大众化提供了强有力的支撑并提供良好的发展基础。

（三）人才培养的基础

迄今，我国开设体育舞蹈专业的学校初步计算超过 100 所，总计专业人才数量超过 3 万人，各学校在人才的培养上都追求将此专业的技术、表演难度增加，往“高精尖化”发展。然而依照整个社会发展的大背景，在以第三产业为主导的今天，社会对于人才的需求标准不断提高，对人才的需求呈扩大化、专业化及服务化趋势发展。为了使体育舞蹈人才能够具有更好的发展舞台，我们应该将人才培养的理念转向“服务化”，培养技能服务型人才。

第三节　体育舞蹈与大众健身的融合路径

一、体育舞蹈专业人才培养路径的选择

（一）体育舞蹈专业人才培养的“大众面向”理念引领

为打破原有的专业人才教授专业学习成员的思维模式，培养人才的理念朝向应面向全体社会成员，从而更好地传播与普及。在学生头脑中树立以人为本的服务意识，使他们意识到，作为一名知识的传授者，要永远把服务他人的观念放在第一位。因此，各高校作为体育舞蹈人才的主要输出地，教育

理念应落实在服务大众的基础上，而不是仅仅面向于专业的表演等，拥有良好群众基础的运动才能得到更好更长久的发展。

（二）体育舞蹈专业的“服务型人才”培养目标确立

目标对人才的培养有着重要的引领作用。体育舞蹈是体育与艺术的高度融合体，既具有体育的增进健康、增强体质的特征，又具有舞蹈的发现身体之美，使人们跟随音乐摇动，脱去身心疲惫的身体表达特征。然而体育舞蹈作为大众喜闻乐见的一项新兴体育运动，并没有得到强而有效的普及，所学都掌握在专业人才的“手中”，而这些人才对于此项目的推广也只局限在专业文艺表演团体、基础教育机构、社会教育机构、健身俱乐部等单位。我们要根据实际出发，注重实效性，采取更加具有针对性、科学性的有效方法，培养德、智、体、美、劳全面发展，同时具有扎实基础理论、知识技能、实践服务能力及创新能力，能够在学校、健身房、表演组织机构、培训机构及社区等单位进行体育舞蹈表演、教学、训练及编排的综合性应用及服务型人才，从而更好地服务于社会。

（三）体育舞蹈专业人才培养的“服务型”课程设置构建

课程是实现培养目标的中介，培养目标的改变，必然要求课程的改变。人才的有序流动是现在的市场经济所提倡的，市场主体未来的工作具有不确定性，这便要求我们培养出来的学生能够随岗位的变化而变化，由“专才”走向“通才”。我们想实现通专结合首先要解决的就是面对不同人群如何服务的问题。因此各高校对课程的体系构建理念应实现“全面服务”，即“服务全体，面面俱到”，从而加强服务意识和服务能力的培养。体育舞蹈课程的教授应该跟随社会需求对学生能力的培养有所侧重，课程不是给学生硬性地灌输知识，实则是促进学生思想上的彻底转变。临沂大学的郑吉刚老师说，现阶段诸多学校的体育舞蹈专项学生的课程设置重点多放在技能课的学习上，理论课程学习较少，而且理论课的设置还是偏向于艺术舞蹈的基础理论，比如舞蹈史、剧目分析等，但根据学生们近几年的就业岗位来看，此类课程很少能够真正地为岗位所面向的群体服务。因此，我们在服务型课程的设置中，应该在理论及技能两方面加强，如设置编排类、大众心理类、管理类等板块课程。

二、体育舞蹈大众化改良思路

基于体育舞蹈兼具体育与舞蹈共同特性，同时对参与人群没有过高要求，运用其能够消除烦闷、娱乐身心、增强交流、增强社交能力以及具有情感表达的特点，充分发挥健身、交流、表达的功能，我们将对体育舞蹈进行大众化改良。

（一）设立大众体育舞蹈创编标准

设立大众体育舞蹈创编标准指的是创编时对动作设定基本要求。根据专家访谈的结果，我们得知对于体育舞蹈的大众化创编不仅要符合当代社会的需求，同时还要有创意有风格，紧跟时代潮流，让人们所喜爱。创编的基本结构包括：创编依据、创编要素及创编原则。

1. 根据不同目的、任务：编排成套舞蹈要充分考虑到最终的目的，更加具有针对性地进行编排。如大众化的体育舞蹈动作就是为了让练习者增强健身效果，因此需要针对某个关节设计相应动作，若是为了比赛，那么动作的难度系数便要加大，更加富有美感。

2. 根据不同对象：动作要根据对象的年龄、性别、身体条件进行编排。如我们所面对的是年近四十的没有舞蹈基础的中年人，动作肯定要以简单、易学、好上手为主；若对象为体育舞蹈的职业选手，动作必然要高精难。

3. 根据国际发展形势：紧跟国际发展脚步。我们在舞蹈的编排中可加入些许当下国际流行的舞蹈元素，这样不仅可以增加舞蹈趣味性，更能提高人们的积极性。

4. 根据身体的美学法则：舞蹈终归蕴含身体美，因此我们在编排大众化体育舞蹈动作时，不仅要考虑到动作本身的锻炼效果，同时要注重动作做出来的美感，给观众传达一种身体美感。

（二）大众体育舞蹈的编排要素

1. 动作要素：指的是根据人群技术水平和其他素质合理选择单个动作。大众化的体育舞蹈动作创编主要是以徒手的身体运动为主，面对的人群不同，我们所创编的单个动作技术难度也会发生改变。

2. 节奏要素：指的是根据舞种及音乐特点，处理好舞蹈的动与静。音乐的选择要具有时代的特性，同时还能够调动练习者的情绪，激发其学习的兴趣，从而达到愉悦身心的作用。

3. 空间要素：指的是要兼顾动作的方向、路线及队列的变化与移动。动作的方向不能够千篇一律，我们身体的运动要以上、下、左、右、前、后六个维度作为基本方向，动作的路线也要不断变化。科学的运动空间的要素可以提高舞蹈动作的整体性，使整套动作看起来更为浑然一体。

4. 时间要素：套路时间长短适中，使动作反复循环。这里讲的时间要素分两个方面，第一层是指持续的时间。在体育舞蹈中对时间要进行很好的把握，时间不能够过长，也不可以过短，这与舞蹈的总负荷量是有关的。第二层指的是动作的速度。若动作速度过快，那则说明动作本身存在一定难度。

我们在动作的编排中要保证时间适中，使动作较为平缓，争取通过舞蹈达到放松精神状态，提高身体机能的效果。

（三）大众体育舞蹈的编排原则

1. 针对性原则：就是根据受众人群及目标的不同，在编排时注意动作的难易程度、动作的特点以及练习的强度，有针对性地选择适合的方法与手段。这就要求我们在动作编排前要充分考虑到受众人群的实际情况，从实际出发制定合理的动作。如我们的受众人群是零基础的大学生，此类人群刚好体质良好，接受能力较强，那我们对于动作的要求就应提高，让他们在完成初级的舞蹈动作后根据兴趣爱好继续深入学习。

2. 全面性原则：就是指创编的动作要全面发展身体各部位，在实现强身健体的同时追求融娱乐、审美及社交于一体。这就要求在动作创编时考虑全面，将这些功能融入动作中。

3. 整合性原则：就是将音乐、操化、民间舞蹈及国际流行化元素进行整合，融入体育舞蹈。这就要求我们细心观察几类元素之间的联系并将其很好地融入体育舞蹈。

参考文献

[1] 张丽丽. 对我院艺术系《健美操舞》课程教学大纲内容的初步研究[D]. 成都体育学院，2012.

[2] 李政. 有中国特色的健美操理论与实践的研究 [D]. 贵州师范大学，2007.

[3] 席菲菲. 健美操的审美价值研究 [D]. 苏州大学，2008.

[4] 谭吉升. 健美操中有氧舞蹈、有氧踏板的项目特征研究 [D]. 武汉体育学院，2013.

[5] 张婧. 论健美操的审美理想与审美创造 [D]. 内蒙古师范大学，2014.

[6] 杨晓龙. 健美操专修课程内容的优化研究 [D]. 辽宁师范大学，2007.

[7] 吴丹. 多元智能理论在高校健美操教学中的实践研究 [D]. 华东师范大学，2007.

[8] 夏美燕. 论健美操的美学欣赏与创造 [D]. 安徽师范大学，2007.

[9] 王珺. 健美操运动对改善大学生心理健康状况的效果研究 [D]. 武汉体育学院，2008.

[10] 王寒西. 学生节奏感的培养对健美操教学效果的影响 [D]. 武汉体育学院，2008.

[11] 郭剑华. 体育舞蹈教学对大学生健康人格影响的实验研究 [D]. 华东师范大学，2007.

[12] 陈姜华. 体育舞蹈与其他多元化艺术创造融合的理论思证 [D]. 武汉体育学院，2008.

[13] 胡云浩. 国内体育舞蹈服装品牌发展策略研究 [D]. 南京体育学院，2017.

[14] 万伶俐. 体育舞蹈专项大学生身体自尊及整体自尊的研究 [D]. 武汉体育学院，2017.

[15] 马士珍. 体育舞蹈文化在我国的传播及发展研究 [D]. 山东师范大

学，2014.

[16] 殷放．体育舞蹈的审美内容及其表现形式［D］．集美大学，2012.

[17] 徐芳．体育院校体育舞蹈专项学生体能特征及评价体系的研究［D］．武汉体育学院，2009.

[18] 杨曦蕊．体育舞蹈中融入中国元素的研究［D］．首都体育学院，2015.

[19] 黄宽柔，姜桂萍．健美操 体育舞蹈［D］．高等教育出版社，2006.

[20] 王欣，陈焕伟，邹业兵．排舞、健美操、体育舞蹈优劣势之对比研究［J］．中国西部科技，2010.

[21] 刘爽．排舞、健美操、体育舞蹈优劣势之对比研究［J］．才智，2017（23）：236.

[22] 鲁娟．论运动素质转移与运动项目迁移的关系：以健美操与体育舞蹈、体操为例［J］．广州体育学院学报，2014，34（04）：55—58.

[23] 李萍，张丽莎，骆乐．体育舞蹈与健美操技术特点和审美异同［J］．河北体育学院学报，2014，28（06）：59—62.

[24] 赵世琮．浅谈高校健美操课程教学内容现状及对策［J］．中国教育学刊，2015（S1）：76—77.

[25] 周建社，方奇，张建化．中国健美操竞赛发展的演变与走向［J］．北京体育大学学报，2016，39（04）：132—140.

[26] 李贵庆，胡雪晴，杨继美．国内外高校健美操研究的知识图谱分析［J］．武汉体育学院学报，2015，49（02）：84—89.

[27] 李文作．我国体育舞蹈开展现状与对策的研究［J］．吉林省经济管理干部学院学报，2015，29（03）：94—95.

[28] 李琼．体育健身服务对提高大众健康素养的影响分析［J］．当代体育科技，2019，9（09）：198—199.

[29] 孙丽萍．科学健身视角的高校公共体育教学改革分析［J］．当代体育科技，2019，9（10）：2—3.

[30] 冯刚，张锋．当前大学生健身健美的影响因素及应对策略［J］．当代体育科技，2019，9.

[31] 郭新斌．体育健身俱乐部现状分析及发展策略：以太原市为例［J］．长沙大学学报，2019，33（02）：154—157.

[32] 王旭东．大学生健身消费影响因素［J］．广西质量监督导报，2019（03）：196—198.

[33] 杨梅．健身休闲产业供给侧现状分析［J］．体育科技文献通报，

2019，27（05）：127－128.

［34］王寅，姜宇．体育健身业在我国的发展简析［J］．现代商业，2019（12）：51－52.

［35］曹起铭．以“体育＋”理念营造全民健身良好氛围［N］．嘉兴日报，2019－05－13（001）.